KB139951

리걸플러스⁺ 139

화물자동차의
위수탁관리

리걸플러스+ 139

화물자동차의 위수탁관리

장진호 지음

한국학술정보

2006년쯤인가 우연히 사무실에 들른 화물차주들이 집행유예기간 중에 음주운전을 하다가 체포된 동료차주의 형사사건을 의뢰해 왔다. 조금 무리해서 미란다원칙 주장을 했는데 다행히도 통해서 체포가 불법하다고 인정받아 무죄가 되었다. 인사차 다시 찾은 그 차주들이 지나가는 말로 화물차 지입과 관련한 사건을 해본 적 있냐고 물었다.

들어보니 흔히 실무에서 접하는 유형은 아니었다. 화물차 지입이 합법인지 불법인지도 의아했고 무엇보다 법원에서 그걸 어떻게 보는지도 알 수 없었다. 어떤 해결방향을 제시하는 건 엄두를 못 내고 그저 듣기만 했다. 결국 반신반의하면서도 배운다는 입장에서 수임을 맡게 되었다.

이후 지금까지 거의 9년 동안 많은 지입 관련 민사·형사·행정소송 혹은 소송 외적 실무를 다루면서 참으로 다양한 유형을 접했다. 어느덧 지입 관련 사건에 대한 법원의 판단도 정형화되어 가고 있지만, 그렇게 법적 판단이 정리되면서 오히려 대응방식은 더욱 현실화되고 법리 공방은 갈수록 치열해지고 있다.

근로자 같으면서도 근로자 아닌 지입차주들의 고충도 지켜봤다. 하나같이 목돈을 마련하거나 큰 할부부담을 안고 차를 구입한다. 사업자등록증도 가질 수 있지만 지입차주들은 지입이라는 이름의 시장에서는 마치 근로자와 같다. 영세한 소규모 운수회사의 고충을 모르지는 않더라도 이들은 그 시장에서 근로자와 같은 경험을 한다.

그 경험들을 지켜보고 소송에서 체득한 법적 노하우를 엮어 화물차 지입을 다룬 책을 한번 내볼까라는 생각을 2010년 초반쯤인가에 문득 했다. 공명심이나 금전적 이득을 염두에 두지는 않았다. 팔릴 만한 책도 아닌데 무슨. 다만 해방 이후 오늘날까지 정부정책으로도 입법으로도 규제하지 못하고 제대로 법적으로 현실화하지도 못한 탈법적 관행이 빚어내는 법률관계에 화물차 운송업계가 휘둘리다가 결국 법원을 찾게 되는 현실의 치열함에 비해 그를 다룬 책 하나 없는 게 이상했다. 다행히 일천한 경험이 그 객기를 단념시켰다.

그러다가 다시 몇 년이 흘렀다. 예의 그 생각이 다시 고개를 들었다. 비록 법적으로 제대로 다듬어지지 않아 향후 많은 보완과 수정의 필요성을 절감하고 있지만 그렇게라도 운송업계에 회자되어 지입을 돌아볼 수 있는 계기만이라도 제공할 수 있다면 그 자체로 성과다. 그것으로 소기의 목적은 달성하는 거라 생각했다. 그래서 출간을 결심하게 되었다.

졸저가 나오기까지 도와주신 우리 사무실의 김영구 사무장님, 김하영 님께 감사드린다. 특히 김영구 사무장님은 실무에 크게 밝아 변호사의 단점을 많이 커버해 주신다. 이 책을 내는 데도 실무의 많은 자료를 온라인과 오프라인에서 찾고 의문점에 대해 같이 의견을 나누었다. 집행 관련 문제들에서도 큰 도움을 주셨다. 재삼 감사드린다.

2015.8.12.
한여름 의림대로 사무실에서

CONTENTS

사례 목차

표 목차

Ⅰ. 화물자동차운송사업

화물자동차란 화물적재공간을 가진 화물자동차 그리고 다른 자동차를 견인·구난하거나 특수작업을 하기 위한 특수자동차를 말한다.

화물자동차운송사업에는 화물운송, 운송주선 및 운송가맹사업이 포함되는데, 화물운송사업이란 유상으로 화물을 운송하는 사업을 말한다. 그리고 화물운송주선사업은 유상으로 화물운송계약을 중개·대리하거나 운송 또는 운송가맹사업자의 화물운송수단을 이용해 자기 명의와 계산으로 운송하는 사업, 화물운송가맹사업은 자기 화물자동차를 사용해 유상 운송하거나 소속 운송가맹점에 의뢰해 운송하게 하는 사업이다.

화물자동차운송사업을 하려면 국토교통부령이 정하는 바에 따라 국토교통부장관의 허가를 받아야 한다. 화물자동차운송사업에는 일정 대수 이상의 화물자동차를 사용해 화물을 운송하는 일반화물자동차 운송사업, 화물자동차 1대를 사용해 화물을 운송하는 개별화물자동차 운송사업, 소형 화물자동차를 사용해 화물을 운송하는 용달화물자동차 운송사업이 있다(화물자동차운수사업법, 동법시행령·시행규칙, 화물자동차운수사업 허가업무처리지침 등 참조).

Ⅱ. 화물자동차운송사업의 위·수탁관리(지입)

1. 명의신탁 및 위임계약

<표 1> 지입계약의 법적성격

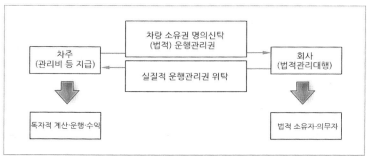

화물자동차운송사업의 위·수탁관리(지입)란 자동차의 실제 소유
자와 화물자동차운송사업 허가(시기에 따라서는 등록 또는 면허)를
가진 운송사업자 사이에, 실제 소유자인 차주가 차량 명의를 운송사
업자에 신탁해 소유권과 법적 운행관리권을 운송사업자에 귀속시키
되, 차량의 운행관리권을 운송사업자로부터 위탁받아 자신의 독자적
인 계산 아래 운행·수익하면서 운송사업자에게 일정액의 지입료
(관리비) 및 지입관계로 인해 납부의무가 발생해 납부를 대행해야
할 제세공과금 등을 지급하기로 하는, 명의신탁과 위임의 요소가 혼
합된 운송사업계약(대법원 2010.2.11. 선고 2009다71534, 71541 판

결 등)이다.

2. 현실 형태

화물자동차운송사업의 지입은 차주가 차량을 자신의 비용으로 자신의 명의로 매수하여 운송사업자인 지입회사에 그 소유권등록명의를 귀속시키거나, 차주가 차량을 자신의 비용으로 지입회사 명의로 구입하거나 혹은 지입회사 소속 차량을 매수하여 지입관계를 인정받는 형태를 띤다.

지입에서 차주의 운행방식은 차주가 스스로 차주 겸 운전사로서 차량을 운행하거나, 차주가 타인을 운전기사로 고용하여 운행하거나, 지입회사가 제공한 운전자를 사용하거나 또는 수대의 차량 중 일부는 자신이 운전하고 다른 차들은 운전기사를 고용하는 등의 여러 형태가 된다.

위 어떤 형태이든 차주가 차량운행에 관하여 운송사업자인 지입회사로부터 지시를 받거나 급여를 받지 않고 차주 자신의 계산하에 운송수입금을 자신의 수익으로 하고, 차량관리비용 및 고용한 운전사의 임금 등도 차주가 부담하고, 지입회사에는 지입료(관리비) 및 회사가 차주를 대행하여 납부할 차량에 관한 자동차보험료, 벌과금 등 제세공과금 등을 지급하고, 그에 따라 회사는 제세공과금 납부 등 차량관리업무를 차주를 대행해 회사 자신의 명의로 처리하는 방식이면 지입이다.

운송사업자인 지입회사가 운송알선을 겸하여 화주의 운송물건을 차주에게 알선해 차주가 운송하게 하는 경우, 화주가 형식상의 차량 명의자인 지입회사와 운송계약을 체결하여 지입회사가 계약당사자로서 차주의 수익금인 운송대금을 화주로부터 직접 받아 이를 차주에게 지급하면서, 지입료나 제세공과금을 공제하고 운송대금을 주는 방식도 흔하다. 이 역시 차주 입장에서는 지입료 납부의 한 방식이고, 비록 그 대금 지급이 마치 임금과 유사하게 보이더라도 실질은 차주가 운송수익금을 받는 것에 불과하므로 지입이다.

그리고 지입차주가 지입회사의 운송알선에 따라 화주 혹은 운송알선을 하는 운송회사와 사이에 직접 차주 명의로 운송계약을 체결하거나, 혹은 지입회사가 운송알선을 하지는 않았더라도 화주로부터 운송알선을 맡은 운송회사와 차주 사이에 차주가 독자적으로 직접 운송계약을 체결하여 운송수익금을 직접 받는 경우도 흔한데, 이 경우에도 지입차주와 지입회사의 지입관계가 달라지는 것은 아니다.

그 외에도 외관은 위와 다르지만 실질이 위와 같다면 지입이라 볼 수 있다. 다만 운수업계의 지입은 버스, 택시 등 각 다른 영역에서 조금씩 다른 의미로 사용되기도 하므로, 이 책에서 말하는 화물자동차운송사업의 지입이란 위와 같은 의미임을 밝혀 둔다.

3. 법적 허용성

가. 업계의 관행

우리나라에서 해방 이후 관행으로 굳어져 온 운수업계의 지입은 오늘날 다른 나라에서는 찾아보기 어려운 제도다. 화물자동차운송업계의 지입은 차주와 운송사업자 모두 받아들일 수밖에 없는 상호적 필요에 의해 유래되고 유지되었다.

차주의 입장에서는 화물자동차운송사업을 하기 위해 필요한 면허나 등록 혹은 허가의 최소기준대수 그리고 차고지확보 등 문제로 인해 지입이 필요했다. 2004년에 이르러서야 화물자동차운수사업법 개정으로 일반화물자동차운송사업도 1대 이상으로 허가를 받을 수 있게 되었지만, 이전에는 비록 시기에 따라 면허제 혹은 등록제 등으로 운송사업요건이 달라졌더라도 일반화물자동차운송사업을 하려면 적어도 5대 이상의 최소기준대수를 요구했다. 따라서 일반화물자동차운송사업에서는 1대 차량을 가진 차주가 개별로 운송사업을 할 수 없었기에 지입으로 흡수될 수밖에 없었다.

지입제를 원한 것은 운송사업자인 운수회사도 마찬가지인데, 대부분 소규모였던 운수회사들도 면허·등록의 최소기준대수에 필요한 차량들을 지입차들로 채워 사업을 유지할 수밖에 없고, 지입차에 대한 실제 점유와 관리를 차주가 하므로 관련 인건비와 시설 등 경비를 들이지 않아도 되므로 적은 자본으로 사업을 할 수 있고, 더욱이 화물알선에 의한 수익 외에 다수의 차주들로부터 지입료라는 고정적 수익도 확보할 수 있기 때문에 지입을 이용해 왔다.

나. 규제와 현실화의 한계

화물자동차운송사업의 지입제와 관련된 정부정책과 입법들은 대체로 지입에 대한 규제와 현실화의 시도였다. 그러나 운송사업에 면허·허가 등을 받지 않은 자의 진입을 막으려는 규제는 탈법적 지입제의 존속을 차단하는 데 역부족이었고, 지입을 현실적으로 받아들이지만 간접적 법제화로 통제를 유도하려는 현실화 역시 관행의 벽을 넘을 수 없어 성과를 내지 못했다.

돌이켜보면 80년대 들어 화물자동차운송사업의 직영화를 유도하는 법개정이 있었고, 특히 구 자동차운수사업법 제26조는 자동차운송사업자는 여하한 방법을 불문하고 그 명의로 운송사업을 타인에게 경영하게 하지 못한다고 규정했다. 이 명의이용 금지조항은 법정면허요건을 갖추지 않고도 사실상 운송사업을 하게 만드는 지입제를 근절하려는 대표적인 규제였다.

다른 한편으로는 1986년의 법개정에서 보듯이, 화물운송차량에 대한 지입관계를 차량 위·수탁관리운영관계로 보아 지입차주를 운송사업자와는 별도로 사업자등록을 하게 한 후 독자적 영업활동을 인정하는 현실화의 방향도 있었다. 1997년의 법개정으로 자동차운수사업법에서 분리된 화물자동차운수사업법도 명의이용 금지조항에서 화물자동차를 현물출자하여 운송사업을 하는 경우를 제외함으로써 지입을 현실화했다.

위와 같은 현실화는 지입을 뚜렷한 법적 지위로 정착시키는 법제화는 아니고, 지입의 폐단을 시정하되 간접적이나마 양성화해 묵인하려는 법적 시도였다. 면허제가 유지되던 1999년까지는 물론이고 등록제로 바뀐 1999년 이후에도, 몇 차례의 변화는 있었지만 최소한 5대 이상의 등록대수를 요구한 일반화물자동차운송사업 시장의 필요에 부응하여 지입제를 법적 테두리 내에서 묵인하는 수준이었다.

그런데 지입제에 대한 이런 규제와 현실화에도 불구하고 운송사업 시장을 지배하는 것은 여전히 관행인 것으로 확인되었다. 2004년 이후 등록제가 허가제로 바뀌면서 일반화물자동차운송사업에서도 1대 이상으로 허가를 받을 수 있게 되지만, 여전히 지입은 오늘날까지 운송사업에 만연하고 있다. 예전부터 1대 개별사업자로 유지된 개별이나 용달화물자동차운송사업과는 달리 일반화물자동차운송사업은 거의 대부분의 차주가 지입차주로 남아 있음을 보면, 지입제

관행을 깨거나 인정하려는 시도 모두 관행의 벽에 부딪히고 있음이 재확인되고 있다.

화물알선 등의 사업에 필요한 수준에서 지입을 받아들이는 운수회사도 없지는 않지만 오늘날 상당수의 운수회사는 오로지 지입관리만을 위한 일종의 지입관리전문 운수회사로 유지되어 지입료 수익만으로 운영되는 것이 엄연한 현실임을 보면, 화물자동차운송사업시장의 이해관계 앞에서 정부정책과 입법이 지닌 규제 혹은 현실화 시도는 큰 성과를 이루지 못했다고 평가될 수 있을 것이다.

다. 관행의 법적 수용

과거의 정부정책과 입법을 통한 규제와 현실화는 큰 성과를 거두지 못했지만, 지입제에 대한 운송사업 시장의 수용반응은 법적 허용의 기반을 만들어왔다. 오래전부터 법원은 지입관행이라는 업계의 실정을 인정해 지입차주를 자동차운수사업법 제26조의 금지된 '타인' 즉 운송사업자의 명의를 이용해 운송사업을 하는 타인이라 보지 않는다. 지입회사가 그 명의의 면허 아래 차주로 하여금 지입차를 운행케 해도 이를 위 법조 위반행위로 볼 수 없다(대법원 1970.7.24. 선고 70다867 판결)는 것이 판례로 확립되어 왔다.

지입제 관행을 외면할 수 없는 시장의 현실이 법적 허용의 길을 만들어 온 것이다. 그렇기 때문에 법규정상의 변화가 있었더라도 이전부터 운송사업에서 관행화되어 온 지입관계가 그 내용에 있어 실질적인 변화가 있었다고 보이지 않는다(대법원 1992.4.28. 선고 90도2415 판결)는 이해도 형성되어 왔다.

지입차주가 운수회사와는 별도로 사업자등록을 한 후 독자적으로 영업활동을 할 수 있게 하거나, 최소기준대수 철폐로 차주가 개별허가를 취득하는 길을 마련한 후에도 지입관행이 여전한 것을 보면, 지입이 보여주는 운송사업의 시장현실을 외면할 수 없고 결국 수용할 수밖에 없다는 시장의 반응은 충분히 확인된 것이다.

그렇게 지입이 법적으로 허용될 수밖에 없다는 이해가 확산되면서 법적 허용의 길도 넓혀지고 있다. 그러자 2008년 화물자동차운수사업법 개정에서는 제40조(경영의 위탁)에, 필요한 경우 화물자동차 운송사업 경영의 일부를 타인에게 위탁할 수 있다고 규정해 지입을 법제화하는 쪽으로 나아갔다. 다만 경영의 위탁이 지입제를 의미하는 것인지는 다소 불명확해 이 조항을 명확한 법제화라고 보는 데는 한계가 있다.

지입제는 현실화를 위한 정책이나 입법과 무관하게 현재 시장에 만연하는 것이므로 어떠한 규정의 변화로 인한 지입제의 뚜렷한 변화는 찾아보기 어렵다. 법개정을 통해 지입관행에 변화를 만들려는 최근의 시도의 효과도 역시 가시적이지 않았다. 결국 뿌리 깊은 지입관행의 시장지배력만 재삼 확인되고 있다.

위와 같은 사실인식과 판례를 종합해 보면, 지입은 운송사업 부문에서 과거는 물론이고 오늘날에도 관행적으로 존재하되 법률적으로 허용한다는 명문규정을 두거나 혹은 명백히 법적 근거를 두는 방식으로 법제화된 제도는 아니고, 지입제를 전제로 한 확인적 법규정들을 통해 혹은 해당 법조항의 입법취지를 통해 그리고 판례를 통해 법적으로 인정되어 결과적으로 법적으로 허용되는 제도라고 볼 수 있다.

결국 지입제 자체는 정부정책이나 입법이 면허·등록 혹은 허가를 통해 확보하고자 하는 운송사업의 공공성을 저해하고 또한 일종

의 명의대여 관계를 인정받으려는 탈법적 제도이기는 하더라도 법
적으로는 허용되는, 그럼에도 향후 운송사업의 시장상황을 반영한
법기술적인 정교한 법제화의 과제를 안고 있는, 운송업계의 뿌리 깊
은 관행제도라고 볼 수 있다.

사례 1 지입차주는 별도로 운송사업 면허를 받을 필요가 없다

Q 지입차주가 운송사업을 하기 위해서 지입회사의 면허와는
별도로 운송사업 면허를 받아야 하나?

A 차주가 자동차운송사업 면허가 있는 회사에 자기의 차량을
지입하고 회사의 일반적인 지시를 받아가며 차량으로 운송사업을
한 경우에는 별도로 운송사업 면허를 받을 필요가 없다(대법원
1982.12.14 선고 82도1022 판결).

따라서 현행 허가제에서도 마찬가지로 지입차주는 지입회사의 허
가대수 안에서 운송사업을 할 수 있으므로, 별도로 자신의 운송사업
허가를 받을 필요는 없다. 한편 위 판례에서 말하는 회사의 일반적
인 지시라는 것은 지입차주에 대한 구체적인 업무지시가 아니라, 법
적 소유권에 기반하여 운행관리에 관한 행정적 업무대행에 필요한
형식적인 지시를 말하는 것일 뿐이다.

4. 지입계약서

지입차주와 운송사업자 사이에 체결되는 위·수탁관리(지입)계약
의 계약서에는 위·수탁관리 대상차량을 특정하는 차량번호, 차종,
차대번호, 차량의 관리자(지입차주) 등이 기재된다. 또한 지입계약

당사자 쌍방의 운행관리상의 각종 권리와 의무 즉 위탁관리기간 등 차주의 업무수행범위, 업무관련 특수약정, 구체적으로는 위탁관리료(지입료) 등 대금과 지불방식, 통지, 사고, 보험, 교육, 검사, 벌과금, 신고, 사업자등록, 체납징수, 권리양도금지, 차량대체시의 의무, 계약기간 중 해약조건이나 해약사유, 기간만료로 재계약체결 시의 조건이나 계약갱신 등 자동연장 조항, 계약불이행 시의 손해배상, 효력규정 등이 기재된다.

화물자동차운수사업법 제40조는 지입계약서의 서면작성에 관한 쌍방의 의무를 정하고 있다. 즉 운송사업자와 지입차주는 대등한 입장에서 합의에 따라 공정하게 계약을 체결하고, 신의에 따라 성실하게 계약을 이행하고, 차량소유자·계약기간, 국토교통부령으로 정하는 사항을 계약서에 명시하고, 서명날인한 계약서를 서로 교부해 보관하도록 하고, 표준 위·수탁계약서 사용권장을 위해 국토교통부장관에게 표준 위·수탁계약서를 고시토록 하고, 지입계약 기간은 2년 이상으로 하도록 하고 있다.

그러나 지입계약서에 위와 같은 조항 중 일부가 없거나 지입계약서 자체가 작성되지 않더라도 대상차량과 차주 및 지입회사를 특정할 수 있고 지입계약에 관한 의사의 합치를 인정할 수 있다면 지입계약은 인정될 수 있다. 따라서 구두상의 지입계약이라도 그 존재가 확인되거나 혹은 구체적인 구두합의조차 없더라도 묵시적인 지입계약의 존재가 인정된다면 지입계약은 인정될 수 있다.

위와 같이 지입계약서가 없어도 지입계약이 인정될 수는 있지만 그 경우 계약기간에 관하여 다툼이 발생할 수도 있는데, 지입계약의 존재가 인정된다면 위 동법 제40조의 규정에 따라 기간은 최소한 2년 이상으로 보아야 하므로, 운송사업자가 기간에 관하여 달리 주장하더라도 차주는 2년 이상을 주장할 수 있다. 한편 지입계약서에 계약 기간이 2년 미만으로 되어 있더라도 차주로서는 동법의 위 최소기 간 규정에 따라 2년을 주장할 수 있다.

5. 불공정 약정의 무효 등

가. 민법상 무효 혹은 취소

위·수탁관리약정은 민법상의 전형계약은 아닌 특수한 형태의 계약이더라도, 계약이므로 사적자치의 원칙에 따라 당사자들이 계약내용을 자유롭게 정할 수 있다. 그러나 계약내용이 선량한 풍속이나 사회질서에 위반되면 민법 제103조에 의해 해당 약정은 무효가 되고, 당사자의 궁박, 경솔 또는 무경험으로 인하여 현저하게 공정을 잃은 상태에서 이루어진 계약이라면 민법 제104조에 의해 무효가 된다. 마찬가지로 착오나 사기, 강박에 의해 이루어진 약정에 해당한다면 민법 제109조 혹은 제110조에 의해 취소될 수 있고 취소되면 무효가 된다.

나. 화물자동차운수사업법위반 무효

화물자동차운수사업법 제40조 제7항은 운송계약의 형태·내용 등 관련 사정에 비추어 계약체결 당시 예상하기 어려운 내용에 대해 상대방에게 책임을 전가하거나, 계약내용에 대하여 구체적인 정함이 없거나 당사자 간 이견이 있는 경우 계약내용을 일방의 의사에 따라 정함으로써 상대방의 정당한 이익을 침해하거나, 계약불이행에 따른 손해배상책임을 과도하게 경감하거나 가중함으로써 상대방의 정당한 이익을 침해하거나, 민법 및 동법 등 관계 법령에서 인정하는 권리를 상당한 이유 없이 배제하거나 제한하는 등으로 지입계약의 내용 일부가 일방에게 현저하게 불공정해 해당 부분을 무효로 할 필요가 있는 경우로 대통령령이 정하는 경우에는 그 부분은 무효라고 규정하고 있다.

따라서 지입계약 내용 중에 동법에 예시된 불공정한 약정에 해당하거나 혹은 예시되지 않은 것이라도 일방에게 현저하게 불공정하다고 판단되는 약정이 있다면 지입차주나 지입회사의 어느 일방은 물론이고 거래 상대방인 제3자도 화물자동차운수사업법 제40조 제7항 위반을 이유로 무효를 주장할 수 있고, 그에 따라 불공정 약정에 해당한다고 판단되면 쌍방 당사자는 물론이고 제3자에 대한 관계에서도 해당 약정은 무효가 된다.

<표 2> 불공정한 지입계약 조항의 무효

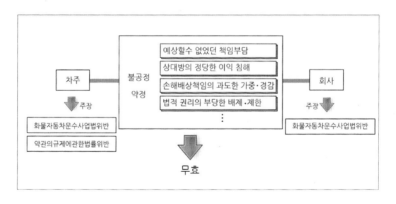

다. 약관의 규제에 관한 법률위반 무효

지입회사에서 다수의 차주들과 계약하기 위해 부동문자로 인쇄하여 사용하는 지입계약서는 계약의 일방 당사자가 다수의 상대방과 계약을 체결하기 위하여 일정한 형식에 의해 미리 마련한 약관이라고 볼 수 있어, 위와 같은 형식에 해당되는 지입계약서에는 약관의 규제에 관한 법률이 적용될 수 있다. 즉 약관에 해당하는 지입계약서의 약정 조항이 고객에게 부당하게 불리하다고 판단되면 동법 제6조 제1항, 제2항 제1호 위반의 무효가 될 수 있다.

따라서 해당 지입계약서가 약관이라고 인정된다면, 지입계약서에 차주가 경미한 의무를 위반하거나 지입회사의 일방적인 지시에 위반한 경우에도 지입차에 대한 수탁관리권을 포기하게 만드는 이른바 수탁관리권 포기약정을 비롯해서 화물자동차운수사업법이 예시한 위 불공정 약정들은 불공정약관으로 무효가 될 수 있다.

사례 2 차주의 경미한 의무위반에도 차량에 관한 권리를 상실시키는 약정은 무효

Q 부동문자로 인쇄되어 있는 위·수탁관리계약서의 조항 중 "차주가 계약상의 부담을 3개월 이상 체납하거나 법규사항 및 행정지시를 현저히 위반하거나 이행하지 않을 경우, 지입회사는 계약을 일방적으로 해지할 수 있고 차주의 차량을 회수할 수 있다"고 한 부분은 유효한가?

A 위 지입계약서는 부동문자로 인쇄되어 있는 내용에 차량의 표시와 위탁관리료 및 계약당사자만을 수기로 작성한 것으로, 계약의 일방당사자인 지입회사가 다수의 상대방과 계약을 체결하기 위

해 일정한 형식에 의해 미리 마련한 것으로 약관의 규제에 관한 법률 제2조 제1항 소정의 약관에 해당한다.

그런데 위·수탁관리권 포기약정은 차주가 계약상의 경미한 의무를 위반한 경우에도 차량에 대한 권리를 상실하도록 규정된 것으로, 차주에 부당하게 불리한 조항이므로 동법 제6조 제1항, 제2항 제1호 소정의 무효인 약관조항이다.

물론 지입차주가 제세공과금 기타 부담금을 장기간 연체하는 등 회사에 부담하는 채무액이 차량 시가에 상당할 경우 회사가 차주에게 납입을 최고한 다음 차량반환을 청구할 수 있고, 또한 반환받은 차를 임의로 처분해 체납금에 충당할 수 있다는 취지로 해석하면 차주에게 일방적으로 불리한 약관으로 볼 수 없어 유효하다고 할 것이나, 차주가 위 차량번호판을 회수할 당시 미납 관리료는 828,000원에 불과해 회사가 주장하는 위 차량가격 6,028,480원의 14%에도 미치지 못하므로 위 약정에 의한 지입회사의 번호판 회수행위가 정당하다고 볼 수는 없다(전주지방법원 2004.7.1. 선고 2003나3853 판결).

사례 3   회사의 일방적 지시 불응에 수탁관리권 포기되는 약정은 무효

Q 화물자동차의 위수탁관리계약에서 차주들이 차량할부금과 제세공과금을 2회 이상 연체하거나 자동차보험료를 체납하거나 회사의 지시에 불응할 때는 차에 대한 수탁관리권을 포기하고 차를 운수회사에 귀속시키고 차량으로 인해 회사에 입힌 손실금을 연대보증인과 함께 배상하고, 회사에 대한 민·형사상 일체의 이의를 제기하지 않기로 한 수탁관리권 포기약정은 유효한가?

A 계약의 일방당사자인 운수회사가 다수의 상대방과 계약을

체결하기 위해 일정한 형식에 의해 미리 마련해 위·수탁관리계약의 내용이 된 것은 약관의 규제에 관한 법률 제2조 제1항 소정의 약관에 해당하고, 위·수탁관리권 포기약정은 차주들이 회사의 일방적 지시에 불응하는 경우에도 위·수탁관리권을 상실하는 등 불이익을 받게 되어 있어, 차주들이 불이익을 받게 되는 귀책사유가 포괄적으로 규정되어 있고 이로 인해 차주들이 재판청구권 등을 상실하게 되어 차주들에게 부당하게 불리한 조항이므로 동법 제6조 제1항, 제2항 제1호 소정의 무효인 약관조항이다(광주지방법원 2003.9.18. 선고 2001가합2190 판결).

라. 효력법규위반 무효

지입계약의 일부 내용이 현행법상 금지되거나 위법하다고 판단되고, 그 위법성 판단의 근거가 된 해당 법률규정이 단순한 단속규정이 아닌 효력규정이라고 판단된다면 해당 약정은 위법 무효가 될 수 있다.

예를 들면 지입계약에 현행법에서 금지되는 사적 집행을 허용하는 것을 내용으로 하는 자력구제 약정은 헌법과 법률에 보장된 기본권인 지입차주의 법관에 의한 재판청구권을 빼앗는 것이므로 위법 무효다.

사례 4 ┃ 체납되면 법절차 없이 차량 처분해 체납 충당한다는 특약은 무효

Q 화물자동차 지입계약상의 위탁자가 제 비용을 체납하였을 때 수탁자가 위탁자의 동의 없이 법적절차를 생략하고 수탁차량을

회수하고 임의처분해 체납금과 상계할 수 있다고 하는 특약은 유효한가?

A 위 특약은 현행법 아래에서 금지되는 사적 집행을 허용하는 것을 내용으로 하는 자력구제를 약정한 것이어서 위법한 집행확장 계약이며, 이는 헌법과 법률에 보장된 기본권으로서의 위탁자의 법관에 의한 재판청구권을 빼앗는 것이므로 위법 무효이다(서울지방법원북부지원 1986.10.22. 선고 86가합220 판결).

6. 계약당사자의 확정

실제 차량의 소유자인 차주가 회사와 지입계약을 하면서 차량 구매과정에서 타인의 명의를 빌리는 등의 여러 사정으로 인해 실제 차주 자신이 아닌 친척이나 배우자 등 타인의 명의를 빌려 형식적으로 위 타인을 차주로 하는 지입계약을 회사와 체결하는 경우가 적지 않다.

그러한 경우 지입으로 인한 대내외적 의무와 권리의 당사자가 불분명해 실제 지입차주나 명의상의 지입차주 중 누구를 계약당사자로 보아야 하는지의 문제가 생긴다. 이 경우 계약당사자의 확정에 관한 일반론에 의존할 수밖에 없다.

우선 행위자와 상대방의 의사가 일치한다면 그 일치한 의사대로 행위자 또는 명의인을 계약당사자로 확정해야 하고, 의사가 일치하지 않는 경우에는 계약의 성질·내용·목적·체결경위 등 계약 체결 전후의 구체적인 여러 사정을 토대로 상대방이 합리적인 사람이라면 행위자와 명의인 중 누구를 계약당사자로 이해할 것인가에 의해 당사자를 결정해야 한다(대법원 1998.3.13. 선고 97다22089 판결 등).

결국 실제 지입차주가 차주라고 회사가 인정하면 지입차주의 의사도 그와 같으므로 행위자와 상대방의 의사가 일치하는 것이 되어 문제가 되지 않겠지만, 그렇지 않은 경우에는 여러 구체적 사정을 토대로 객관적 관점에서 일반적인 사람들이라면 계약당사자로 볼 수밖에 없는 자를 계약당사자로 인정해야 한다.

<표 3> 타인명의차용 지입계약의 당사자 확정

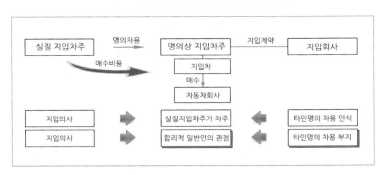

사례 5 타인 명의 지입임을 회사가 알았다면 실제 지입차주가 당사자

Q 지입차주가 종전과는 달리 차에 관하여 수탁자 명의를 자신의 사촌 형으로 하는 지입계약을 체결하고 사촌형이 사업자등록을 하였지만, 이후 지입차주는 차량과 사촌형의 사업자등록 명의를 이용해 화물운송사업을 계속한 반면, 사촌형은 사업에 전혀 관여하지 않았고, 회사도 실제 지입차주에게 '체납관리비 이행 등'이라는 제목의 문서를 보내면서 거기에 "차주님은 당사와 사이에 위·수탁관리계약으로 인하여 당사의 화물자동차운송사업 등록명의에 따른 등록번호에 귀하의 지입차를 등록해 현재까지 운행 중에 있습니다"라고 기재하고, 또 실제 지입차주에게 '체납관리비 독촉최고의 건'이라는

제목의 문서를 보냈는데, 거기에도 지입차주가 '차주'로 표시되어 있고 제세공과금 부과통지서도 지입차주에게 보냈다면 실제 지입차주와 명의상 지입차주 중 누가 당사자인가?

A 위 지입차에 관한 위·수탁관리 및 화물운송사업의 실질이 그대로 유지되었기 때문에 지입회사로서는 계약체결 당시 실제 지입차주가 사촌형 명의로 차에 관하여 종전과 같은 위·수탁관리계약을 체결한다는 사실을 알고 있었다고 보아야 한다. 따라서 회사와 실제 지입차주 사이에는 실제 지입차주를 지입계약의 당사자로 하는 데에 의사가 일치했다고 본다(대법원 2013.6.27. 선고 2013다11959, 11966 판결).

사례 6 회사가 양수인의 지입승계 사실을 몰랐다면 양수인은 지입차주 아니다

Q 양수인이 전 지입차주로부터 차를 매수한 후에 양수인 자신이 아닌 타인 명의로 회사에 지입료를 납부한 경우에 지입관계가 양수인에게 승계된 것인가?

A 지입회사가 지입차를 양수인이 양수하고도 지입료는 타인의 명의만 빌려 납부한다는 사정을 알면서 지입료를 수납하였다면 모르되, 그렇지 않다면 특별한 사정이 없는 한 회사로서는 지입료의 납부명의자인 타인을 지입차의 양수인이라고 인식하고 동인에 대한 지입관계의 승계를 승낙하는 뜻에서 지입료를 수납하였다고 볼 것이지, 양수인과의 지입관계 승계를 승낙하는 뜻에서 지입료를 수납한 것으로는 보기 어려우므로, 지입회사와의 사이에서 지입차에 관한 지입관계가 양수인에게 승계되었다고 볼 수 없다(대법원 1992.8.18. 선고 92다10494 판결).

Ⅲ. 지입의 대내외적 효과

1. 대내적 효과

가. 차주의 소유

화물자동차운송사업의 지입은 운송사업허가를 지닌 운송사업자와 실질적으로 차를 소유하는 차주 사이에 차를 운송사업자 명의로 등록해 귀속시키더라도, 대내적으로는 지입차는 차주의 소유로서 운행관리권을 위탁받는 취지에 따라 차주는 자신의 독립된 관리와 계산으로 차량을 운행하여 영업한다.

물론 차주의 이러한 소유권은 지입회사와의 내부적 관계에서만 인정되는 것이므로, 부동산에 준하는 물건인 차량의 소유권에 관한 대외적 공시방법인 등록에 의한 명의상의 소유권과는 다른 실질적 소유권에 불과한 것으로 대외적으로는 인정받을 수 없다.

나. 상호적 의무

지입계약이 성립되고 존속되면 외부관계에서는 회사가 차량의 소유명의자로서의 권리와 의무를 지니지만, 내부적으로 회사와 차주는 지입계약에 따른 상호적 권리와 의무를 지니게 되어 계약에서 약정한 의무를 서로 이행해야 한다.

회사는 차주가 운행관리하는 차량에 대한 각종 검사와 보험료, 벌과금, 조세 등 제세공과금의 납부 등 행정업무적 절차를 대행하는 법적 관리를 해야 하고, 차주는 운송사업자인 회사에 지입료(관리비) 및 회사가 지입차와 관련하여 납부의무가 발생한 제세공과금을 지급해야 한다.

다. 계약 갱신

일정기간을 정한 지입계약의 기간이 종료되었음에도 어느 일방이나 쌍방이 해지 의사표시를 하지 않고 그대로 지입관계를 존속시키면 지입계약은 종전의 계약과 동일한 조건으로 묵시적으로 갱신된 것으로 보되 계약기간에서는 기간의 정함이 없는 계약으로 간주된다.

다만 화물자동차운수사업법 제40조의2(위·수탁계약의 갱신 등)는 지입계약의 기간종료로 인한 법률관계의 불안정을 막기 위해 계약갱신에 관한 규정을 두고 있다. 즉 운송사업자는 위·수탁차주가 위·수탁계약기간 만료 전 150일부터 60일까지 사이에 계약의 갱신을 요구하면, 대통령령으로 정하는 바에 따라 계약을 갱신하기 어려운 중대사유가 있는 경우를 제외하고는 거절할 수 없고, 다만 최초 위·수탁계약기간을 포함한 전체 계약기간이 6년을 초과하는 경우에는 거절할 수 있다.

또한 운송사업자가 위 사유로 갱신요구를 거절하려면 요구받은 날로부터 15일 이내에 차주에게 거절사유를 적어 서면 통지해야 하고, 운송사업자가 위 거절통지를 하지 않거나 계약기간 만료 전 150일부터 60일까지 사이에 차주에게 계약조건의 변경에 대한 통지나 계약을 갱신하지 않는다는 사실의 통지를 서면으로 하지 않으면, 계약만료 전의 계약과 같은 조건으로 다시 계약을 체결한 것으로 본다. 따라서 이 경우 차주와 회사 사이의 상호적 의무는 여전히 존속하게 된다.

라. 계약 양도·양수

지입회사가 소속 지입차들을 포함한 영업권 일체를 양수회사에 양도한 경우에는 지입계약의 승계가 인정될 수 있고, 차량의 일부만 양도하는 경우에도 차주가 양수회사와 별도 지입계약을 체결하거나, 그렇지 않더라도 전 지입회사와 동일한 조건으로 계속 지입하면서 지입료 등을 납부하고 이를 양수회사도 수납한다면 양수회사와의 지입관계가 인정될 수 있다.

반대로 차주가 차량에 관한 지입계약상의 지위를 타인에 양도하는 경우도 흔한데 그 경우 양수차주가 지입회사와의 관계에서 지입관계를 인정받을 수 있는지, 또는 지입차주의 양도가 지입회사에서 인정받는지가 문제됨으로써 지입회사와의 법률관계가 불안정할 수 있다.

이러한 불안정을 막기 위해 화물자동차운수사업법 제40조의4는 지입계약 양도·양수에 관한 규정을 두고 있다. 즉 위·수탁차주는 운송사업자의 동의를 받아 위·수탁계약상의 지위를 타인에게 양도할 수 있고, 다만 업무상 부상 또는 질병 등으로 자신이 위탁받은 경영의 일부를 수행할 수 없는 경우, 그 밖에 차주에게 부득이한 사유가 발생하는 경우로 대통령령으로 정하는 경우에는 운송사업자는 계약 양도에 대한 동의를 거절할 수 없다.

또한 위·수탁계약상 지위를 양수한 자는 양도인의 계약상 권리와 의무를 승계하고, 위와 같이 계약상 지위를 양도하는 경우 위·수탁차주는 운송사업자에게 양도사실을 서면 통지해야 하고, 통지가 있은 날부터 1개월 내에 운송사업자가 양도에 대한 동의를 거절하지 않으면 양도에 동의한 것으로 본다.

따라서 위 조건이 충족되면 양수차주와 지입회사 간에 지입계약 양도·양수로 인한 지입계약이 인정되고, 양수인과 지입회사 사이의 상호적 의무도 발생한다.

2. 대외적 효과

가. 회사의 법적 소유권

(1) 당사자·청구권자

지입회사는 지입차의 법적 소유자다. 따라서 지입계약에서 지입된 차에 관한 제3자와의 대외적 법률관계에서는 회사가 당사자가 된다. 즉 차주나 회사가 제3자를 상대로 하는 관계에서는 차주와 회사 그리고 이들의 상대방인 제3자 모두 지입계약에 의한 명의상 소유권에 불과하다는 이유로 회사의 소유권이나 당사자성을 부정할 수 없다.

그리고 지입회사는 차주가 차에 관하여 제3자와의 관계에서 행한 행위의 결과에 대하여 차량의 소유권에 기반한 청구권 등 권리를 가진다. 따라서 지입차의 소유권에 대한 침해를 이유로 한 손해배상청구권, 지입차의 소유권에 근거한 지입차 임차인에 대한 반환청구권 등은 실제 소유자인 차주가 아니라 지입회사가 가진다.

<표 4> 지입차에 대한 반환·손해배상청구권자

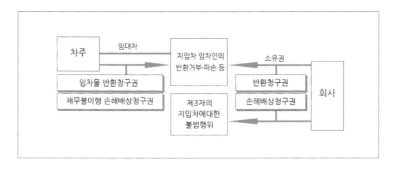

사례 7 차주와 내부적으로 소유권유보 약정했더라도 회사가 대외적 소유자

Q 자동차를 지입회사 명의로 등록하되 내부적 약정에 따라 소유권을 지입차주가 보유하기로 하였다면, 차주가 대외적으로도 소유권을 주장할 수 있나?

A 지입계약은 차주가 지닌 실질적 소유권을 회사가 이전받은 것일 뿐이고 더욱이 차주와 회사 사이의 내부적 약정에 따라 소유권을 지입차주가 보유하기로 하였더라도, 등록명의가 지입회사로 되어 있는 한 대외적 관계에서는 차주가 소유자라 할 수 없어 차주는 소유권을 주장할 수 없다.

또한 차주의 가처분 집행에 대하여 회사가 이의를 한 바 없다고 하더라도 그러한 사실만으로는 대외적 관계에 있어서 지입회사의 소유권을 부정할 수도 없다(대법원 1967.4.25. 선고 67다142 판결).

사례 8 지입차 소유권침해 손해배상은 회사만이 청구할 수 있다

Q 지입회사와 차주 사이의 내부적 지입계약에서 차량수리비 등을 차주가 부담하기로 약정하였다면, 차량이 제3자의 불법행위에 의해 손해를 입은 경우 차주가 손해배상을 청구할 수 있나?

A 지입차의 소유권침해로 인한 손해 즉 지입차가 사고로 인해 차량수리비 등 손해를 입은 경우, 지입계약에 따라 자동차등록원부에 소유자로 등록된 지입회사가 손해배상청구권을 가진다. 소유권침해로 인한 손해배상을 구하는 것은 대외적으로 소유권자인 회사의 권한에 속하기 때문이다.

따라서 회사가 가해차량의 보험자를 상대로 손해배상을 청구할 수 있다. 이는 회사와 차주 사이의 내부적 지입계약에서 차량수리비 등을 차주가 부담하기로 하였더라도 마찬가지다. 지입계약에 따른 대외적 법률관계에서는 회사가 청구권자(대법원 2007.1.25. 선고 2006다61055 판결)일 수밖에 없기 때문이다.

사례 9 지입차와 회사의 다른 차가 충돌 했다면 회사에 배상 청구 안 된다

Q 지입차주가 자신의 지입차와 지입회사의 다른 차가 충돌함으로써 발생한 대물적 손해에 대하여 회사에 손해배상을 청구할 수 있나?

A 등록원부에 소유자로 등록되지 않은 지입차주는 대외적으로는 물론 대내적으로도 법률상 소유권을 주장할 수 없다. 따라서 지입차주가 자신의 지입차가 지입회사의 다른 차와 충돌함으로써 발생한 대물적 손해에 대하여 회사를 상대로 손해배상을 청구할 수 없

다(청주지방법원 1988.6.2. 선고 87가합293 판결).

사례 10 임차물 소유권에 의한 반환·배상청구권자는 지입회사

Q 지입차주로부터 지입차를 임차한 자가 임대차가 종료되었는데도 돌려주지 않는 경우, 자신의 소유권 침해를 이유로 한 임차인에 대한 손해배상청구권은 차주 혹은 회사 중 누가 가지나?

A 구 중기관리법 제14조에 의하면 중기대여업은 건설부장관의 허가를 받은 중기사업자만이 할 수 있어 지입차주가 중기사업자인 지입회사와 중기 위·수탁계약을 체결하였다면 중기는 차주와 회사 사이의 내부관계에서는 차주의 소유이나 대외적으로는 회사의 소유이므로, 차주가 중기를 임차인에게 임대한 경우 임대차계약 종료로 인한 임차물반환청구권과 채무불이행으로 인한 손해배상청구권은 임대인인 차주에게 있다.

그러나 임대차종료 후 중기의 소유권에 의하여 반환을 구하거나 소유권침해로 인한 손해배상을 구하는 것은 대외적 소유권자인 회사의 권한이다. 따라서 임차인이 정당한 이유 없이 중기 인도를 거부하면 지입회사는 임차인에 대하여 소유권침해로 인한 손해배상을 청구할 수 있다(대법원 1989.9.12. 선고 88다카18641 판결).

사례 11 임대된 지입차에 대해서도 지입회사가 운행지배

Q 주로 야채수송과 이삿짐운반 등 목적으로 사용하던 지입차로서, 임차인이 종전부터 고냉지 채소장사를 하면서 수시로 지입차주로부터 운전사가 딸린 위 차를 임차 사용했고, 사고 당일에도 1일 차임 10만 원에 차를 임차해 전에 자신이 소개해 준 지입차주의 고

용운전수로 하여금 운전하게 하고 자신이 조수석에 동승해 야채를 시장까지 운반하고 나서 돌아오던 중 운전수의 과실로 임차인이 교통사고를 당해 상해를 입은 경우, 교통사고를 낸 지입차에 대한 회사의 직접적 운행지배가 인정되나?

A 사고를 낸 지입차의 보유자인 회사와 임차인 사이에서는 비록 임차인이 차에 대한 현실적 지배를 하고 있더라도, 차의 운행경위, 운행목적, 임차인이 차주가 고용한 운전수가 딸린 차를 임차 사용한 사정, 운행에 회사가 관여한 정도 등 모든 사정을 종합해 볼 때, 구체적 운행관계에 있어 운행지배 및 운행이익이 임차인에게 완전히 이전된 관계가 아니라 이를 서로 공유하는 공동운행자 관계이고, 회사는 여전히 차주 및 그 고용운전수를 통해 차를 직접적으로 지배한다고 볼 수 있다.

다만 지입회사에 사고로 인한 모든 손해의 배상을 부담지우는 것은 손해의 공평부담을 지도원리로 하는 손해배상제도의 근본취지에 어긋나므로, 손해부담의 공평성 및 형평과 신의칙의 견지에서 회사가 피해자인 임차인에게 부담할 손해액은 이를 40%로 감경함이 적정하다(대법원 1993.4.23. 선고 93다1879 판결).

(2) 대리행위의 본인

회사가 차량의 대외적·법적 소유자인 이상, 차주가 차량 운행관리와 관련해 제3자와의 관계에서 행한 거래는 차주가 회사를 대리하여 한 것으로 간주되어 지입회사는 본인으로서 대금지급 등 책임을 진다.

즉 차주의 차량 운행관리는 지입계약에 의해 회사로부터 운행관리권을 위임받아 통상업무에 속하는 운행관리를 대리하는 것이라고 간주되므로, 비록 운임 등 경제적 이익이 차주에게 귀속된다고 하더라도 차주가 운행관리와 관련하여 행한 법률행위의 효과는 본인인 회사에 귀속된다.

따라서 차주가 차량 운행관리와 관련한 통상적 업무로 수행한 유류구입이나 차량수리 또는 부품구입 등은, 그것이 차주와 거래 상대방과의 사이에서 차주만이 책임지는 것이라고 볼 특별한 사정이 있다고 판단되지 않으면 회사를 위한 대리행위로 간주되어 회사가 본인으로서 대금지급 등 책임을 진다.

<표 5> 지입차 운행 위한 차주 구매물품 등의 지급책임

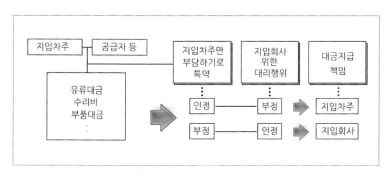

사례 12 차주가 운송계약하고 운임받아도 법률효과는 지입회사에 귀속

Q 화물운송회사가 지입차주와 사이에 화물운송계약을 체결하고, 지입차주는 지입회사와는 별개로 사업자등록을 해 화물운송회사로부터 받는 운임 등에 관하여 자신의 사업자등록번호로 부가가치세법상의 세금계산서를 발급하고, 화물운송회사는 운임을 차주 개인의 은행통장으로 온라인 송금하면서 지입차주가 위와 같이 독자적

으로 운송영업을 한다는 사실을 잘 알고 있다면, 차량에 관한 법률행위의 효과가 지입차주에게 귀속되나?

A 위 사실을 근거로 지입회사는 화물운송회사가 화물운송계약을 체결함에 있어 계약의 효력을 지입회사에 귀속시킬 의도가 아니었다고 주장하나, 지입차는 소유권이나 운행관리권이 지입회사에 귀속되므로 차를 차주가 직접 운행관리하면서 화물운송계약을 체결했다 해도 이는 지입회사로부터 차에 관한 운행관리권을 위임받아 운행관리상 통상업무에 속하는 화물운송계약을 회사를 대리해 체결한 것으로 간주된다.

결국 차주는 대외적 차량소유자인 지입회사의 위임을 받아 운행관리를 대행하는 지위에 있는 것이므로 운행관리에 관한 행위의 법률상 효과는 지입회사에 귀속되는 것이고, 비록 운임 등 경제적 이익이 차주에게 귀속되더라도 그 법률행위의 효과까지 차주에게 귀속시킬 의도라고 볼 수는 없다.

지입회사는 상법 제24조를 들어, 화물운송회사는 지입회사가 명의대여자이고 지입회사에 불과함을 잘 알고 있어 지입회사를 영업주로 오인한 것이 아니므로 명의대여자로서의 책임이 없다고 주장하나, 지입차의 경우 대외적으로 차의 관리운행권이 회사에 귀속하고 차주는 관리운행권을 회사로부터 위임받아 대행하는 지위에 불과하므로 관리운행에 관해서는 지입회사가 책임져야 한다. 즉 지입회사의 책임은 상법 제24조에 의한 명의대여자 책임과는 다르다(대법원 1988.12.27. 선고 87다카3215 판결).

즉 지입회사는 상법상 명의대여자와 거래한 자가 명의대여자를 영업주로 오인하지 않은 경우에는 명의대여자가 책임을 면할 수 있으므로, 차주가 독자적으로 거래하는 것임을 잘 아는 상대방과의 거

래에 대해서는 지입회사가 책임질 필요가 없다고 주장하지만, 지입
관계는 단순한 명의대여와 다른 것이고 대외적으로 법률관계의 신
뢰와 안정을 위해 지입회사의 본인으로서의 책임을 인정한다는 것
이다.

사례 13 지입차 운행을 위한 차주의 타이어 등 거래에 회사가 지급책임

Q 지입차주들이 지입회사와는 독립한 별개의 사업자등록을 하
여 중기들을 각 운영관리하고, 물품공급자가 차주들에게 중기에 필
요한 타이어 등을 공급하고 세금계산서를 발부함에 있어서도 공급
받는 자의 사업자등록번호를 지입차주 각자의 사업자등록번호로 표
시하고, 공급받는 자의 성명란에도 각 지입차주별로 구분해 그들의
이름을 기재하고, 물품거래를 전후해 물품공급자와 지입회사 사이에
는 서로 상면하거나 거래관계를 논의한 적도 전혀 없고, 오로지 물
품공급자와 지입차주들 사이에서 직접거래가 이루어졌고, 그동안 결
제된 대금도 차주들에게서만 지급받아 왔고, 차주들과 지입회사 사
이의 내부관계에서도 중기의 수리비 등 관리비용 일체를 차주들만
이 전액 부담하기로 약정하였던 경우에도, 차주가 지입중기를 운행
하기 위해 공급받은 타이어, 튜브 등 물품의 대금을 지입회사가 지
급해야 하나?

A 지입중기는 대외적으로는 지입회사 소유이고 차주들은 회사
와의 수탁관리운영계약에 의하여 중기 운행관리를 위임받은 것이라
볼 수밖에 없으므로 차주들이 중기를 운행하기 위해 물품공급자로
부터 타이어, 튜브 등의 공급을 받았다면, 이는 회사의 위임에 의하
여 회사를 대리하여 한 것이다. 따라서 그 거래에서 물품대금을 회

사에 청구하지 않고 차주 본인이 책임지기로 특약한 사실이 없다면, 지입회사는 거래의 본인으로서 대금 지급책임을 면할 수 없다(대법원 1989.7.25. 선고 88다카17273 판결).

사례 14 차주의 지입차 수리·부속품 대금도 지입회사가 지급책임

Q 지입차주가 자동차부속상으로부터 지입차 부속품을 구입하고 수리받은 경우에 수리비 및 부속품대금을 지입회사가 지급해야 하나?

A 지입회사에 차를 지입한 차주가 자동차부속상으로부터 차를 수리받거나 차량부속품을 구입한 행위는 차량관리의 통상업무에 속하는 것으로서 지입회사를 대리한 행위다. 따라서 부속상이 수리비 및 부속품 대금을 차주에게만 청구하기로 약정한 것이라는 특별한 사정이 없는 한, 지입회사는 그 대금지급 책임을 면할 수 없다(대법원 1987.5.26. 선고 86다카2677 판결).

사례 15 지입차 운행 위한 유류대금은 지입회사가 지급책임

Q 차주가 차량 2대를 할부로 구입해 회사에 지입시키고 주유업자에게 차에 소요되는 유류의 외상공급을 받았는데, 차주는 지입차를 이용해 독자적으로 자기의 책임과 계산 아래 운송사업을 하고 있었고, 주유업자는 차주와 위 거래를 하기 이전부터 제3자의 보증 아래 직접 유류 외상거래를 하여 왔고, 위 지입차들에 관하여도 차주가 독자적 운송사업을 한다는 사실을 알고 유류 외상공급을 하여 왔고, 그래서 주유업자는 지입회사와 사이에는 유류공급에 관한 아

무런 약정을 하지 않았고, 회사에 대하여 유류대금을 청구하거나 세금계산서를 발행한 일도 일체 없고, 위 차들을 제외한 회사차들은 주유업자와 전연 거래가 없고, 주유업자로부터 지입차들에 유류를 외상 공급받은 운전수들도 모두 지입차주가 채용한 자들로서 회사의 피용자가 아니었는데도 회사가 유류대금 지급책임을 지나?

A 지입차주가 운행에 필요한 유류를 구입하는 등 차량 운행관리상 통상업무에 속하는 행위를 하였다면, 유류공급거래에서 특히 차주에게 운송사업자를 대리하여 유류를 구입하는 의사가 아니고, 상대방인 주유업자도 본인인 운송사업자와 거래를 하는 의사로 유류공급을 한 것이 아니라고 볼 특별한 사정이 있어 유류대금은 직접 공급받은 차주만이 부담하기로 하는 특약이 있는 거래라고 볼 수 있는 경우를 제외하고는, 차주의 거래행위는 회사를 대리한 것으로 보아야 한다.

그렇게 보건대 주유업자도 지입차주임을 알고 있고, 차주가 외상거래를 요청할 당시 지입회사의 사업증을 제시하였고, 주유업자도 이를 믿고 외상거래를 한 것이라면, 차주가 회사를 대리해 유류공급을 요청하고 유류공급업자도 거래의 법률상 효과를 회사에 귀속시킬 의사가 있었던 것으로 보아야 하므로(대법원 1987.9.8. 선고 87다카1026 판결), 주유업자에 대해 지입회사가 지급책임이 있다.

사례 16 회사와 사이에 차주가 부담하기로 약정했더라도 회사가 유류대금 지급책임

Q 지입차주가 지입회사와 사이에 지입차 운행에 필요한 유류대금을 자신이 부담하기로 하고, 유류공급자도 지입차임을 알고 있고, 차주와 거래를 하는 동안 회사에 대해 유류대금을 청구하지 않

고 차주로부터 대금을 영수했지만, 그전부터 유류를 공급하면서 거래에 대한 세금계산서에 물품을 공급받는 자를 회사로 표시하면서 대표자로 지입차주 성명을 기재한 경우에, 유류공급자가 회사에 유류대금을 청구할 수 있나?

[A] 지입차는 대외적 소유권이나 운행관리권이 회사에 귀속되어 차를 차주가 직접 운행관리하는 경우에도 차주는 운송사업자인 지입회사로부터 차에 관한 운행관리권을 위임받아 운행관리상 통상업무에 속하는 행위를 대리하는 것으로 보아야 하므로 차주가 운행에 필요한 유류를 구입하는 행위도 차의 운행관리상 통상업무에 속하는 행위로 간주된다.

위 경우에도 위 사정만으로는 차주에게 회사를 대리할 의사가 없고 유류공급자도 회사와 거래하려는 의사가 아니라고 볼 수는 없어, 유류대금을 직접 공급받은 차주만이 부담키로 하는 특약이 있는 경우라고 볼 수 없다(대법원 1989.10.27. 선고 89다카319 판결).

사례 17 지입차주 명의로 운송계약 체결해도 지입회사가 손해배상책임

[Q] 지입차주가 차를 직접 운행관리하면서 운송회사와 사이에 차주 자신 명의로 운송계약을 체결하였는데, 물건운송 중 과실로 운송물을 훼손한 불법행위로 인해 화주회사가 입은 손해를 지입회사가 배상해야 하나?

[A] 지입차주가 차의 실질소유자로서 직접 운전하고 독자적 계산으로 영업하기 위해 지입회사의 용인 아래 회사의 상호 중 '△△운수'라는 부분을 따서 이를 상호로 하여 운수업을 해 오던 중, 운송회사가 화주회사로부터 컴퓨터 등 물건을 운송해 달라는 의뢰를 받

고 지입회사 소유로 등록된 지입차를 운전하는 차주와 사이에 물건을 수원에서 부산까지 운송하기로 하는 화물운송계약을 체결하였다.

운송회사와 지입회사는 모두 김포공항 화물청사에 영업소를 가진 보세화물운송지정업체로, 운송회사는 지입차주와 운송계약을 체결함에 있어 운송물건이 고가의 수출상품이라 보세화물운송지정업체와 운송계약을 체결해야 했기 때문에 차량이 보세화물운송지정업체인 지입회사 차량이고 지입차주가 독자적 계산으로 영업하고 있음을 잘 알면서, 운송계약의 효력을 지입회사에 귀속시킬 의도로 차주와 사이에 운송계약을 체결한 것이다. 그렇다면 차주가 차를 직접 운행관리하면서 그 명의로 운송계약을 체결했더라도, 이는 지입회사로부터 차에 관한 운행관리권을 위임받아 운행관리상 통상업무에 속하는 운송계약을 지입회사를 대리해 체결한 것이다.

따라서 지입회사는 특별한 사정이 없는 한 차주가 물건운송 중 과실로 운송물을 훼손한 불법행위로 인해 화주회사가 입은 손해를 배상할 의무가 있으므로, 화주회사에 손해배상금을 지급한 운송회사는 위 금원을 지입회사에 구상할 수 있다. 이는 운송회사가 차주와 사이에 위 운송계약 체결 전에도 수개월간 운송계약을 체결한 사실이 있더라도 마찬가지다(대법원 2000.10.13. 선고 2000다20069 판결).

위 판례는 차주의 과실로 제3자에게 발생한 손해에 대하여 차주를 객관적으로 지휘·감독하는 자로서의 사용자책임을 부담한다는 취지로도 이해될 수 있지만, 운송회사와 차주 사이의 운송계약을 차주가 지입회사를 대리하여 체결한 것이라고 본 점에서 회사의 본인으로서의 책임을 판단한 것이라 보인다.

<표 6> 독자적 운송계약 차주의 운송과실에 대한 지입회사의 배상책임례

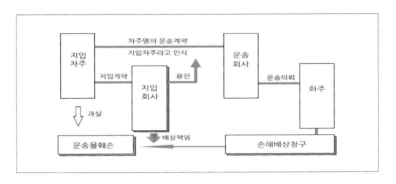

(3) 책임·의무자

지입회사는 지입차에 대한 법적 소유권에 기반하여 지입차 관련 자동차세, 부가가치세 등 납세의무를 지고 이에 따라 각종 과세 및 압류 등 처분의 당사자가 되고, 소유명의자로서 수령한 지입차 관련 보조금이 거짓이나 부정한 방법으로 수령한 것으로 판명되는 경우 그 보조금의 반환의무 등 여러 책임과 의무를 부담한다.

사례 18 회사명의로 차 사면 지입회사가 부가가치세 신고납부 의무자

Q 지입차주들이 지입회사 명의로 차를 구입한 경우 부가가치세 신고납부의무자는 누구인가?

A 부가가치세 납부세액을 결정함에 있어 사업자의 매입세액은 공제해야 하는데, 위탁자가 수탁자 명의로 재화를 공급받는 경우에는 위탁자가 직접 재화를 공급받은 것으로 보고 그 매입세액의 공제도 수탁자가 아닌 위탁자에 대하여 해야 하고, 재화의 공급자는 위

탁자에게 세금계산서를 교부해야 한다. 그러나 위탁자를 알 수 없어 수탁자에게 세금계산서를 교부하는 경우에는 수탁자가 재화를 위탁자에게 인도하는 때에 수탁자가 위탁자에게 세금계산서를 교부해야 하고, 이 경우에는 수탁자가 부가가치세법 제18조에 의해 이에 대한 부가가치세를 신고 납부해야 한다.

따라서 실질적으로는 차주들이 자신의 비용으로 차를 구입해 운송사업을 하지만, 형식적으로는 운송사업제도 및 자동차등록제도상 지입회사가 지입차주들의 위탁을 받아 안전관리 예수금이라는 명목으로 차량구입 대금을 수령해 회사명의로 차를 구입하여, 형식적으로 차량등록원부상에 회사명의로 등록 운영하고 있다면 회사는 위탁자인 각 차주에게 세금계산서를 교부하고 이에 대한 부가가치세를 신고 납부해야 한다(대법원 1984.3.27. 선고 83누260 판결).

사례 19 차주 계좌로 유가보조금 받아도 반환의무자는 지입회사

Q 화물자동차운송사업자인 지입회사가 유가보조금 지급신청서를 제출하되, 지입차의 경우는 신청서를 지입차주로부터 제출받아 취합한 후 운송사업자가 직접 작성한 지입차별 보조금지급신청 총괄표와 함께 제출하고, 직영차량의 경우는 직접 작성한 신청서와 운송회사보유 직영차량 현황표를 함께 제출하고, 지입차의 경우에는 전주시장이 유가보조금을 지입차주의 예금계좌로 직접 송금한 경우에, 유가보조금 부정수급이 밝혀져 반환명령을 발할 때 지입회사가 반환명령 대상인가?

A 구 화물자동차운수사업법 제29조의2 제3항은 '거짓 또는 부정한 방법'에 의해 유가보조금이 교부되면 반환명령으로 회수하도록

규정하는데, '거짓 또는 부정한 방법'이란 결과적으로 유가보조금 부정수급을 가능하게 한 행위로 사회통념상 사위·부정으로 인정되는 모든 행위다(대법원 2005.10.7. 선고 2005도2652 판결 등).

화물자동차운수사업을 효율적으로 관리하고 건전하게 육성해 화물의 원활한 운송을 도모해 공공복리 증진에 기여하려는 동법의 목적, 유가보조금은 유가인상에 따른 운수사업자의 부담을 덜어주기 위해 예산범위 내에서 운수사업자들에 대하여 유류사용량에 따라 안분, 지급되는 것인 점 등을 고려하면 유가보조금 교부대상은 동법에 따라 적법하게 화물자동차운수사업을 위해 등록된 차량이다.

일반형 화물자동차의 증차가 엄격히 제한되는 상황에서 지입회사가 불법적 방법으로 특수용도형 화물자동차에 할당된 차량번호를 일반형 화물자동차로 등록해 지입할 수 있는 일반형 화물자동차의 수를 늘려 이익을 취하고, 그 사정을 모르는 지입차주들이 불법 등록된 일반형 화물자동차를 운행함으로써 유가보조금이 교부되었다면, 유가보조금은 회사의 불법행위로 증차된 일반형 화물자동차에 대해 교부된 것으로서 회사의 불법행위가 없었다면 보조금이 교부되지 않았을 것이므로, 회사의 '거짓 또는 부정한 방법'에 의해 유가보조금이 교부된 것이다.

유가보조금 교부 근거조항인 동법 제29조 제2항은 '특별시장·광역시장·시장 또는 군수는 운수사업자(제26조 제1항 규정에 의해 화물자동차운송사업을 위탁받은 자를 포함)에게 유류에 부과되는 다음 각 호의 세액 등 인상액에 상당하는 금액의 전부나 일부를 보조할 수 있다'고 규정하고, 유가보조금 반환명령 근거조항인 동법 제29조의2 제3항은 '국토해양부장관·특별시장·광역시장·시장 또는 군수는 거짓 또는 부정한 방법으로 제29조 제1항 또는 제2항의 규정에 의해 보조금 또는 융자금을 교부받은 사업자단체 또는 운수사업자(제26조 제1항에 의해 화물자동차운송사업을 위탁받은 자를 포함)에게 보조금 또는 융자금의 반환을 명하도록 규정하고 있다.

위 동법 규정들과 보조금 신청방식에 비추어 보면, 거짓 또는 부정한 방법으로 유가보조금이 교부되게 한 운수사업자가 반환명령의 상대방이 된다 할 것이고, 지입차의 경우 전주시장이 유가보조금을 지입차주의 예금계좌로 직접 송금했다고 하더라도 마찬가지다. 따라서 거짓 또는 부정한 방법으로 유가보조금이 교부되게 한 운수사업자를 상대로 한 유가보조금 반환명령은 적법하다(대법원 2009.7.23. 선고 2009두6087 판결).

사례 20 지입차에 대한 과세 및 압류처분의 당사자는 지입회사

Q 중기에 대한 시설대여(리스) 계약 후 시설대여이용자가 시설대여회사의 승낙 아래 지입회사에 지입했는데, 따로 지입회사와 시설대여회사 사이에 시설대여계약상의 시설대여이용자 명의를 원래의 시설대여이용자에서 지입회사로 변경하기로 하는 등 지입회사가 시설대여이용자의 계약상 지위를 인수하였다고 볼 사정이 없는 경우, 중기에 대한 과세 및 압류처분의 당사자가 될 중기소유자는 지입회사인가?

A 위 경우 일반적인 지입계약과 달리 볼 이유가 없으므로, 대외적 소유권자는 지입회사다. 따라서 시설대여이용자인 중기회사가 리스금융회사로부터 시설대여 받은 천공기에 대하여 과세처분 및 압류처분할 당시의 소유자는 지입회사일 수밖에 없다(대법원 2006.5.25. 선고 2005다19163 판결).

(4) 예외적 부정

대외적 관계에서도 지입차주가 지입차에 대한 법적 소유권에 근거한 것은 아니지만 구체적 사안에 따라서는 차주 고유의 권한이나 행위의 성격으로 인해 일정한 청구권을 가지기도 하고, 회사를 위한 대리행위가 아닌 차주 자신의 거래로 간주되어 거래 당사자성이 인정되기도 하고, 의무자로 인정되기도 한다.

특히 차주의 행위가 지입회사를 위한 대리행위가 아닌 것으로 간주되면 회사의 당사자성이 부인되는데, 이는 차주와 제3자와의 거래나 계약의 특별한 내용이나 성격에 의해 혹은 차주 및 그와 거래한 제3자가 회사가 아니라 차주와 고유하게 거래한다는 것을 분명하게 인식하고 있어 회사에 책임을 묻는 것이 부당하다고 인정되는 경우에 나타난다.

또한 차주와 지입차 임차인의 임대차관계에 따라 임차권에 의한 청구권이 차주에게 인정되기도 하는데, 이는 임대차관계의 당연한 귀결처럼 보일 수도 있으나 법적 소유자인 지입회사를 형식적 임대인으로 보지 않는다는 점에서는 당사자성 인정에서 예외적이라고 볼 수 있다.

그 밖에도 회사가 현실적 점유 등을 하지 않고 차주나 제3자가 점유를 가지고 있는 경우에는 점유권과 관련한 회사의 당사자성을 부정하거나 혹은 회사를 당사자나 의무자로 하는 것이 부적절하다고 판단해 회사의 책임과 의무를 부정하는 경우도 있다.

위와 같은 경우들에서는 지입회사의 소유권 자체가 법적으로 부인되는 것은 아니더라도 그 당사자성이 사실상 부정되어 마치 소유권이 부정되는 것과 유사한 결과가 된다.

차량임차인의 잘못에는 임대인인 지입차주가 손해배상 청구권자

Q 지입차주인 임대인이 임차인에게 중기 자체를 인도하는 방식으로 임대한 것이 아니라, 차주가 자신의 피용자인 중기운전자로 하여금 약정 기간 동안 중기임차인이 지정하는 공사현장에 가서 임차인의 지시에 따라 작업을 하게 하는 방식으로 계약하여, 임대인의 피용자인 중기운전자는 임차인이 지정하는 공사현장에서 임차인의 지시에 따라 작업을 함으로써, 중기작업에서 임대인 측의 운전자는 중기운전만 할 뿐 중기이용에 관련한 일체의 사항에 관하여는 임차인 측의 지휘·감독을 받은 경우에, 중기임차인 측의 과실로 중기가 파손되어 임차인이 손해배상책임을 부담할 때, 중기임대인인 차주가 중기임대차계약의 당사자로서 손해배상청구권을 가지나?

A 중기를 구입한 지입차주가 중기사업자인 지입회사와의 중기 위·수탁계약에 의해 지입하였다면 차주가 중기에 대한 실질적 소유권을 행사해 왔다 하더라도 대외적 소유자는 어디까지나 회사여서 차주가 중기의 소유권침해에 대한 손해배상청구권을 가질 수는 없다.

그러나 위 경우라면 적어도 임대인과 임차인 사이에서는, 임차인이 중기 이용을 위해 중기의 점유까지 넘겨받은 것이므로, 임차인 측의 과실로 중기가 파손되었다면 임차인이 임대인에게 파손으로 인한 손해배상을 할 임대차계약상의 책임이 있기 때문에, 임대인인 지입차주는 중기의 법적 소유자는 아니라도 중기임대차계약의 당사자로서 손해배상청구권을 가진다(대법원 1992.9.8. 선고 92다19101 판결).

사례 22 회사직영 주유소가 아닌 다른 주유소에서 유류를
공급받았다면 차주 부담

[Q] 지입차주가 자신 소유인 화물차에 관하여 'ㅁㅁ상운'이란 상
호로 자동차운송사업을 하는 지입회사와 사이에 지입계약을 체결하
고 차의 화물적재함 측면에 'ㅁㅁ상운'이란 표시를 해 운행관리하면서
◇◇주유소란 상호로 유류판매업을 하는 주유업자로부터 1985.2.24.
현재까지 공급받은 유류대금의 잔액이 3,474,000원이고, 주유업자는
유류공급 당시 위 화물차가 'ㅁㅁ상운'에 지입된 차임을 알고 있었고,
또한 지입차주는 사업자등록을 마친 사업자이고 위 유류대금은 상
당기간 계속된 거래로 인한 잔액으로 그 기간 동안에 결제된 대금도
있었고, 대금결제에는 부가가치세법이 정하는 세금계산서의 교부가
있었고, 운송업자인 지입회사도 주유업자와 마찬가지로 목포시내에
서 ㅇㅇ주유소라는 주유소를 직접 경영하고 있고, 이런 사정은 같은
지역 내 동업자인 주유업자도 능히 알았다면 주유업자는 차주와 거
래한다는 의사로 유류를 공급한 것인가?

[A] 위 경우 지입회사가 자기에게 지입된 차량운행에 필요한 유
류를 자기 주유소를 제쳐놓고 제3자인 주유업자의 주유소에서 계속
적으로 공급받게 한다는 것은, 특별한 사정이 없는 한 거래의 통념
과 경험칙에 반하므로, 위와 같이 주유업자와 차주가 다 같이 회사
가 직접 주유소를 경영한다는 사실을 알면서도 유류공급거래를 계
속한 것이라면 차주는 회사를 대리하여 거래를 한다는 의사가 없고,
주유업자 또한 지입회사와 거래를 한다는 의사로 한 것이 아니라고
보는 것이 당사자의 의사에 합치된다(대법원 1986.6.10. 선고 85다
카2636 판결).

사례 23　차를 지입차주가 점유하고 있다면 회사는 차량을 인도할 의무자 아니다

Q　출자현물인 자동차를 지입차주들이 각자 관리 운영하는 경우에 지입차에 대한 인도의무가 발생하였을 때, 지입회사가 차를 현실적으로 점유하고 있지 않음에도 차를 직접 인도해 줄 의무가 있나?

A　차주들이 자동차를 현물출자해 운수사업 면허를 받아 주식회사를 설립했다 하더라도 출자현물인 차를 차주들이 각자 관리 운영하는 경우에는 자동차는 차주의 점유 아래 있는 것이어서 회사가 차를 현실적으로 점유하는 것이 아니다. 그렇다면 회사가 차를 직접 인도할 의무는 없다(대법원 1972.2.22. 선고 71다1323 판결).

사례 24　차주 사업자번호 쓰고 차주만 지급했다면 차주가 지급 책임

Q　지입차주가 차량 운행에 필요한 차량부속품 등을 구입하면서 세금계산서의 공급받는 자 란에 지입운송업자와 별개로 사업자등록한 차주 자신의 사업자등록번호와 성명을 기재하고, 위 거래를 전후해 물품공급자와 지입회사 사이에 서로 상면하거나 거래관계를 논의한 적이 없고, 그동안 결제된 대금도 지입차주에게서만 지급받아 왔다면, 차주가 대금결제 의무자인가?

A　그러한 특별한 사정이 있다면 위 물품거래는 차주가 지입회사를 대리한 것이 아니라 지입차주만이 물품대금을 부담하기로 특약한 차주 자신의 거래로 보아야 한다(서울고등법원 1988.5.16. 선고 87나5044 판결).

사례 25 시설리스에서 사실상의 취득자 아닌 지입회사는 납세의무 없다

Q 시설대여회사는 대여시설이용자들이 선정한 중기를 그들이 직접 구입하게 하고 등록도 대여시설이용자 명의로 하였고, 다만 대여시설료 등의 담보로 근저당권을 설정하고, 시설대여기간이 종료하면 원칙적으로 취득가의 10%에 불과한 소정의 약정금을 지급하고 대여시설이용자가 중기를 취득하기로 하는 시설대여약정을 한 경우에도, 중기지입회사가 중기취득세 납세의무자인가?

A 지방세법 제105조 제1항 본문은 "취득세는 중기취득에 대하여 취득물건 소재지 도에서 그 취득자에게 부과한다"고 규정하고, 제2항은 "중기취득에서는 중기관리법 등 관계법령 규정에 의한 등록 등을 하지 않은 경우라도 사실상 취득한 때에는 취득한 것으로 보고 취득물건의 소유자 또는 양수인을 각각 취득자로 한다"고 규정하고, 동법시행령 제74조 제2항은 "시설대여산업육성법 규정에 의한 시설대여회사로부터 시설대여회사가 새로이 취득한 차량 또는 중기를 시설대여 받아 사용하는 자가 시설대여산업육성법 제13조의2 제1항 규정(시설대여회사가 중기 또는 차량의 시설대여 등을 하는 경우에는 중기관리법 또는 자동차관리법 규정에 불구하고 대여시설이용자의 명의로 등록할 수 있다)에 의해 차량 또는 중기를 등록하는 경우에는, 등록명의에도 불구하고 사실상 취득한 자를 동법 제105조 제1항 규정에 의한 납세의무자로 본다"고 하였다.

그렇다면 중기취득세 납세의무자는 원칙적으로 소유권등록 명의자이지만 취득하였음에도 등록하지 않은 경우에는 사실상 취득자를 납세의무자로 본다고 지방세법이 규정한 것이고, 시설대여 등에서는 취득자로서 납세의무자가 누구인가를 확정하기 어려운 경우도 예상

되므로, 동법시행령이 특히 시설대여회사가 차량이나 중기 등 시설대여를 하는 경우에는 시설대여회사와 대여시설이용자와의 구체적 계약내용에 따라 사실상 중기를 취득한 것으로 인정되는 자만을 납세의무자로 규정한 것이다.

결국 중기취득세 납세의무자는 원칙적으로 소유권등록 명의자인 지입회사이지만 사실상 취득한 자도 납세의무자로 되며, 시설대여(리스)에서는 시설대여회사와 대여시설이용자 중 사실상 중기를 취득한 것으로 인정되는 자만이 납세의무자인 것이지, 양자 모두 납세의무자로 되는 것은 아니다.

위 중기취득을 위한 시설대여약정은 금융리스에 해당하여 중기의 사실상 취득자는 시설대여회사가 아니라 대여시설이용자라 할 것이므로 지입회사를 사실상 중기취득자로 보고한 과세처분은 위법하다(대구고등법원 1992.10.7. 선고 92구894 판결).

사례 26 점유회수 청구에서 직접점유 않은 회사는 의무자 아니다

Q 지입차주가 지입계약에 의해 점유운행하는 차를 지입회사가 정당한 권한 없이 침탈해 다른 차주에게 점유 이전시켜 다른 차주와의 지입계약에 의해 점유운행하게 한 경우에, 지입차주가 회사를 상대로 점유회수청구를 할 수 있나?

A 먼저 지입차주는 소유권에 의해 지입차의 인도를 구하고도 하지만 자동차소유권의 득실변경은 등록을 받아야 효력이 생기므로 지입계약이 있었다 하더라도 이는 채권적 관계에 불과해, 지입차주에게 차에 대한 소유권이 있다고 할 수는 없으므로 자신이 소유권자임을 전제로 한 지입차주의 자동차인도청구는 이유 없다.

다음으로 지입차주는 점유권에 의한 반환청구도 하는데, 지입관계에서는 차주가 직접점유자이고 회사는 간접점유자이므로 점유회수의 소는 점유를 침탈해 현실적으로 차를 직접 점유하는 자를 상대로 제기할 때 이유 있고, 점유침탈자가 침탈 후 직접점유를 하고 있지 않는 경우는 회수청구가 이유 없다. 따라서 회사가 차량 점유를 침탈해 타인에게 점유케 하고 있다면 회사에 대한 점유회수 청구는 이유 없다(대구고등법원 1970.6.11. 선고 69나463 판결).

사례 27 주유소 2층에 차주의 사무실 두고 수시로 결제했다면 차주 부담

Q 지입차주가 'ㅇㅇ중기주식회사'라는 회사에 지입하면서, 그와는 별도로 'ㅇㅇ중기'라는 상호로 자신의 아들 명의로 사업자등록을 하고 그 소유 차량과 장비들을 운행관리해 오면서 주유소로부터 지입차 등과 함께 지입회사에 지입한 중기 등의 운행에 필요한 유류를 외상으로 계속 공급받고 수시로 대금을 일괄 결제해왔고, 중기의 앞문 양옆에 'ㅇㅇ중기'라는 상호를 표기까지 하고 주유소 2층에 있는 사무실을 'ㅇㅇ중기' 상호를 지닌 사업체의 사무실로 이용해 왔고, 주유소가 지입차주에게 지입중기의 유류를 공급하면서도 세금계산서상에 공급받은 자의 상호를 위 'ㅇㅇ중기' 상호로, 성명을 위 자신의 아들로 하고, 자신의 아들의 사업장 주소와 사업자등록번호 등을 기재해 발행함과 아울러 거래대장에도 거래상대방을 'ㅇㅇ중기'로 표시한 경우, 지입차주가 유류대금 지급책임이 있나?

A 위 지입중기의 운행에 관한 유류공급거래는 차주에게 회사를 대리하는 의사가 없고, 주유소도 회사와 거래하려는 의사가 아니었다고 볼 특별한 사정이 있다 할 것이므로, 유류를 직접 공급받은

차주만이 유류대금 지급책임을 부담키로 하는 특약이 있었다고 보아야 한다(대법원 1993.5.27. 선고 93다7341 판결).

사례 28 지입차와 자신 소유의 다른 차를 함께 주유했다면 지입차주 책임

Q 차주는 지입차를 지입회사가 경영하는 '△△중기사'에 지입시키고 중기등록원부에 회사명의로 소유권등록하고, 유류공급업자는 차주에게 지입차 운행관리에 소요되는 유류를 외상공급하였는데, 차주가 회사 경영의 '△△중기사'와는 별도로 '△△중기'라는 상호로 사업자등록을 마치고 차량 적재함 뒷면에 '△△중기'라는 상호를 표시해 차를 운행하여 왔고, 유류공급업자와 차주는 차량 유류공급 거래를 함에 있어 공급받는 자의 상호가 '△△중기', 성명이 지입차주 명의로 된 세금계산서를 주고받아 왔고, 납세자등록번호도 회사가 아닌 차주에 대한 것을 기재하였고, 유류공급업자가 작성한 유류 및 대금수불대장에 의하면 지입차와 차주의 지입되지 않은 다른 차에 대한 유류대금이 구별 없이 기재되어 있고, 유류대금 가운데에는 차주의 위 지입되지 않은 다른 차에 대한 유류대금이 포함되어 있는 경우, 지입차주가 대금지급 의무자인가?

A 위 지입차주의 지입차에 대한 유류공급에 관한 한, 차량의 운송사업자인 회사를 대리할 의사가 없고 유류공급업자 또한 회사와 거래할 의사가 없이 유류대금을 직접 차주에게 청구하기로 하는 특약이 있다고 볼 수 있어(대법원 1989.9.26. 선고 88다카15628 판결) 지입회사의 지급책임이 없다.

나. 차주 등의 근로자성 여부

(1) 차주의 근로자성 부정

일반적으로 근로기준법상 근로자에 해당하는지 여부는 계약의 형식이 고용계약인지 도급계약인지보다는 그 실질에 달려 있다. 즉 실질적으로 근로자가 사업 또는 사업장에서 임금을 목적으로 종속적 관계에서 사용자에게 근로를 제공하는지의 여부에 따라 판단된다.

종속적 관계가 있는지 여부는 업무내용을 사용자가 정하고 취업규칙 또는 복무규정 등의 적용을 받으며 업무수행에서 사용자가 상당한 지휘·감독을 하는지, 사용자가 근무시간·근무장소를 정하고 근로자가 이에 구속되는지, 노무제공자가 스스로 비품·원자재나 작업도구 등을 소유하거나 제3자를 고용해 업무를 대행하게 하는 등 독립하여 자신의 계산으로 사업을 할 수 있는지, 노무제공을 통한 이윤창출과 손실의 초래 등 위험을 스스로 안고 있는지, 보수의 성격이 근로에 대한 대상인지, 기본급이나 고정급이 정해졌는지 및 근로소득세가 원천징수되는지, 근로제공관계의 계속성과 사용자에 대한 전속성의 유무와 정도, 사회보장제도에 관한 법령에서 근로자 지위를 인정받는지 등의 경제적·사회적 여러 조건을 종합해 판단된다.

따라서 근로제공자가 기계·기구 등을 소유한다고 해서 곧바로 독립하여 자신의 계산으로 사업을 하고 노무제공을 통한 이윤의 창출과 손실의 초래 등 위험을 안는 사업자라 단정할 것은 아니다. 기본급이나 고정급이 정하여졌는지, 근로소득세를 원천징수하였는지, 사회보장제도에 관하여 근로자로 인정받는지 등의 사정은 사용자가 경제적으로 우월한 지위를 이용해 임의로 정할 여지가 큰 점에서 그러한 점들이 인정되지 않는다는 것만으로 근로자성을 쉽게 부정해서도 안 된다(대법원 2010.4.15. 선고 2009다99396 판결 등).

그러나 지입차주는 화물차를 구입해 운수회사에 지입한 후 회사에는 지입료와 제세공과금 등을 납부하고 차량운행에 관하여는 전적으로 자신의 책임 아래 운전기사를 고용하거나 자신도 차주 겸 운전사로 차를 운전하면서 화물운송업에 종사하는 것으로, 지입회사로부터 임금을 받을 것을 목적으로 종속적 관계에서 근로를 제공하는 자라 할 수 없어 근로기준법과 산업재해보상보험법상의 근로자에 해당하지 않는다(대법원 1996.11.29. 선고 96누11181 판결)고 판단된다. 판례에 의한 지입차주의 이러한 근로자성 부정은 연예인, 학습지교사, 보험모집인 등과 마찬가지로 노동계의 중대 이슈로 부각되는 실정이다.

결국 지입차주의 지입회사에 대한 근로자성이 원칙적으로 부정되면서 대체로 근로자성 여부는 실제적으로는 대외적 관계에서 문제되고 있다. 차주가 지입회사와는 별도로 계약을 체결한 운송회사나 지입회사를 겸한 운송회사 등에서 고정된 운송일정과 운송경로에 따라 특정 운송업무를 반복 수행하며 일정한 금원을 지급받는 방식으로 운송을 한 경우 차주가 외부 운송회사에 대한 근로자인지의 여부에 따라 근로관계에서 인정되는 임금이나 퇴직금 등을 주장할 수 있는데, 이는 지입계약의 내부적 관계는 아니기 때문이다.

사례 29 자기계산으로 운전업무에 종사하는 지입차주는 근로자 아니다

Q 지입차주가 지입차의 운전사를 겸하는 경우에 근로자인가?

A 근로자란 사용자로부터 자기 근로의 대상으로 금품을 받는

것을 목적으로 근로를 제공하는 자를 말하므로, 운전사가 동시에 운전면허 받은 자의 지입차주로서 자기계산하에 운전업무에 종사하는 자는 근로기준법상 근로자가 아니다(대법원 1972.11.14. 선고 72다895 판결).

사례 30 지입회사와 운송용역계약 맺고 용역비 받아도 근로자 아니다

Q 일정 자본을 투자해 운송사업을 하지만 지입회사와 지입차에 관한 위·수탁관리계약 또는 제품운송용역계약을 체결하여, 지입회사가 위탁받은 제품운송업무 중 일부를 수행하면서 용역비 명목으로 매월 일정액을 지급받는 차주가 지입회사에 근로자로서의 임금 및 퇴직금 지급을 구할 수 있나?

A 지입차주는 지입회사가 위탁받은 제품운송업무를 수행하기 위해 매일 지입회사에 운송업무를 위탁한 화주회사에 출근해 제품을 싣고 하역하고 퇴근하는 형태로 근무하였다. 그리고 지입회사는 차주에게 용역비 명목으로 매월 일정액을 지급하고, 운송업무 수행에 따른 유류대와 도로통행료는 실비정산 방식으로 별도 정산 지급하고, 지입회사가 차주에게 지급하는 월정 용역비에서 책임보험료, 종합보험료, 차량관리비, 조합비, 환경부담금, 세무기장료, 차주회비, 자동차세, 적재물보험료, 도색비, 과태료 등을 공제하고, 별도 사업자등록을 마친 차주의 부가가치세 등 신고·납부를 대행해 주었다.

이 경우 회사는 자신이 위탁받은 위탁회사의 제품운송업무를 수행하기 위해 차주와 사이에 운송용역계약을 체결한 것으로, 차주의 기본적 업무내용, 업무시간 및 장소는 위 운송용역계약에 의해 정해지는 것으로 보아야 하고, 더욱이 위탁회사가 지입회사에 위탁한 물류업무는 운송일정과 운송경로가 고정되어 있어 지입회사가 별도로 업무내용 등을 정할 수 있는 부분은 크지 않다.

그래서 차주는 운송용역계약의 당사자로서 정해진 운송일정 및 경로에 따라 위탁회사의 제품운송업무를 수행할 의무가 있으나 그 업무수행 과정은 원칙적으로 차주에게 일임되어 있다고 보이고, 운행 도중 사고나 특이 상황이 발생하면 지입회사에 통지해 그 지시에 따르게 되어 있더라도 이는 그로 인해 정해진 운송일정 및 경로에 차질이 발생할 수 있기 때문에 그렇게 하게 한 것이므로 이를 근거로 차주가 업무수행 과정에서 지입회사의 지휘·감독을 받는다고 볼 수는 없다.

즉 위 차주는 상당한 자금을 투자해 자체 운송물량을 확보하고 있는 운수회사인 지입회사에 차를 지입함으로써 일정 수준의 운송수익을 보장받는 대신에 위·수탁관리계약에 따른 독립적 운송사업자로서의 권한 중 상당 부분을 포기하기로 한 것에 불과하므로, 그러한 사실만으로 차주가 지입회사에 일방적으로 종속되어 있다고 보기는 어렵다.

또한 지입회사가 차주의 복장이나 차량관리 상태를 통제하고 화물트럭에 특정한 외장이나 도색을 하게 한 것도 화주인 위탁회사의 대외적 이미지 제고와 동일성 식별을 위한 것이고, 차주의 근무태도 불량, 단체행동, 교통법규위반, 차량사고 등 경우에 일정한 제재를 가할 수 있게 한 것도 성실하고 안전한 운행을 유도해 종국적으로는 제품운송이 정확하고 차질 없이 이루어지도록 하기 위한 것에 불과하다.

지입회사가 지입차를 다른 운송업무에 이용하는 것을 금지한 것도 냉동·냉장 상태로 신속히 운송되어야 하는 운송대상 제품의 특성에 비추어 상시 안정적 운송수단을 확보해 둘 필요성 때문이고, 차주 또한 지입회사와의 전속적 장기적 운송용역계약을 통해 자신의 운송수익을 안정적으로 유지·관리할 수 있는 이점이 있어 이를 받아들인 것이다.

운송용역계약의 내용상 차주가 비록 제3자로 하여금 자신의 운송업무를 대행하게 하는 것을 자제하였지만 이는 경제적 비용으로 인해 그렇게 한 것으로 제3자에게 자신의 운송업무를 대행하게 하는데 특별한 장애도 없고, 차주가 정액의 운송용역비를 지급받은 것처럼 보이는 것도 운송일정 및 경로 자체가 고정되어 있기 때문이며, 차주의 휴무일 또한 화주회사의 공장 휴무일에 따라 정하여진 것에 불과하다. 오히려 차주는 지입회사의 취업규칙이나 복무·인사규정 등의 적용을 받지 않고 별도 사업자등록을 해 부가가치세 등을 신고·납부했고 자신의 비용으로 차를 유지·관리했다.

따라서 차주는 일정 자본을 투자해 운송사업을 하는 자로서 지입회사와 지입차주가 상당기간 고정된 운송일정과 운송경로에 따라 특정 운송업무를 반복 수행하며 지입회사로부터 일정한 금원을 지급받더라도, 이는 운송용역계약의 내용과 특성에 따른 것일 뿐, 그런 사정만으로 차주가 지입회사에 대하여 종속적 관계에서 임금을 목적으로 근로를 제공하는 근로기준법상 근로자라 볼 수는 없다(대법원 2013.7.11. 선고 2012다57040 판결).

사례 31   임의사직하고 종전 사용자에 지입한 소사장은 근로자 아니다

Q 자신이 운전기사로 있던 회사 소유의 차량을 불하받아 그 회사의 자회사 명의로 등록한 후 지입차주 겸 운전사로서 그 회사와

콘크리트 운반계약을 체결하고 운반업무에 종사하는 차주가 근로기준법상 근로자인가?

<u>A</u> 종전에는 단순한 근로자였다가 어떠한 계기로 하나의 경영주체로서의 외관을 갖추고 종전의 사용자(모기업)와 도급계약을 맺는 방법으로 종전과 동일 내지 유사한 내용의 근로를 제공하는 경우(이른바 소사장)에는, 근로기준법상 근로자에 해당하는지 여부를 판단함에 있어 스스로 종전 근로관계를 단절하고 퇴직한 것인지 아니면 의사에 반해 강제적·형식적으로 소사장의 형태를 취하게 되었는지 여부, 사업계획·손익계산·위험부담 등의 주체로서 사업운영에 독자성을 가지게 되었는지 여부, 작업수행과정이나 노무관리에 있어 모기업의 개입 내지 간섭의 정도, 보수지급방식과 보수액이 종전과 어떻게 달라졌으며 같은 종류의 일을 하는 모기업 소속 근로자에 비해 어떠한 차이가 있는지 여부 등도 아울러 참작해야 하는데(대법원 1995.6.30. 선고 94도2122 판결), 위 경우에는 근로자성이 인정되지 않는다.

사례 32 구체적 운송지시 없이 운송횟수로 운임받으면 근로자 아니다

<u>Q</u> 지입차주가 자기 명의 사업자등록을 하고 사업소득세를 납부하면서 기사를 고용해 차를 운행하고 지입회사의 배차담당 직원으로부터 물건을 적재할 회사와 하차할 회사만을 지정하는 최초 배차배정을 받기는 하나, 이후 제품운송에 대하여 구체적 지시를 받지 않고 실제 운송횟수에 따라 운임을 지입회사로부터 지급받아 온 경우, 지입회사 배차담당 직원의 실수로 차주가 사고를 당하였을 때, 지입회사는 위 배차담당 직원의 사용자로서 차주 및 그 가족들이 입

은 손해를 배상할 책임이 있나?

A 위 지입차주는 지입회사와 차에 관하여 지입계약을 체결하고, 회사의 배차담당 직원의 지시에 따라 회사에 화물운송을 의뢰한 화주회사의 협력업체에서 생산하는 자동차부품을 운반하여 왔는데, 차주가 지입회사 배차담당 직원의 지시에 따라 업무를 하던 중 위 직원의 지시상 과실로 약 30시간 동안 휴식을 취하지 못한 피로상태에서 화물을 하차하다가 적재함 위에서 미끄러져 떨어져 두개골 골절 및 흉추12번 압박골절 등 상해를 입었다.

그러나 위 차주는 차의 실질 소유자로서 자기 명의로 사업자등록을 하고 사업소득세를 납부하면서 차를 자신이 직접 운전하지 않고 기사를 고용해 운행하는 등 자기 책임 하에 개인운송사업을 하였고, 차주가 지입회사의 배차담당 직원으로부터 물건을 적재할 회사와 하차할 회사만을 지정하는 최초 배차배정을 받기는 하나, 이후 제품 운송에 대하여 구체적 지시를 받지는 않고, 차주의 실제 운송횟수에 따라 운임을 지급받아 왔다면, 차주가 회사의 지시·감독을 받는다거나 임금을 목적으로 회사에 종속적 관계에서 노무를 제공하는 근로자라 할 수 없으므로 회사와 차주 사이에 대내적으로 사용자와 피용자의 관계에 있다고 볼 수 없다.

따라서 사용자·피용자 관계가 있음을 전제로 하여 회사가 차주에 대한 보호의무를 다하지 못함으로써 차주가 사고를 당하였음을 근거로 회사에 위 배차담당 직원의 사용자로서 사고로 인해 지입차주 및 그 가족들이 입은 손해를 배상할 책임이 있다고 볼 수는 없다 (대법원 2000.10.6. 선고 2000다30240 판결).

사례 33 근로자 아닌 지입차주에 대한 산재보험료 기왕 납부는 유효

　Q　지입차주를 근로자로 볼 수 없다는 대법원 판결이 선고되어 왔음에도 지입회사가 별다른 이의 없이 지입차주를 포함한 소속 근로자의 산재보험료를 근로복지공단에 스스로 신고·납부해 오다가, 공단이 1998.1.1.부터 소급해 산업재해보상보험 적용대상에서 제외시키는 조치를 하자 회사가 이미 납부한 보험료의 반환을 구한 경우, 회사의 위 신고·납부가 무효라서 회사가 부당이득을 하는 것인가?

　A　화물자동차 지입차주는 근로자에 해당한다고 볼 수 없어 지입회사가 근로자 아닌 지입차주에 대하여 산업재해보상보험법 소정의 보험료를 근로복지공단에 신고·납부한 행위는 하자가 중대하지만, 하자의 명백성 여부를 판단해 볼 때 일반적으로 화물차 위탁관리업을 하는 회사들은 지입차주 겸 운전자가 사고를 내는 등으로 제3자에게 손해를 가하였을 경우에 대외적으로 그 사용자로서 민법상 사용자책임에 따른 손해배상책임을 부담하고, 화물자동차운수사업의 지입차주 및 지입차주에 의해 고용된 운전자는 회사가 산업재해보상보험에 가입함으로써 업무상 재해로 인한 보상을 받을 수 있게 되었고, 실제로 그동안 회사의 지입차주 등이 입은 업무상 재해에 대하여 근로복지공단이 보험급여를 지급해 옴으로써 산업재해보상보험법의 보장적 지위를 누려 왔고, 지입회사가 보험료를 신고·납부하면서 제출한 자료만으로는 회사에 지입차주가 있는지, 있다면 그 수가 몇 명인지 등 보험료 산정의 기초가 되는 사실관계조차 충분히 파악할 수 없었던 사정을 종합해 보면, 회사가 근로복지공단에 보험료를 자진 신고·납부한 행위에 존재하는 하자가 객관적으로 명백하지는 않으므로 당연무효는 아니어서 부당이득을 하는 것은

아니다(대법원 2001.8.24. 선고 2001다13075 판결).

이러한 결론은 지입차주는 근로자가 아니더라도 특수한 상황에서 지입회사는 산업재해보상보험법상 사용자와 유사한 지위로 간주할 수도 있다는 예외적 판단이다.

<표 7> 지입 관련 근로자성 인정 여부

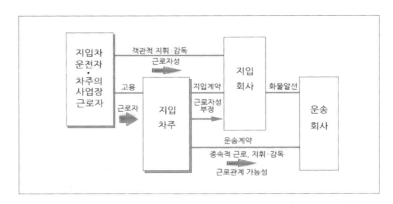

(2) 차주의 예외적 근로자성

지입차주라도 구체적 사정에 따라 임금을 위해 사용자의 지휘·감독을 받는 종속적 관계에서 근로를 제공하는 것으로 간주되면 예외적으로 근로자성이 인정될 수 있다. 이러한 예외적 근로자성은 지입회사에 대한 관계에서 인정되기보다는 제3자에 대한 관계에서 드물게 인정된다.

즉 지입차주는 지입계약이 지니는 제한적 특성으로 인해 지입회사에 대한 근로자로는 원칙적으로 인정되지 않고, 지입회사와는 별개로 차주 자신이 별도의 계약을 맺은 화주회사나 물류회사에 대해 실질적으로 임금을 목적으로 근로제공을 한다고 볼 수 있는지 그리고 지휘·감독을 받는 종속적 관계에 있는지 여부에 따라 근로자로 인정되는 경우가 간혹 있다.

위와 같이 지입차주가 예외적으로 근로자에 해당한다고 인정되는 경우에는 근로기준법상의 임금이나 퇴직금을 지급청구할 수 있음은 물론이고 사용자가 근로자에게 부당해고를 하게 되면 부당해고 구제신청을 할 수도 있다. 또한 산업재해보상보험법상의 업무상재해 요건에 해당하면 재해보상을 청구할 수도 있다.

한편 과거의 행정해석은 지입차주 겸 운전사의 경우에는 사실상 자기 소유의 차를 자기 계산 아래 운영하더라도 그 경영실태는 관행 또는 묵계에 의해 변형된 근로형태이고, 운수사업법에 따라 회사가 사업주체이고, 회사명의의 차를 운전함으로써 운수사업회사에 종사하고, 수입금의 성격도 고용운전사를 사용하면 그에게 지급될 임금이 대체된 것으로 볼 수 있는 점 등을 들어 소속회사의 근로자로 볼 수 있고, 다만 지입차주가 스스로 개척한 운송회사 등과 직접 거래하고 지입회사로부터 구체적 지휘·감독을 받지 않는다면 근로기준법상 근로자는 아니라고 해석한다. 그러나 이러한 행정해석이 판례의 입장과 크게 다름은 물론이고 최근에는 행정해석도 부정적이다.

사례 34 지입차주라도 임금 위한 종속적 근로의 실질 지니면 근로자

Q 지입차주가 갑 회사에 차를 지입한 후 갑 회사와 을 회사의 물류배송용역계약에 따라 을 회사의 물류배송업무에 종사한 경우, 즉 형식적으로는 독립된 사업자의 지위를 가지고 갑 회사에 차를 현물출자해 지입계약을 체결하고, 갑 회사와 을 회사의 물류배송용역계약에 따라 을 회사의 물류배송용역을 수행하지만 실제로는 임금

을 목적으로 을 회사에 근로를 제공한다고 간주될 수 있는 경우, 위 지입차주는 근로자인가?

A 위 물류배송용역계약에는 용역범위, 배송대상품목, 배송차량 공급 및 지정, 배송차량 및 인력 관리, 근무조건, 용역비 및 비용, 배송규칙, 배송기사 휴무, 대행·위탁·양도 금지 등이 규정되어 있고, 지입차주는 생활정보지에서 SK계열사에 근무할 배송기사 모집이라는 구인광고를 보고 기재된 전화번호로 전화해 배송업무에 관한 개략적 설명을 듣고 업무내용을 파악한 후 지입차를 매수하고, 배송기사 담당직원을 만나 면접을 본 후 물류배송업무를 하였는데, 물류배송회사는 차주가 배송업무수행 중 몇 차례 고객과 마찰을 빚어 수차례 주의를 주었는데도 개선되지 않는다는 이유로 지입회사에 배차정지를 통보하자, 지입회사는 물류배송회사 배송기사로서 고객사에 대한 서비스업무를 다하지 못해 고객사로부터 클레임을 유발시켜 몇 번의 주의·경고를 주었으나 시정되지 않아 물류회사로부터 계약해지를 통보받았다는 이유로 차주에게 지입계약 해지를 통보했다.

차주는 물류회사와 직접적 근로계약을 체결한 바는 없고, 차량을 전 차주로부터 구입해 지입회사에 지입 후 물류회사와 지입회사 간 물류배송용역계약에 따라 물류회사 배송업무를 했고, 지입회사 관할 세무서에 지입회사 상호로 사업자등록하고 개인사업자로서 받은 용역비에 대한 부가가치세를 납부해 왔고, 물류배송회사나 지입회사의 소속직원으로 산재보험 등 이른바 '4대 보험'에 가입하거나 또는 위 회사들이 차주의 근로소득세를 원천징수한 바는 없다.

또한 지입회사는 물류회사로부터 배송기사들에 대한 매월의 용역비를 지급받아 관리수수료 명목의 금원을 공제한 뒤 이를 차주 등에게 지급하는 외에는 차주들의 업무수행에 관여하지 않아 사실상 물류회사에 대한 인력공급 역할만 했다.

위 물류회사는 차주에게 자신의 로고가 새겨진 유니폼과 사원증을 항상 휴대·패용시켰는데, 그에는 휴·퇴직 시 반납하라는 것과 본사직원임을 확인한다는 기재가 있고, 물류회사 본사주소 및 대표전화가 기재되고 소속 및 직급이 '주임/울산지사'로 새겨진 명함을 받았고, 차에도 물류회사 명칭과 로고 및 콜센터번호를 새겨 넣도록 했고, 배송기사들은 월요일부터 금요일까지 물류회사가 정한 시각에 사무실로 출·퇴근했고, 지각·무단결근하면 매월 실시되는 업무평가 시 감점, 경고조치 등 불이익을 받았고, 매주 토요일 교대 휴무하며 개별 휴무일은 매월 지정 통보하고, 하계휴가도 배송기사별로 휴가기간을 정해 통보했고, 배송기사들은 매일 아침 사무실로 출근해 회사가 정한 배송계획에 따라 배송업무를 수행했고, 물류회사의 자체 물류창고나 택배회사에 가서 거래처에 배송할 물품을 찾아오는 업무도 했다.

또한 퇴근시간 전에 배송업무를 마쳤더라도 사무실로 복귀해 회사 지시에 따른 매일의 차량운행일지를 작성·제출하고 퇴근했고, 퇴근·업무종료 후에는 물류회사 배송업무 외에 개인용도로 차를 사용할 수 없게 되어 있고, 회사는 배송기사들에게 주유비, 각종 통행료, 주차비 및 핸드폰 요금 등 배송업무에 소요되는 각종 실비를 지급해 왔고, 배송기사들이 예비군훈련, 민방위교육, 결혼, 부모 및 자녀의 사망 등으로 휴무가 불가피하면 사유발생 3일 전에 증빙서류를 첨부해 회사에 통보해야 하고, 임의휴무 및 그에 따른 대체기사 투입은 엄격히 제한되었고, 배송횟수나 운행거리 및 운송량과 관계없이 매월 20일 일정액의 용역비를 지급했고, 2년 이상 근무자 중 근무평가 우수자에 월정액 직책수당, 1년 이상 근무자에 근속기간에 따른 장기근속수당을 지급했고, 배송기사들에 대한 매월 업무평가를 실시했고, 평가항목이 현장서비스, 배송관리, 운행관리, 기본관리, 차량관리 등으로 세분화되어 있고, 업무평가결과 일정점수를 초과하면 매월 인센티브를 지급하고, 미달하면 경고, 면담, 교육, 운행정지, 심의위원회 회부 등 견책조치를 취하였다.

그렇다면 차주는 실질에서 임금을 목적으로 물류회사의 지휘·감독 아래 종속적 관계에서 물류회사에 근로를 제공하는 근로자이므로 물류회사가 지입회사를 통해 차주에게 한 지입계약 해지통보는 실질에서 해고에 해당한다. 그런데 물류회사가 차주를 해고함에 있어 해고가 적법 절차, 즉 취업규칙에 의한 인사위원회 내지 배송기사 용역수수료 지급규정에 의한 심의위원회로의 회부, 소명기회 부여, 인사위원회 내지 심의위원회 심의 및 의결 등을 거쳐 이루어진 것이 아니라면 해고는 무효다(울산지방법원 2008.12.10. 선고 2007 가합6730 판결).

사례 35 종속적 근로한 지입차주는 업무상 재해요건 되면 보상 받을 수 있다

Q 지입회사 소속 지입차 기사로 일하는 지입차주가 2012.2.8. 06:55경 지입차를 운전해 자택에서 회사 물류창고로 출근하던 중 영동고속도로 상행성 편도 5차로의 4차로를 따라 직진하다가 선행차 후미를 추돌해 자신의 차가 우측갓길로 방향이 틀어지면서 방음벽을 재차 들이받는 사고를 당하여 후방십자인대파열, 후외측불안정성의 진단을 받았다.

이에 지입차주는 2013.7.9. 근로복지공단에 위 상병에 대한 요양급여를 신청하였으나 공단은 2013.7.17. 본인 소유의 화물자동차를 운전하는 지입차주로서 산업재해보상보험법의 적용을 받기 위해서는 산업재해보상보험법 제124조 제1항 및 동법시행령 제122조 제1항 제2호에 의하여 공단에 중소기업 사업주 특례적용을 신청하여야 하나 특례적용을 신청하지 않았으므로 산업재해보상보험법의 적용을 받을 수 없고, 사고경위 또한 출근 중 발생한 것으로 업무상재해 인정기준에 해당되지 않는다는 사유로 요양불승인 처분하였는데, 이 처분은 적법한가?

A 위 지입차주는 휴일을 제외한 날을 근무일로 하여 운송업무를 하면서 그 대가로 매월 고정급(휴일근무 시 특근수당)과 실비변상적 유류비, 도로통행비, 주차비 등을 받아 왔고, 위 차주를 포함한 지입차주들이 받는 급여는 고정급으로 물품운송 양이나 배송횟수, 배송거리 등에 따라 급여가 달라지지 않았을 뿐 아니라 어느 정도의 기본적 실적도 요구되지 않았던 바, 지입차주들은 운송업무 증감에 따른 이윤창출과 손실의 초래 등 위험을 스스로 부담하지 않았고, 이윤과 손실은 모두 사용자인 지입회사에 귀속되었고, 지입차주들은 회사의 지시에 따라 물품을 운송하였을 뿐, 독립적 지위에서 물품운송을 위탁받을 수 없었고, 회사가 지정하는 물품 외에 다른 물품의 운송을 할 수 없었고, 차주는 회사의 지시에 따라 배송업무를 수행했고, 연휴기간에도 회사가 운행을 요구하면 운행하여야 했고, 휴가 일수와 기간도 미리 정해져 있었고, 배송조수의 고용 여부와 근로조건도 회사에서 정하였고, 차주의 책임하에 대리기사를 고용하는 것은 차주의 결근 시를 대비한 비상대책수단이었고, 차주는 2004년 이후부터 회사에서 유사한 조건으로 계속 근무하여 온 점 등을 종합해 보면, 위 차주는 임금을 목적으로 종속적 관계에서 회사에 근로를 제공하였다고 봄이 상당하고, 위 차주가 영업용화물차의 소유자로서

사업자등록을 하였다거나 회사가 차주에 대하여 근로소득세를 원천 징수하거나 고용보험 등에 가입하지 않았다는 사정 등은 위 인정에 방해가 되지 않으므로, 위 차주는 근로기준법상 근로자에 해당한다.

또한 위 사고가 산업재해보상보험법 제5조 제1호의 업무상재해에 해당하는지 보건대, 업무상재해란 근로자와 사업주 사이의 근로계약 에 터잡아 사업주의 지배·관리 아래 당해 근로업무의 수행 또는 그 에 수반되는 통상적 활동을 하는 과정에서 그 업무에 기인하여 발생 한 재해를 말하고, 일반적으로 근로자의 출·퇴근이 노무제공이라 는 업무와 밀접·불가분의 관계에 있더라도 그 출·퇴근 방법과 경 로선택이 근로자에게 유보되어 있는 이상 근로자가 선택한 출·퇴 근 방법과 경로선택이 통상적이라는 이유만으로 출·퇴근 중에 발 생한 재해가 업무상의 재해로 될 수는 없을 것이나, 이와 달리 근로 자의 출·퇴근 과정이 사업주의 지배·관리 아래 있다고 볼 수 있 는 경우에는 출·퇴근 중 발생한 재해도 업무상재해로 될 수 있다 (대법원 2007.9.28. 선고 2005두12572 전원합의체 판결).

사업주가 제공한 교통수단을 근로자가 이용하거나 또는 사업주가 이에 준하는 교통수단을 이용하도록 하는 경우(대법원 2004.4.23. 선고 2004두121 판결)를 비롯하여, 외형상으로는 출·퇴근 방법과 그 경로선택이 근로자에게 맡겨진 것으로 보이나 출·퇴근 도중에 업무를 행하였다거나 통상적 출·퇴근 시간 이전 혹은 이후에 업무 와 관련한 긴급한 사무처리나 그 밖에 업무의 특성이나 근무지의 특 수성 등으로 출·퇴근 방법 등에 선택의 여지가 없어 실제로는 그것 이 근로자에게 유보된 것이라 볼 수 없고 사회통념상 아주 긴밀한 정도로 업무와 밀접·불가분의 관계에 있다고 판단되는 경우에는 그 출·퇴근 중에 발생한 재해와 업무 사이에는 직접적이고도 밀접

한 내적 관련성이 존재하여 그 재해는 사업주의 지배·관리 아래 업무상의 사유로 발생한 것이라 볼 수 있다(대법원 2008.9.25. 선고 2006두4127 판결).

위 차주 등 지입차주들은 회사 물류창고로 출근장소가 지정되어 있고, 차주의 자택은 서울 영등포구 당산동이고 물류창고는 용인시 양지면 추계리로 대중교통 이용이 사실상 불가능했고, 위 차주 등 지입차주들은 물류창고에서 물건을 싣고 회사가 지정해 준 배송지로 물건을 운송해야 하고, 운송이 끝난 후에 물류창고를 경유하지 않고 곧바로 집으로 퇴근하고, 위 차주가 수행하는 운송업무의 주요 수단이 지입차이므로 지입차를 이용해 출·퇴근하는 것이 업무와 밀접·불가분의 관계에 있다고 보이는 점 등에 비추어 보면 위 사고는 지입회사의 지배·관리 아래 출근 중 발생한 것이므로 업무상의 재해에 해당한다.

따라서 출근 중 발생한 위 사고는 업무상재해이고, 위 차주는 산업재해보상보험법 제5조 제2호, 근로기준법 제2조 제1항 제1호에서 말하는 근로자에 해당하여 산업재해보상보험법의 적용을 받으므로, 이와 다른 전제에서 한 공단의 위 처분은 위법하여 취소되어야 한다(서울행정법원 2014.9.18. 선고 2013구단21246 판결).

(3) 차주 피용인의 근로자성

지입차주가 지입차 운행을 위하여 독자적으로 고용한 운전사 등 근로자나 차주가 회사명의를 이용해 독자적으로 운영하는 사업체에서 고용한 근로자는 차주와는 근로관계에 있는 것이고, 더욱이 지입차 운행과 관련해 이들은 지입회사의 근로자로도 볼 수 있다.

즉 차주는 지입회사에 대한 근로자가 아니지만 차주가 고용하여 차주와 근로관계에 있는 차주의 피용인들은 차주가 지입차에 관하여 운전기사를 고용할 포괄적 권한을 위임받았다고 보든지 혹은 객관적으로 볼 때 지입회사가 고용한 것이고 회사에 종속적 근로를 제공하고 회사의 지휘·감독을 받는다고 간주되므로 지입회사에 대해서는 근로자라 볼 수 있다.

따라서 특별히 차주와 그 피용인 사이에 회사에 임금 등을 청구하지 않기로 근로계약하고 또한 회사와 지입차주 사이에서 지입차주만이 그 피용인들에 대한 의무를 부담하기로 한 특약을 승인한 것으로 인정되는 경우가 아니라면, 회사는 차주의 피용인에 대하여 근로기준법 등에 따른 제반 의무를 부담해야 한다.

사례 36 지입회사는 지입차주가 고용한 운전기사에게 임금지급 의무

Q 지입차주가 지입계약을 체결하고 차량 운전을 위해 제3자를 고용하였는데 그 운전기사는 차주와 근로계약을 체결하면서 지입회사에는 임금을 청구하지 않기로 약정한 경우, 지입회사가 그 운전기사에 대한 임금지급 의무가 있나?

A 위 차주는 지입회사로부터 지입차에 관하여 운전기사를 고용할 포괄적 권한을 위임받았다 할 것이므로, 제3자인 운전기사가 차주와 근로계약을 체결하면서 지입회사에 대하여는 임금을 청구하지 않기로 약정했더라도 차주와 지입회사 사이에 운전기사에 대한 임금 지급의무를 전적으로 차주가 책임지기로 하는 특약을 승인한 것이 아니라면, 지입회사는 운전기사의 임금을 지급할 의무가 있다 (창원지방법원 1998.7.3. 선고 98나1502 판결).

다. 회사의 사용자책임

(1) 원칙적 인정

지입회사의 사용자책임은 지입차에 대한 법적 소유권에 근거해, 지입차주나 지입차주가 고용한 운전사 등에 대한 실질적 지휘·감독 권한의 유무에 얽매이지 않고 형식적으로 의제하여 인정하는 것으로서, 차주의 운행관리상의 행위를 회사를 위한 대리행위로 간주하여 인정되는 회사의 본인으로서의 책임과는 구분된다.

민법 제756조 사용자책임은 타인을 사용해 사무에 종사하게 한 자나 사용자에 갈음해 사무를 감독하는 자가, 피용자가 사무집행에 관하여 제3자에게 가한 손해를 배상하는 책임이어서 종속적 근로 등 사용·피용 관계가 전제되어야 하는데 지입차주는 원칙적으로 회사에 대한 근로자라고 인정되지 않아 회사에 대하여 고용관계에 있다고 볼 수 없다.

그런데 판례는 일반적으로 명의대여관계의 경우에 사용자책임 요건으로서의 사용자관계에 있는지의 여부에 관하여 실제적으로 지휘·감독을 하였는지에 상관없이 객관적·규범적으로 보아 사용자가 그 불법행위자를 지휘·감독해야 할 지위에 있었느냐의 여부를 기준으로 결정하고 있다(대법원 2001.8.21. 선고 2001다3658 판결).

따라서 판례는 지입회사의 사용자책임을 인정함에 있어서도 대체로 지입회사가 차주나 차주가 고용한 지입차 운전사를 직접 고용하여 지휘·감독한 바는 없더라도 객관적으로 차주나 지입차 운전사를 지휘·감독할 관계에 있는 사용자의 지위에 있는 것이라 보므로, 실제적 사용·피용 관계에서 발생하는 사용자책임이라기보다는 지입계약에 따른 회사의 명의상 소유자로서의 지위와 차주가 외부적

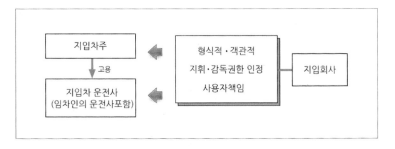

<표 8> 지입회사의 사용자책임

으로 회사명의를 이용하는 점에 근거한 형식적·규범적 사용·피용 관계에 따른 사용자책임을 인정한다.

그렇기에 지입차의 사고로 인한 불법행위 당시 차의 실질적 소유 자와 차량 등록원부상의 소유명의자 사이에 지입계약관계가 여전히 존속한다면 지입차의 소유명의자는 지입차의 운전자를 직접 고용하 여 지휘·감독한 바 없었더라도 명의대여자로서 뿐만 아니라 객관 적으로 지입차의 운전사를 지휘·감독할 관계에 있는 사용자의 지 위에 있다(대법원 1991.8.23. 선고 91다15409 판결)고 보는 것이다.

지입회사의 그러한 사용자책임을 인정하는 취지는 외부적 관계에 서 제3자를 보호하려는 것이므로 사용자책임은 제3자와의 관계에서 문제된다. 즉 사용자책임은 지입회사에 대한 차주의 근로자성이 인 정된다면 대내적 문제로도 이해될 수 있지만, 회사에 대한 차주의 근로자성이 부정되는 이상, 사용자책임에 따른 배상 이후 차주에 대 한 구상으로 대내적 관계가 성립될 여지는 차치한다면, 대내적 책임 관계가 아닌 제3자와의 관계에서 인정된다.

사용자책임은 지입차주가 차량 운행관리와 관련해 제3자에 대하 여 행한 불법행위에서 성립하는데 그 경우 차를 회사명의로 운행관 리하도록 위탁한 이상 차주에 대한 지휘·감독 책임이 인정된다고 보아 회사의 사용자책임이 인정된다. 또한 지입관계에 있는 차주가 고용한 운전사에 대한 지휘·감독 책임도 인정해 운전사의 차량운행과 관련된 과실에 대해서도 책임을 부담한다.

즉 회사가 지입차 운전사를 직접 고용하고 지휘·감독한 바 없더라도 회사는 객관적으로 지입차 운전사를 지휘·감독할 관계에 있는 사용자의 지위이므로, 운전사의 과실로 타인에게 손해를 가한 경우에도 회사는 명의대여자로서 제3자에 대해 지입차가 자기 사업에 속하는 것을 표시하고 객관적으로 지입차주를 지휘·감독하는 사용자의 지위에 있다고 인정해 사용자책임을 부담시킨다(대법원 1995.11.10. 선고 95다34255 판결 등).

한편 지입회사가 위와 같이 사용자책임을 부담하는 경우에는 민법 제756조 제3항에 의해 피용자에게 구상할 수 있다. 또한 사용자의 손해배상책임은 피용자의 배상책임에 대한 대체적 책임이어서 사용자도 제3자와 부진정연대관계에 있다고 보아야 하므로, 사용자가 피용자와 제3자의 책임비율에 의해 정해진 피용자의 부담 부분을 초과하여 피해자에게 배상한 경우에는 제3자에 대하여도 구상권을 행사할 수 있다(대법원 2006.2.9. 선고 2005다28426 판결).

사례 37 일시 임대된 지입차의 운전사에 대해서도 지입회사는 사용자

Q 임차인이 지입차를 지입차주로부터 운전수와 함께 일시 임차해 화물운송에 사용한 경우에도, 지입회사가 차주 소속 운전수에 대한 사용자인가?

A 지입회사는 일시 임대된 경우라도 운전수에 대하여 사용자 책임을 유지하는 것이고, 차를 임차한 자로서도 임차기간 중 운전수

를 지휘·감독하여 화물운송에 종사케 한 이상 비록 일시차용이라고 하여도 피해자에 대한 관계에서는 사용자로서의 배상책임이 있다.

이 경우 차량 임대인과 임차인의 각 배상책임은 서로 부진정연대 책임의 관계에 있다 할 것이므로, 어느 한쪽이 피해자에 대한 손해를 배상해 공동면책이 되었다면 그 구상권의 범위는 각자의 부담 부분 즉 손해발생에 기여한 과실의 정도에 의해 결정되어야 한다(대법원 1992.3.31. 선고 91다39849 판결).

사례 38 면허취득 등록 직전이라도 회사명의로 운송하는 것을 허락했다면 사용자책임

Q 차량소유자 겸 운전사인 지입차주와 운수회사인 지입회사가 지입계약을 체결하고 차를 회사명의로 등록하고 화물운송을 하다가, 회사는 지입차주가 개별면허를 취득할 수 있도록 차량 양도계약을 체결하고 양도증명서를 지입차주에게 교부하는 한편 지입차주로부터 종래의 관리비를 정산해 교부받고, 지입차주와 사이에 앞으로 발생하는 차량운행으로 인한 모든 책임을 차주가 지기로 약정하는 한편 지입차주가 개별면허를 취득해 자기 앞으로 등록명의를 이전할 때까지 회사명의로 차량을 운행해 운송사업을 하도록 허용하였는데, 지입차주가 개별면허를 취득하여 차량등록명의를 이전하기 전에 운행 중 교통사고가 발생한 경우에도, 지입회사가 위 차량운행에 대한 사용자책임을 지나?

A 위 경우 지입회사는 자기명의로 운송사업을 하도록 지입차주에게 허용한 것이므로, 여전히 지입차의 운행에 관하여 지입차주를 지휘·감독할 지위에 있어 지입차로 인한 교통사고에 사용자책임을 진다(대법원 1988.3.22. 선고 87다카1096 판결).

사례 39 지입차의 운행관리를 총괄한 조수의 불법에도 회사가 사용자책임

Q 지입차주에 의해 채용된 운전사가 차량 조수의 불법행위로 인한 사고로 상해를 입었는데, 지입차주는 차량에 조수를 승무시키지 않는 대신 운전사에게 월 임금을 통상의 예인 30만 원보다 많은 40만 원을 지급하여 왔고, 조수는 지입차주의 남편으로서 차주를 대리해 차량 운행관리를 총괄하면서 동시에 운전사를 보조해 온 경우, 조수의 위 불법행위에 대하여 지입회사가 사용자책임을 지나?

A 면허를 받아 운송사업을 경영하는 자가 명의를 대여한 경우에 민법 제756조 사용자책임을 지는지 보건대, 사용자책임 요건인 사용관계는 객관적으로 보아 사용자가 불법행위자를 지휘·감독할 지위에 있었느냐의 여부를 기준으로 결정해야 하므로, 지입회사와 조수의 실질관계를 파악해 객관적으로 보아 지입회사가 조수를 지휘·감독할 지위에 있었느냐의 여부를 가려 사용관계를 정하지 않고, 조수가 단순히 지입계약의 상대방대리인에 불과하고 고용관계에 있지 않다고 본 것은 잘못이다(대법원 1987.12.8. 선고 87다카459 판결).

따라서 지입차주의 남편인 조수는 실질적인 지입차주와 마찬가지로 객관적으로 지입회사의 지휘·감독 대상이라 볼 수 있으므로, 조수의 불법행위로 인한 운전자의 피해에 대하여 지입회사는 사용자책임이 있다.

사례 40 차주가 고용한 운전수의 사고에 지입회사가 손해배상 책임

Q 지입차주가 임의로 지입차의 운전수를 고용해 운전시키다가 운전수가 운행 중 사고를 낸 경우, 지입회사가 손해배상책임을 지나?

A 지입차에 관하여 지입차주가 실질적 소유권이 있는 것은 지입회사와 지입차주의 내부관계에 지나지 않는다. 따라서 지입차 운전수의 선임·감독을 지입회사가 하지 않았다고 하더라도 대외적 소유권자는 회사인 이상, 회사는 차주가 고용한 피용자인 운전수의 불법행위에 관하여 손해배상책임이 있다(서울고법 1968.3.21. 선고 67나2080 판결).

이는 차주가 독자적으로 고용한 피용자에 대한 객관적인 지휘·감독자로서의 회사의 사용자책임을 판단한 것이다.

사례 41 차주의 독자적 운송계약에 고용한 운전수에도 회사가 사용자

Q 차주가 지입으로 차를 관리 운영하되 자신 명의로 사업자등록을 하고 운전사 등 종업원의 고용과 임금지급 등을 책임지기로 약정한 후, 타인을 운전사로 고용하고 지입회사와는 관계없이 독자적으로 자신의 화물운송사업을 하고, 화주회사와 사이에 운송계약을 체결함에 있어서도 지입회사 명의를 사용하지 않고 자신의 이름으로 운송계약을 체결하였는데, 운전사가 차량 및 화물인 유제품을 적절히 보관·관리하지 못한 과실로 유제품을 도난당한 경우, 지입회사가 유제품 도난으로 인해 화주회사가 입은 손해를 배상해야 하나?

A 과실을 저지른 자가 지입차주가 고용한 운전사라면 달리 특

별한 사정이 없는 한 지입회사는 운전사의 사용자로서의 지위에 있다 할 것이고, 유제품의 운송계약을 차주가 자신의 이름으로 화주와 체결했다 하더라도, 이는 지입회사의 위임을 받은 차주가 회사를 대리해 체결한 것이라 봄이 상당하기에 지입회사는 화주회사가 입은 손해를 배상할 책임이 있다(대법원 1995.11.10. 선고 95다34255 판결).

위 판례는 지입차주와 화주회사 사이의 운송계약을 회사를 대리한 계약이라고 보므로 차주의 고용 운전사의 과실로 제3자에게 발생한 손해에 대한 회사의 책임이 대리행위에 근거한 본인으로서의 책임인 것처럼 표현하지만, 성질상 위 책임은 사용자책임이라 할 것이다.

(2) 예외적 부정

지입차의 사고로 인한 불법행위 당시 차의 실질적 소유자와 등록원부상 소유명의자 사이에 지입계약관계가 존속한다면, 지입차의 소유명의자는 지입차주에 대해서는 물론이고 자신이 직접 고용하여 지휘·감독한 바 없는 지입차 운전사에 대해서도 명의대여자로서뿐만 아니라 객관적으로 지휘·감독할 관계에 있는 사용자로 볼 것이지만, 지휘·감독 관계를 인정할 수 없는 여러 사정들이 있다면 지입회사의 사용자책임은 부정될 수 있다.

사례 42 양수인에 대한 지휘·감독 지위 아니라면 사용자책임 없다

Q 차주가 차를 할부로 구입해 회사와 지입계약을 체결하여 자동차등록원부상 소유자명의를 회사로 등재하고 사실상의 관리처분권은 차주가 보유해 관리 운행하다가, 차주가 타인(양수인)에게 위

지입차를 포함한 화물차 등 3대를 매도하면서 남은 할부금은 양수인이 납입하기로 하고 등록명의는 1990.5.31.까지 이전해 가기로 약정해 계약 당일 이를 인도해 주고, 그 후 회사와 차주는 1989.12.27. 양수인에게 위 매매계약 내용에 의해 등록명의를 이전해 갈 것을 촉구하였는데, 양수인은 관계법규상 지입차량과 같은 곡물수송용 트럭은 명의변경이 금지되어 있고 할부차량이라 명의변경이 불가능하다면서 명의 인수절차를 이행하지 않고, 명의를 여전히 전 지입차주로 놓아 둔 채 보험회사와 피보험자명의는 양수인 자신으로 해 자동차종합보험계약을 체결하고 매월 소정의 차량 할부금을 납입하면서 관리 운행하여 오던 중 양수인이 1990.3.10. 또 다른 사람에게 위 차량을 매도 인도하여 주고, 이후 차량은 순차로 매도되거나 임대되어 운행되었고, 지입회사와 지입차주는 양수인에게 1990.3.14. 및 1990.6.1. 등 수차례에 걸쳐 차량 명의를 인수해 갈 것을 촉구하면서 만일 명의이전에 있어 동 차량이 곡물수송용 차량 내지 할부구입 차량이라는 이유로 문제점이 발생하면 이에 대하여는 최대한 협조하겠다는 의사표시를 하였는데도, 양수인은 여전히 차량등록명의를 인수해 가지 않고 있었고, 회사는 차량이 양수인에게 매매된 이후에는 지입료 등을 수령한 바도 없었다면, 회사가 위 차의 사고로 인한 제3자의 손해에 대해 사용자책임을 지나?

[A] 위 경우 지입회사는 형식상으로나 실질상으로 지입차의 소유자라 할 수 없고, 스스로 명의를 빌려준 명의대여자로도 볼 수 없으므로, 지입차의 운행은 지입회사의 지배를 이탈하였고 동시에 지입회사는 지입차의 운행에 관하여 어떠한 이익을 누리는 위치에 있는 것이 아니다.

회사와 차주 사이에 단순한 차량 관리위탁관계 외에 업무상 지휘·

감독관계도 존재해 민법 제756조 사용자관계가 인정된다 하더라도, 지입회사와 지입차량의 양수인 사이에 사용자관계를 인정할 수 있으려면 양수인이 전 지입차주와 사이에서 지입차량을 양수한 것만으로는 부족하고 지입회사와 사이에 전 지입차주의 지입계약상 지위를 승계하거나 새로이 지입계약을 체결함으로써 실제로 회사가 양수인을 지휘·감독할 수 있는 지위에 있음이 인정되어야 한다.

따라서 차량의 사고로 인한 불법행위 당시 차량의 실질적 소유자와 차량의 등록원부상의 소유명의자 사이에 지입계약관계가 여전히 존속한다면, 지입차량의 소유명의자는 차량 운전자를 직접 고용해 지휘·감독한 바 없더라도 명의대여자로서 뿐만 아니라 객관적으로 차량의 운전자를 지휘·감독할 관계에 있는 사용자의 지위에 있다고 보더라도, 위 경우에는 사용자 지위를 인정할 수 없다(대법원 1994.3.8. 선고 93다52662 판결).

<표 9> 지입차 양수인에 대한 회사의 사용자책임 부정례

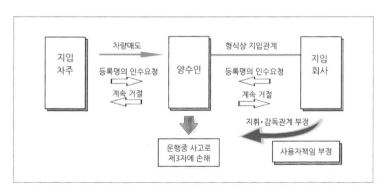

라. 보험·공제·보증

(1) 회사가 당사자

대외관계에서 지입차의 소유명의자는 지입회사이므로 지입차에 관한 보험이나 공제 또는 보증계약에서 계약자나 기명피보험자, 공제조합원 또는 피보증인은 차주가 아니라 지입회사다. 따라서 그로 인한 책임관계도 이를 기준으로 판단된다.

보험사나 공제조합 같은 제3자와의 대외적 관계에서는 외관을 신뢰한 거래 상대방도 보호해야 하므로 계약의 상대방이 지입관계임을 잘 알고 보증이나 보험계약을 체결하였다는 특별한 사정이 인정되지 않는 한, 당사자의 내심의 의사가 아니라 명의상 당사자를 기준으로 판단할 수밖에 없기 때문이다.

따라서 지입차를 차주가 자신의 비용으로 회사명의로 할부구매할 때 할부대금 지급보증을 위한 할부판매보증보험계약의 당사자는 지입회사이고, 지입차에 관한 공제조합과의 공제계약에서도 지입회사가 기명조합원이 된다. 또한 자동차보험에서의 보험사 면책 여부를 판단할 때도 운전자가 계약자나 피보험자인 지입회사와 어떠한 관계에 있는지에 따른 운행지배 여부에 의해 판단된다.

사례 43 차주가 할부금 낸다고 했어도 보험사가 모르면 회사가 책임

Q 지입차주가 지입회사의 승낙을 받고 회사명의로 지입차의 할부구입계약 및 할부대금지급보증을 위한 할부판매보증보험계약을 체결하면서 할부대금을 완전히 차주 자신이 부담하기로 한 경우, 그 보증보험계약의 계약당사자는 지입차주인가?

A 지입차주의 내심의 의사는 자신이 계약당사자가 될 의사였을지 모르지만, 상대방인 자동차회사 및 보험회사에 대하여는 지입회사의 승낙하에 그 명의를 사용하였을 뿐이고, 상대방 회사가 지입관계를 알면서 보증보험계약을 체결하였다고 볼 만한 아무런 사정이 없는 이상, 보증보험계약의 당사자는 지입회사다(대법원 1998.3.13. 선고 97다22089 판결).

사례 44 지입회사만이 공제계약의 기명조합원이다

Q 지입회사를 기명조합원으로 하여 전국화물자동차운송사업조합연합회(공제조합)와 공제계약이 체결된 경우 공제조합과의 관계에서, 지입차주의 지입차 운전사의 무면허운전이 있다면 이를 회사의 명시적 또는 묵시적 승인하에 이루어진 것으로 볼 수 있나?

A 무면허운전 면책조항이 적용되는지를 판단할 때, 무면허운전이 보험계약자나 피보험자의 지배나 관리가 가능한 상황에서 이루어진 경우라는 것은 보험계약자나 피보험자의 명시적 또는 묵시적 승인하에 이루어진 경우를 말하고, 무면허운전이 보험계약자나 피보험자의 묵시적 승인하에 이루어졌는지 여부는 보험계약자나 피보험자와 무면허운전자와의 관계, 평소 차의 운전·관리 상황, 무면허운전이 가능하게 된 경위와 운행목적, 평소 무면허운전자의 운전에 관하여 보험계약자나 피보험자가 취해 온 태도 등 사정을 미루어 판단할 수밖에 없지만, 무면허운전에 관하여 기명피보험자의 승낙을 받아 자동차를 운전하는 자로서 보험계약상 피보험자로 취급되는 자(승낙피보험자)의 승인만이 있는 경우에는 보험계약자의 묵시적 승인이 있다고 할 수 없으므로 무면허운전 면책조항이 적용되지 않는다.

따라서 지입차주에게 고용된 지입차 운전사의 무면허운전은 지입 회사의 명시적 또는 묵시적 승인하에 이루어진 것으로 볼 수 없고, 설령 회사가 차주에게 지입차 운전사의 고용 및 관리·감독에 관하여 포괄적으로 위임했다고 하더라도 운전사의 무면허운전이 회사의 명시적 또는 묵시적 승인하에 이루어진 것으로 보기는 어렵다(대법원 1997.12.12. 선고 96다26954 판결).

결국 위 경우 공제조합과의 관계에서 회사만이 기명조합원이고 차주는 승낙조합원에 불과하므로 무면허운전에 관하여 승낙조합원인 차주의 승인만이 있는 경우이므로 공제계약자인 지입회사의 묵시적 승인이 있다고 할 수 없어 무면허운전 면책조항이 적용되지 않는다(대법원 1995.9.15. 선고 94다17888 판결 등).

사례 45 지입차주의 승낙만을 얻은 무면허 사고에는 면책조항 적용 안 된다

Q 지입차주의 승낙만 얻어 무면허로 지입차를 운전하다가 사고를 낸 경우, 무면허운전 면책조항이 적용되나?

A 지입회사가 전국화물자동차운송사업조합연합회와 체결한 공제체약상의 자동차공제약관의 무면허 면책조항은 무면허운전이 조합원이 지배 또는 관리 가능한 상황에서 이루어진 경우에 한해 적용되는 조항으로, 여기에서 무면허운전이 조합원의 지배 또는 관리 가능한 상황에서 이루어진 경우라 함은 조합원의 명시적 또는 묵시적 승인 아래 이루어진 경우를 말하므로, 조합원의 승낙을 얻어 공제체약 자동차를 사용 또는 관리 중인 자 즉 지입차주의 승인만 있는 경우에는 조합원의 묵시적 승인이 있다고 할 수 없어 무면허운전 면책조항이 적용되지 않는다.

즉 지입차에 관해 지입회사를 조합원으로 하여 공제조합에 가입한 경우, 다른 특별한 사정이 없는 한 공제사업자와의 관계에서는 지입회사만이 조합원이고 차주는 조합원의 승낙을 얻어 공제체약 자동차를 사용 또는 관리하는 자에 불과하므로, 차주의 승낙 아래 무면허로 지입차를 운전하다가 사고를 낸 경우에는 무면허 면책조항이 적용되지 않는다(대법원 1997.6.10. 선고 97다6827 판결).

사례 46 차주동생이 열쇠 갖고 늘 이용하다 낸 사고는 회사가 운행자

Q 지입차주의 동생이 지입회사의 운전수는 아닐지라도 평상시 차주를 보조해 지입차를 관리해 왔고 차량열쇠도 지니고 있으면서 언제나 자유롭게 운전할 수 있는 상태에 있었다면, 지입회사는 자동차손해배상보장법상의 자기를 위하여 자동차를 운행하는 자에 해당하나?

A 지입차주 동생의 위와 같은 차량운행은 외관상 회사를 위한 것으로 보아야 할 것이므로, 위 경우 지입회사는 자동차손해배상보장법 제3조의 자기를 위하여 자동차를 운행하는 자에 해당한다(광주고등법원 1974.10.11. 선고 73나258 판결).

사례 47 회사도 보증했다고 보이면 보증인이 회사에 구상할 수 있다

Q 지입차주가 화물자동차운송사업자인 지입회사 명의로 화물자동차를 구입하면서 화물자동차판매회사에 부담하는 대금채무에 대하여, 이전에 같은 직장에 근무해 차주를 알고 있던 자가 화물차

의 명의상 매수인은 운송사업자이지만 실질적으로는 지입차주가 자신의 계산으로 화물차를 매수해 운행관리한다는 것을 알고 명의상 매수인인 운송사업자의 신용도 고려해 화물차의 할부대금채무를 연대보증하고, 그 후 지입회사가 화물차 할부대금채무를 이행하지 않아 연대보증인이 잔여할부금 일부를 변제하였다면, 연대보증인이 화물자동차판매회사에 지급한 금원 중 자신의 부담 부분을 초과하는 금원을 지입회사에 구상할 수 있나?

 A 연대보증인과 지입회사 사이에 할부대금채무의 보증책임 또는 이행책임을 연대보증인만이 부담하고 지입회사는 이를 부담하지 않기로 하는 명시적 혹은 묵시적 약정이 없다면, 대외적 관계에서 할부대금채무의 연대보증인이 된 자와 주 채무자가 된 지입회사로서는 적어도 그들 내부관계에서는 실질적 주 채무자인 지입차주의 할부대금채무에 대하여 각기 연대보증한다는 취지의 양해가 묵시적으로나마 있었다고 본다(대법원 1999.10.22. 선고 98다22451 판결).

그렇다면 연대보증인으로서는 연대보증인 상호 간의 구상권행사 법리에 따라 지입회사에 구상할 수 있고, 특별한 사정이 없는 한 각 부담 부분은 균등하다고 보아야 하므로 연대보증인이 화물자동차판매회사에 지급한 금원 중 자신의 부담 부분을 초과하는 금원을 지입회사에 구상할 수 있다(창원지방법원 2002.4.25. 선고 2001나7357 판결).

(2) 예외적 부정

지입차에 관하여 보증인이나 보험계약자가 형식적으로는 지입회사를 위하여 보증이나 보험계약 등을 한 것이더라도, 보증인이나 보험계약자가 회사 및 차주와의 사이에서 내부적으로는 지입차주가 구매나 계약의 당사자임을 잘 알아 차주를 위하여 보증이나 보험계약을 한 것이라 해석된다면, 회사는 실질적으로 위 보증 등의 당사자가 아니라고 판단될 수 있다.

따라서 차주가 자신의 비용으로 지입회사 명의로 차를 할부구매할 때, 보증인이 보증보험회사와 사이에 형식적으로는 지입회사의 보험회사에 대한 구상금채무를 연대보증하더라도 실질은 위와 같은 경우에는 지입회사가 대금을 지급하지 못해 보증보험에서 그 채무를 부담했을 때 보증보험회사가 보증인에게 구상해 보증인이 구상금채무를 변제했어도 지입회사에 구상금채무의 지급을 구할 수는 없다.

또한 지입회사를 기명피보험자로 하여 자동차종합보험에 가입한 지입차주가 지입차를 다른 지입회사로 소유권이전등록을 하였으나 보험승계절차를 취하지 않은 경우에, 그 지입차가 사고를 내면 기명피보험자인 지입회사로서는 이미 운행지배를 상실한 것이므로 보험자가 면책된다.

<표 10> 지입차주 위한 보증 의사로 한 보증인의 지입회사에 대한 구상가능성

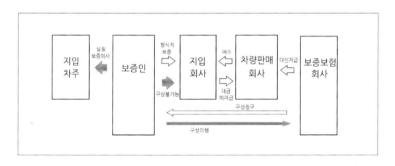

사례 48 지입차주 위한 연대보증 의사로 보증하면 회사에 구상 못 한다

Q 지입차주가 지입회사 명의로 자동차를 할부로 구입하면서 지입회사 명의로 할부대금 지급보증을 위한 할부판매보증보험계약을 체결한 경우, 연대보증인이 보험회사와 사이에서는 지입회사의 보험회사에 대한 구상금채무를 연대보증하지만, 지입회사 및 지입차주와의 사이에서는 보증보험계약으로 인한 구상금채무의 최종부담자가 차주이므로 그가 최종적으로 부담해야 할 구상금채무를 연대보증한다고 이해한 경우, 연대보증인이 보험회사에 구상금채무를 변제하면 주 채무자인 지입회사에 구상금채무의 지급을 구할 수 있나?

A 지입차주를 위해 보증보험계약의 연대보증인이 된 자는 차주가 지입회사에 차를 지입하기 위해 차주 자신의 계산으로 구입하는 것이고 할부대금을 납부할 책임도 차주가 부담한다는 사실을 잘 알면서, 그의 부탁을 받고 그가 차량 할부대금을 제대로 납부하지 못해 보험회사가 채무를 부담하게 되는 경우의 구상금채무를 담보하기 위해 연대보증계약을 체결한 것이라면, 연대보증인은 보험회사와 사이에서는 지입회사의 보험회사에 대한 구상금채무를 연대보증한 것이지만, 지입회사 및 차주와의 사이에서는 보증보험계약으로 인한 구상금채무의 최종부담자가 차주로서 그가 최종 부담해야 할 구상금채무를 연대보증한 것이다.

따라서 그 경우 지입회사에 대해서는 연대보증책임의 이행으로 인한 구상권을 행사하지 않기로 약정한 것으로 보아야 하므로, 연대보증인이 보험회사에 구상금채무를 변제하더라도 형식상 주채무자인 지입회사에 구상금채무의 지급을 구할 수는 없다.

한편 위 연대보증인의 변제가 차주와 지입회사 사이의 자동차지

입이라는 구 자동차운수사업법 제26조 위반의 위법행위에 관한 것이더라도, 연대보증인이 구상금채무를 변제한 것은 자동차지입이라는 위법행위로 인한 것이 아니라 스스로의 의사에 의해 체결한 보증보험계약으로 인한 구상금채무의 연대보증계약으로 인한 것이므로, 연대보증인이 구상금채무를 변제하기 위하여 한 출재는 위 위법행위와 인과관계가 있는 손해라 볼 수 없다(대법원 1998.3.13. 선고 97다22089 판결).

사례 49 사위인 차주가 사는 것임을 알고 보증했다면 회사에 구상 못 한다

Q 차주가 지입회사와 지입계약을 체결하려고 화물자동차를 지입회사 명의로 할부매수하면서 할부대금 지급보증을 위해 보험회사와 보증보험계약을 체결하였는데, 차주의 장인인 보증인이 보험회사에 대한 구상금 지급채무를 연대보증한 경우, 차주의 할부대금 지급지체로 할부대금을 대위지급한 보험회사에 보증인이 구상보증채무를 이행한 뒤 형식상 주 채무자인 지입회사에 구상할 수 있나?

A 지입회사가 대외적 관계에서는 화물자동차의 매수인이자 소유자로서 자동차회사에 대하여 할부금 납부의무를 부담하지만, 지입회사와 지입차주의 내부관계에서는 지입계약에 의해 차주가 할부금을 납부할 의무를 부담하고, 보증인이 차주의 부탁으로 보증보험계약상의 연대보증인이 되었다면 보증인 역시도 지입회사와의 관계에서는 차주가 부담하는 할부금 납부의무를 위해 보험계약상의 연대보증인이 된 것이다.

따라서 위 경우, 형식상으로는 지입회사가 보증보험계약상 보험회사에 대한 구상금채무의 주 채무자이고 보증인은 그 연대보증인에 불과하더라도, 보증인이 연대보증인으로서 보험회사에 대한 구상금 채무를 대위변제하더라도 지입회사에 이를 구상할 수는 없다(대법원 1994.6.10. 선고 94다2701 판결).

사례 50 차주가 지입차 양도할 때 보험승계 안 하면 보험금 못 받는다

Q 지입회사를 기명피보험자로 하여 자동차종합보험에 가입한 지입차주가 지입차를 다른 지입회사로 자동차소유권이전등록을 하였으나 보험승계절차를 취하지 않은 경우, 지입차가 사고를 내면 보험자가 면책되나?

A 피보험자가 보험기간 중 자동차를 양도하면 보험계약으로 인해 생긴 보험계약자 및 피보험자의 권리와 의무는 양수인에게 승계되지 않고 보험계약으로 인해 생긴 권리와 의무를 승계한다는 것을 약정하고 피보험자나 양수인이 그 뜻을 회사에 서면으로 통지해 회사의 승인을 받으면 그때부터 양수인에 대해 보험계약을 적용한다고 규정한 자동차종합보험보통약관 제42조가 상법 제663조 보험계약자 등의 불이익변경금지조항에 위배된다거나 약관의 규제에 관한법률 제6조 신의칙에 반한 불공정한 약관조항 또는 동법 제12조 제2호 고객의 의사표시의 형식이나 요건에 대해 부당하게 엄격한 제한을 가하는 조항으로서 무효라 할 수는 없다.

지입차주가 차량을 회사에 지입해 회사를 기명피보험자로 하여 보험회사와 사이에 보험계약을 체결하였다가 지입회사를 교체하면서 교체된 지입회사로 차량소유권이전등록을 마쳤다면, 설령 차주가 위 이전등록 후에도 여전히 지입차주로서 차를 실질적으로 운행관리하다가 사고를 일으켰다 하더라도, 기명피보험자인 교체 전 지입회사로서는 차에 대한 운행이익이나 운행지배권을 이미 상실하고 교체된 지입회사가 새로이 운행지배권을 취득하므로 이는 피보험자가 실질적으로 교체되어 예측위험률의 변화 등 보험계약 기초에 변경을 초래할 가능성이 있다.

따라서 차량의 양도에 따른 자동차종합보험보통약관 제42조 제1항 단서 소정의 보험승계절차가 이루어지지 않았다면, 보험자는 차량 양도 후에 발생한 사고에 대하여는 면책된다(대법원 1996.5.31. 선고 96다10454 판결).

마. 회사 채권자의 차량 가압류·가처분

(1) 가압류에 대한 차주의 대응

지입차가 형식적으로는 지입회사 명의로 소유권등록이 되어 있어 회사에 대한 채권자인 제3자가 회사 소속 지입차 전부나 일부에 대해 가압류를 하는 경우가 적지 않은데, 그 경우 가압류가 자동차등록원부에 기재되어 차주가 차량을 양도하는 데도 지장을 받고, 후에 집행권원을 통하여 차가 강제집행이 될 수도 있어 문제가 된다.

가압류권자인 채권자는 지입회사에 대해 실제로 채권을 가진 경우가 보통이겠지만, 간혹 회사가 차주와의 분쟁에서 유리한 위치를 점하기 위해 혹은 차주가 계약을 해지하고 이전등록절차이행 판결 등을 통해 궁극적으로 개별 운송사업허가를 취득함으로써 회사의 허가대수(T/E: Table of Equipment)가 상대적으로 감소되는 것을 저지하기 위해, 실제는 채권이 없으면서도 지입회사의 협조를 얻어 가압류를 하는 경우도 드물지만 있다.

즉 지입차에 가압류집행이 되면 차주로서는 차에 대한 지입계약을 해지하고 이전등록절차이행판결 등을 받아 개별 운송사업허가를 취득하더라도, 가압류된 영업용 화물자동차에 수반되는 여러 제약을 감수할 수밖에 없게 되어 이전등록을 구하는 것 자체를 포기할 수도 있으므로, 회사가 허위 채권자를 통해 가압류를 하는 경우도 간혹 있는 것이다.

지입차 가압류집행에 대해 채무자인 지입회사는 가압류명령에 기재된 해방금액을 법원에 공탁해 가압류를 취소시킬 수 있다. 그러나 보통 가압류명령에 기재된 금액이 소액이 아닐 뿐더러, 더욱이 가압류채무자인 지입회사가 해방금액을 공탁해야 하는 것인데 차주가 회사에 협조를 요청하면 회사가 거부하는 경우가 많고, 차주 자신의 금원을 통해 자신이 해방공탁을 할 수는 없으므로 해방공탁에 의한 가압류취소는 현실성이 적다.

지입차주는 가압류결정에 대한 이의신청을 생각해 볼 수도 있다. 가압류결정에 대한 이의신청사유는 제한이 없는데, 가압류를 한 회사 채권자의 당사자능력이 없다거나 피보전권리가 없다거나 보전의 필요성이 없다는 이유를 들 수 있다. 즉 회사의 채권자에 대한 채무가 없다거나 변제되었다거나 제소기간이 도과되었다는 등의 사유로 이의할 수 있다. 그러나 이 역시 회사 채권자에 대한 채무자인 회사가 할 수 있는 것이지, 차주가 할 수는 없어서 의미가 적다.

다만 가압류결정에 대한 취소신청은 이전등록을 받은 차주도 할 수 있어 차주의 대응수단이 될 수 있다. 왜냐하면 가압류취소신청은 특정승계인(상속, 합병 등으로 전자의 모든 권리·의무를 일괄 승계하는 일반승계가 아니라, 매매·양도 등으로 각개의 권리·의무를 개별 승계하는 특정승계의 승계인)도 할 수 있는데, 자동차소유권을 지입회사로부터 이전등록받은 차주는 특정승계인으로 볼 수 있기 때문이다.

즉 차주가 회사로부터 이전등록절차이행청구소송 등을 통해 이전등록을 받으면 형식적으로 가압류 당시 소유자였던 회사로부터 현재 이전등록받은 차주는 실질은 소유권의 회복이더라도 형식적으로는 가압류 당시 채무자인 회사로부터 이전등록받은 특정승계인에 해당하는데, 특정승계인은 가압류취소신청을 할 당사자적격이 있어 회사가 가압류채권자에 대하여 가압류이의나 취소를 구하지 않고 방치하면 이전등록받은 차주가 가압류취소를 구할 수 있다.

가압류결정에 대한 이의신청은 당해 보전처분 신청절차 내에서 신청의 당부를 재심사하는 것이지만 취소신청은 일단 유효하게 발령된 보전처분을 실효시키는 절차라서 취소신청 사유가 제한되어 있어 이의신청에서 할 수 있는 사유들 중의 일부로 국한된다.

우선 제소기간도과로 인한 취소가 있다. 채무자가 가압류채권자에 대해 본안소송을 제기하라는 제소명령을 신청하면 법원이 2주 이상으로 정한 제소명령을 발하는데 그 기간 내에 가압류채권자가 본안소송을 제기하지 않으면 가압류취소를 할 수 있다. 또한 피보전권리의 전부나 일부가 변제, 상계, 소멸시효 완성 등으로 소멸되거나 변경된 경우 등에도 취소를 구할 수 있다.

특히 현실적으로 손쉬운 가압류취소 사유는, 채권자가 가압류결정 집행일로부터 3년간 적법한 본안소송을 제기하지 않아 민사집행법 제288조에 의해 가압류취소신청을 하는 경우인데, 가압류 이후 3년 이상 본안소송을 하지 않은 경우가 실제로 적지 않다. 이 경우 특정승계인인 이전등록받은 지입차주가 위 사유로 가압류취소신청을 하면 가압류취소가 쉽게 받아들여진다.

그 밖의 사유들, 즉 가압류채권자에 대해 본안소송을 제기하라는

제소명령을 신청하여 법원이 제소명령했는데도 가압류권자가 본안
소송을 제기하지 않거나 가압류채권자의 피보전권리의 전부나 일부
가 변제, 상계, 소멸시효 완성 등으로 소멸·변경된 경우 등에도 특
정승계인인 차주가 취소사유를 적절하게 소명하면 가압류가 취소될
수 있다.

<표 11> 지입회사 채권자 등에 의한 차량 가압류·가처분에 대한 대응

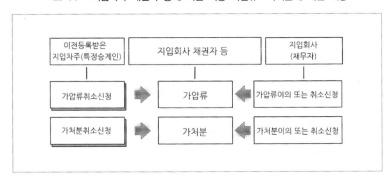

(2) 가처분에 대한 차주의 대응

위와 마찬가지로 지입회사에 대한 채권자인 제3자가 지입차에 대
하여 처분금지가처분을 하면 자동차등록원부에 가처분이 기재되면
서 지입차의 매매, 양도, 저당권설정 등 처분이 금지되어 가압류에
의한 경우보다 더 큰 제약을 받게 된다.

즉 지입차에 처분금지가처분이 되면 지입계약해지를 통한 이전등
록에서부터 장애가 발생하는데, 등록관청에서는 차주로의 이전등록
자체를 처분금지가처분에서 금지된 처분으로 보아 가처분에 위반된
다는 이유로 받아주지 않는 경우도 있다.

그 경우 처분금지가처분 등기된 부동산에 대한 이전등기가 가능한

것처럼 가처분된 차도 이전등록에 지장이 없다는 취지를 납득시키면 이전등록을 종국에는 받아주는 것이 실정이지만, 일부 등록관청에서는 이전등록 자체를 받아주지 않는 경우도 없지 않으므로 처분금지가처분으로 인한 어려움은 가압류보다 크다는 것을 알 수 있다.

따라서 이러한 처분금지가처분에 대해서도 이의신청이나 취소신청을 해야 할 필요가 있는데, 그 신청의 사유나 결과는 앞서 본 가압류에 대한 이의신청이나 취소신청과 거의 같다.

바. 회사 채권자 등의 차량 강제집행

(1) 이의의 어려움

화물자동차운수사업법은 제58조에서 지입계약으로 운송사업자에게 현물출자된 차는 압류하지 못하고, 다만 현물출자된 차에 대한 세금 또는 벌금·과태료 미납으로 인해 차를 압류하는 것은 가능하다고 규정하고 있다. 따라서 국세징수법 등 규정에 의해 지입차가 압류되거나 그로 인해 경매되는 경우를 제외하고는, 자동차등록원부에 현물출자가 기재된 지입차는 원칙적으로 압류할 수 없다.

결국 위 금지규정에도 불구하고 지입차에 대한 압류가 민사집행상 불가능한 것은 아님을 쉽게 알 수 있다. 우선 위에서 본 것처럼 체납처분 등에 의해 압류될 수도 있을 뿐더러, 현물출자 기재를 하지 않은 지입차도 적지 않아 이들은 압류될 수 있고, 집행과정에서 압류금지에 대한 적절한 소명이 이루어지지 않을 수도 있다.

실제로도 회사 채권자 등 제3자의 지입차에 대한 강제집행으로 압류나 경매가 되는 경우는 적지 않다. 즉 회사 채권자가 회사에 대한 확정판결 혹은 집행력 있는 공정증서정본에 의해 혹은 차에 설정한 근저당권 등에 의해 지입차에 강제집행하는 경우도 있고, 심지어 가장채권자에 의한 강제집행도 없지 않다.

즉 차주가 지입계약을 해지하고 이전등록청구를 하려 하는 경우에, 그에 앞서 제3자를 회사에 대한 채권자인양 가장시켜 미리 마련해둔 집행력 있는 공정증서정본으로 혹은 형식적으로 대여금청구 등 소송을 제기해 회사가 답변하지 않고 곧바로 얻은 무변론 승소판결로 집행권원을 받은 채권자가 지입차에 강제집행을 하여 경매 등을 신청해 차주의 이전등록 및 운수사업허가를 어렵게 하는 경우가 있다.

여하튼 회사 채권자 등의 채권의 유효성이나 집행의 동기를 불문하고 지입회사 채권자 등에 의해 지입차에 대한 강제집행이 이루어지게 되면, 이는 지입회사 소유의 지입차에 대한 것이므로 원칙적으로 지입차의 명의상 소유자가 아니기 때문에 당사자가 아닌 차주는 강제집행에 대한 이의를 제기하기 어렵다.

(2) 가처분차량 강제집행에 대한 제3자이의소

그러나 지입차주가 지입회사를 상대로 지입차에 대해 지입계약 해지를 원인으로 한 자동차소유권이전등록절차이행청구권을 피보전권리로 자동차처분금지가처분을 미리 신청해 가처분등기를 경료했다면, 위 처분금지가처분된 차를 회사 채권자가 강제집행 하더라도 가처분권리자인 채권자 즉 차주가 이후 이전등록절차이행청구소송에서 승소확정 등 되면 선행 가처분의 존재를 이유로 제3자이의소를 제기할 수 있다.

가처분명령이 있다는 사실만으로 제3자이의소를 제기할 수 있는 것은 아니고 가처분권리자인 차주가 본안소송에서 승소 확정판결 등을 받으면 제3자이의소를 할 수 있는 것인데, 그 소가 인용되면 강제집행의 결과를 부인할 수 있기 때문에, 실무에서는 그러한 제3자이의소가 제기되면 일단 강제집행을 개시한 후 가처분의 운명이 최종적으로 결정될 때까지 강제집행 절차의 진행을 정지하여 둔다 [법원실무제요, 민사집행 I (집행총론) 295쪽].

즉 지입차주가 지입계약 해지를 원인으로 한 이전등록청구권을 피보전권리로 차에 처분금지가처분을 하면 선행 가처분의 뒤에 회사 채권자인 제3자가 판결문이나 집행력 있는 공정증서정본으로 집행권원을 받아 강제집행하여 지입차가 압류나 경매개시결정 등을 받더라도, 앞서 가처분결정을 받고 강제집행 뒤에 이전등록청구에서 승소 확정판결 등을 받은 지입차주가 아직 이전등록은 마치지 않았더라도 제3자이의소를 제기할 수 있는 것이다.

그 경우 제3자이의소를 제기하고 그 사건번호를 표기해 그와 같이 제3자이의소가 제기되었으니 그 최종 판단이 있을 때까지 일단 강제집행을 정지해 달라는 별도의 강제집행정지신청을 하여 강제집행정지결정을 받고 제3자이의소의 결론을 기다리기도 하고, 혹은 별도로 강제집행정지신청을 하지 않고 제3자이의소만 제기하기도 하는데, 제3자이의소만 제기한 경우에도 인용된다면 주문에서 강제집행 불허와 당해 제3자이의소의 판결이 최종 확정될 때까지의 강제집행정지를 모두 인용해 준다. 이 경우 강제집행정지는 직권으로 인용해 주는 것이다.

요약하면 압류나 경매개시결정 당시의 지입차에 대한 명의상 소유자는 아직은 회사이더라도 즉 압류나 경매개시결정은 지입회사 차에 대하여 이루어진 것이더라도, 차주의 처분금지가처분 결정이 경매개시결정에 우선하고 차주가 본안소송에서 승소확정 등 되었다면, 다른 특별한 사정이 없는 한 차주가 제3자이의소를 제기하면 인용되어, 채권자가 지입차에 대하여 한 강제집행은 불허되고, 위 제3자이의소의 판결이 최종 확정될 때까지 강제집행은 정지될 수 있다는 것이다.

그리고 제3자이의소가 승소판결되고 확정이 되면 회사 채권자 등의 강제집행에 의한 압류등록은 말소되고 경매는 취소될 수 있다. 이 경우 압류등록은 등록관청에 대한 말소신청을 통해 말소되고, 경매가 진행되는 경우에는 법원에 경매취소신청을 한다. 경매취소결정이 나면 법원이 직권에 의한 촉탁으로 경매개시결정을 취소하는데 이때 말소에 필요한 말소등록세를 은행에 납부해 이를 법원에 제출한다.

<표 12> 가처분 후 차량 강제집행에 대한 승소확정 차주의 제3자이의소

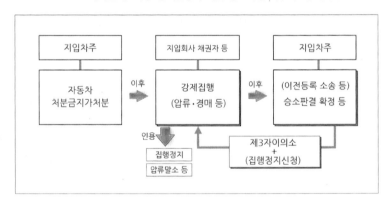

(3) 가처분 차주의 등록에 따른 강제집행효력 부인

차주가 지입차에 대해 지입계약해지를 원인으로 한 이전등록절차 이행청구권을 피보전권리로 처분금지가처분을 했다면, 그 후 회사에 대한 확정판결 혹은 집행력 있는 공정증서정본 혹은 차에 설정한 근저당권에 의해 지입차에 대한 강제집행을 하여 압류나 경매개시결정이 되더라도, 가처분권자인 차주가 후속조치로 이전등록절차이행청구 본안소송을 제기해 그 절차에서 이전등록을 하라는 취지의 승소판결을 받아 확정되거나 그와 동일한 내용의 조정이나 화해 등이 성립되고 그에 따라 이전등록을 마쳤다면, 위 선행 가처분등기 이후 경료된 채권자의 강제집행에 의한 압류등록 등의 효력을 부정할 수 있다.

위와 같이 자신의 명의로 지입차에 대한 소유권이전등록을 마친 차주의 앞선 가처분등기 이후에 이루어진 채권자의 강제집행에 의한 압류 등의 효력이 부정되는 것은, 국세징수법상 체납처분에 의한 압류 등에서도 마찬가지다.

차주의 앞선 가처분이 강제집행보다 우위이고 차주가 본안소송에서 승소판결 확정 등 되어 등록하였기 때문에 선행 가처분의 우위에 의해 그 처분금지효력에 반하는 이후 체납처분에 의한 압류등록 등 강제집행의 결과인 압류등록이나 경매개시결정 등의 효력은 부인될 수 있는 것이다.

<표 13> 회사 채권자 등의 차량강제집행 후 등록한 가처분 차주의 대응방법

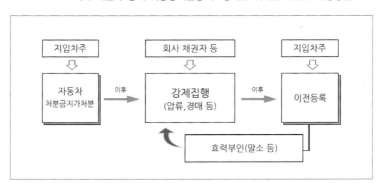

사례 51 가처분차주가 승소해 등록하면 가처분 후 압류는 말소된다

Q 자신 명의로의 이전등록을 구하는 본안소송에서 승소판결을 받아 확정되어 소유권이전등록을 마친 가처분권자인 차주가 그 가처분등기가 있은 뒤에 차에 경료된 체납처분에 의한 압류등기의 말소를 신청하면 압류등기는 말소되나?

A 국세징수법 제35조가 체납처분은 재판상의 가압류나 가처분으로 인해 집행에 영향을 받지 않는다고 규정하나, 이는 선행의 가압류 또는 가처분이 있더라도 체납처분 진행에 영향을 미치지 않는다는 취지의 절차진행 규정일 뿐이지, 체납처분의 효력이 가압류, 가처분의 효력에 우선한다는 취지는 아니다.

부동산에 관하여 처분금지가처분등기가 된 후에 가처분권자가 본안소송에서 승소판결을 받아 확정이 되면 피보전권리의 범위 내에서 가처분 위반행위의 효력을 부정할 수 있고, 이와 같은 가처분의 우선적 효력은 그 위반행위가 체납처분에 의한 것이라도 마찬가지다.

그렇다면 본안소송에서 승소판결을 받아 소유권이전등기를 마친 가처분권자가 가처분등기가 있은 뒤에 마쳐진 체납처분에 의한 압류등기의 말소를 신청했는데 등기공무원이 신청 각하한 것은 위법하다(대법원 1993.2.19. 자 92마903 전원합의체 결정).

위 판결의 취지는 부동산에 준하는 물건으로 등록되는 자동차에 대한 압류등기말소에서도 동일하게 적용되므로 지입차에 대한 차주의 처분금지가처분이 선행되고, 차주가 이전등록받았다면 가처분 이후 이루어진 채권자 강제집행의 효력은 부인될 수 있다.

사. 회사의 제3자로의 차량 처분

(1) 화물자동차운수사업법의 금지규정

화물자동차운수사업법은 차주가 현물출자한 차를 지입회사가 차주 동의 없이 처분하는 것을 금지한다. 동법 제11조 제14항은 "운송사업자는 위·수탁차주가 현물출자한 차량을 위·수탁차주의 동의 없이 타인에게 매도하거나 저당권을 설정하여서는 아니 된다"고 하고, 동법 제19조 제1항은 이를 위반한 운송사업자에게 허가취소나 6개월 이내의 사업정지나 감차를 명할 수 있게 하고 있다.

그러나 자동차등록원부에 차주의 현물출자가 기재되어 있고 위와 같은 법적 금지규정이 있어도, 회사가 차주의 동의 없이 매매·양도 등을 통해 차량을 제3자에게 이전하거나 차에 저당권을 설정하는 처분이 불가능한 것은 아니고, 위 금지규정이 그를 위반한 법률행위를 무효로 보는 효력규정도 아니어서, 그러한 이전이나 저당권설정이 사법적으로 당연무효인 것도 아니므로, 차주의 동의 없는 처분에 대한 법적 대응은 여전히 의미 있다.

(2) 사해행위취소 가능성

민법 제406조에 따르면 채무자가 채권자를 해함을 알고 재산권 목적의 법률행위를 하면 그 채권자는 취소나 원상회복을 법원에 청구할 수 있다. 따라서 지입회사가 채무초과 상태에서 명의상 자신의 소유임을 이용해 지입차를 제3자에게 처분하면, 채권자들을 위한 공동담보가 될 책임재산을 처분해 채권확보를 어렵게 한 사해행위로 인정될 수 있어, 채권자는 그 법률행위가 사해의사임을 안 날로부터 1년, 있는 날로부터 5년 내에 차를 이전받은 제3자를 상대로 소송을 제기해 차량이전의 근거가 된 계약을 사해행위를 이유로 취소를 구하고 이전된 차의 소유권이전등록말소도 구할 수 있다.

그러나 채권자들의 공동담보가 될 책임재산을 복구하는 사해행위 취소의 취지상 보전되는 채권은 원칙적으로 금전채권에 한정되므로, 자동차소유권이전등록청구권이라는 특정채권을 보유한 지입차주는 원칙적으로 이를 구하기 어렵다. 다만 지입회사가 이전등록절차를 이행하지 않고 매도하여 결국 이전등록청구권이 손해배상청구권으로 변할 가능성이 있다면 할 수 있고, 또한 지입회사의 채무초과 상태에서 차주가 회사로부터 받아야 할 운송비 등 금원을 받지 못한 경우라면 운송비 등의 채권자로서 취소와 제3자명의 이전등록의 말소를 구할 수 있다.

<표 14> 회사의 제3자로의 지입차 처분에 대한 사해행위취소 가능성

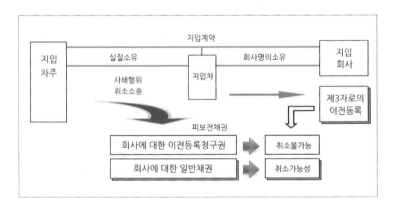

위와 같이 차주가 사해행위취소를 청구할 수 있는 경우라도, 소송에서 차주가 채무자인 지입회사의 채무초과 상태를 입증해야 하는 부담이 있고, 또한 회사가 매매상사 등의 공개시장에서 선의의 제3

자에게 차를 매도한 경우에는 매수인의 선의가 인정되어 민법 제
406조 제1항 단서에 따라 취소가 인정되기 어려울 수 있다.

사례 52 채무초과된 지입회사의 사업양도는 채권자에 대한 사해행위다

Q 화물자동차운송사업자가 채무초과 상태에서 자동차를 포함한 운송사업을 양도하는 행위가 채권자의 채권확보를 해하는 사해행위로서 취소의 대상이 되나?

A 구 화물자동차운수사업법에 의하면 화물자동차운송사업 허가는 운송사업을 합법적으로 할 수 있는 자격에 불과하고, 운송사업 양도가 이루어지면 허가를 포함해 운송사업과 관련한 물적 시설인 화물자동차가 일체로 이전되므로 운송사업을 떠난 허가만을 법원이 강제집행의 방법으로 압류해 환가하기에 적합하지 않지만, 동법 제16조, 동법시행규칙 제23조에 의하면 화물자동차운송사업자는 관할 관청에 대한 신고만으로 허가를 포함한 화물자동차운송사업의 전부나 일부를 양도할 수 있고, 민사집행법 제251조에 의해 운송사업의 물적 시설인 화물자동차가 일괄해 강제집행되면 그에 관한 허가 역시 일체로 환가될 수 있다.

따라서 운송사업자가 채무초과 상태에서 운송사업을 양도하는 행위는 물적 시설인 화물차가 양도 대상에서 제외되었다는 특별한 사정이 없는 한 사해행위취소의 대상이 된다. 나아가 사해행위 후 운송사업의 물적 시설인 화물차가 모두 처분 또는 교체되어 이를 채무자에게 귀속시키는 것이 불가능하게 된 경우에는 사해행위취소와 원상회복으로서 가액배상을 청구할 수 있다(대법원 2014.5.16. 선고 2013다36453 판결).

이는 지입회사와 지입회사 채권자 사이의 관계에서 차량을 포함한 운송사업의 양도의 사해행위성 여부를 판단한 것이지만, 회사와 차주 사이의 사해행위 인정 여부에서도 참고할 수 있다.

(3) 등록에 따른 가처분위반 처분의 무효

<표 15> 제3자로 이전된 차량에 대한 등록 가처분 차주의 대응

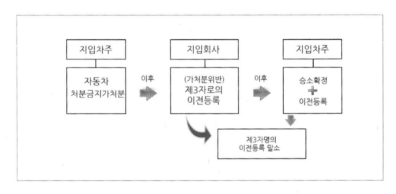

지입차주가 지입차에 자동차처분금지가처분을 신청해 가처분등기된 상태에서도 가처분채무자인 지입회사는 가처분의 처분금지효력에도 불구하고 그에 위반해 제3자에게 처분할 수 있다. 따라서 그 경우 가처분된 지입차는 제3자에게 이전등록될 수 있다.

이러한 처분금지가처분 위반의 처분에 의한 제3자로의 이전등록은 그 처분에 앞서 가처분한 차주의 가처분의 우위에 의해 부정될 수 있는데, 앞선 가처분채권자인 차주가 본안소송인 이전등록절차이행청구소송에서 승소확정되거나 이와 동일시할 수 있는 화해, 조정, 청구인낙 등으로 가처분채권자의 권리존재를 확정하고, 그를 통해 자신 명의로의 이전등록을 하면 가처분 위반행위의 효력을 부정할 수 있다.

즉 차주가 이전등록을 마친 이후에야 앞선 처분금지가처분 이후에 그 가처분의 처분금지효력에 위반해 이루어진 회사에 의한 제3자로의 처분에 따른 제3자 명의의 이전등록의 효력을 부정할 수 있는데, 선행 가처분 차주로의 이전등록이 완료되면 제3자 명의의 이전등록은 관청을 통해 말소된다.

아. 차주의 저당권설정·압류등록 차량 매도

지입차주가 지입계약 상태에서는 회사의 동의를 받거나 혹은 받지 않고 그리고 지입계약을 해지하고 이전등록 받은 상태에서는 임의로 제3자에게 지입차를 매도할 수 있는데, 매도한 지입차에 설정된 근저당, 압류 및 그로 인한 차량경매 우려로 분쟁이 적지 않다. 차주가 매도한 지입차에 지입회사 등에 의해 설정된 저당권설정등록이나 압류등록 혹은 그에 근거한 타인의 경매신청으로 인한 경매절차개시로 매수인은 권리를 위협받는다고 판단하기 때문이다.

이 경우 매수인은 그러한 매매는 매매목적물에 하자가 있다거나 매도인의 귀책으로 인한 채무불이행이므로 계약목적을 달성할 수 없다는 이유로 계약을 해제하기도 한다. 결국 매매목적물인 차에 근저당권이 설정되어 있는 것만으로 민법 제580조 소정의 매매목적물 하자에 해당하는지, 더욱이 그 근저당권이 차주도 모르게 지입회사가 설정하고 회사의 채권자가 차를 압류하는 경우에는 매도인의 귀책인지, 또한 결국 회사가 책임질 사유로 근저당권설정, 압류등록이 된 차를 매도한 것이 채무불이행에 해당하는지가 문제되는데, 지입관계의 특성상 그런 주장은 인정받기 어렵다.

<表 16> 저당권설정, 압류등록된 차량 매도한 지입차주의 귀책 여부

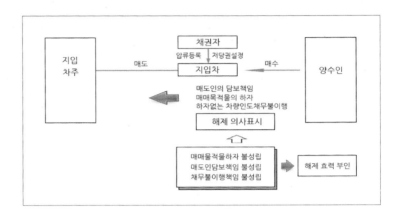

사례 53 | 매도된 지입차에 설정된 근저당권은 목적물 하자 아니다

[Q] 자동차등록원부상 지입회사 명의로 등록해 관리운행하며 운송사업을 하던 차주가 지입차인 유조차에 관한 차주로서의 권리를 1985.4.1. 매수인에게 대금 1천5백만 원에 매도해 차를 인도하고, 계약금・중도금을 매수인로부터 수령하고 지급일자에 잔금 5백만 원 지급을 구하자, 매수인은 위 유조차가 지입회사 소유로 등록되어 있어 매도인인 차주에게 처분권이 없고, 차에 여러 차례 근저당권설정 등록이 되었으므로 매매목적물에 하자가 있어 계약목적을 달성할 수 없는 경우라서 계약을 해제하므로 잔금 지급책임이 없다고 다투는데, 매수인의 주장은 정당한가?

[A] 우선 위 유조차는 지입차이고 지입차주가 관리운행권을 가지므로 지입차주임을 전제로 그 관리운영권에 대한 매매계약을 체결한 이상 자동차등록원부상 소유명의에도 불구하고 차주로서의 권리에 관한 처분권이 있다고 보고, 위 유조차에 근저당권설정등록,

압류등록이 되어 있고 타인의 경매신청에 의하여 경매절차가 진행 중이더라도 민법 제576조가 저당권, 전세권의 행사와 매도인의 담보책임을 별도로 규정한 점 등에 비추어 보면 매매목적물에 근저당권이 설정되어 있는 것만으로 민법 제580조 매매목적물에 하자가 있는 때에 해당되지 않는다.

또한 지입차주는 대외적 소유권자인 회사가 그 명의로 등록된 지입차에 근저당권을 설정하거나 회사 채권자가 압류등록을 해도 이를 사전에 방지할 수 없고, 그로 인해 대외적 소유권이 이전될 때까지는 그의 지입차 관리운행권이 어떤 영향을 받지도 않으므로, 근저당권등록 또는 압류등록에 의해 매수인이 계약목적을 달성할 수 없게 되었다고도 할 수 없어 위 해제항변이 민법 제580조에 터잡은 것이라면 이유 없고, 나아가 해제항변이 민법 제576조 매도인의 담보책임에 근거한 것이라 해도 이는 매매목적이 된 부동산이 설정된 저당권의 행사로 소유권을 취득할 수 없거나 취득한 소유권을 잃은 경우에만 행사할 수 있는 것인데, 위 유조차에 관한 근저당권 행사로 자동차등록원부상 소유자인 회사가 소유권을 잃거나 매수인이 차량 관리운행권을 잃게 된 것이 아니라면 매도인의 담보책임에 터잡은 해제항변도 이유 없다.

또한 매수인은 매매계약에 의해 하자 없는 유조차를 인도할 의무가 있는데도 지입차주가 위반했으니 채무불이행을 이유로 해제한다고도 항변하나, 매도인이 모르는 사이에 회사가 근저당권을 설정하고 회사 채권자가 차를 압류한 것이 매도인의 귀책이라 할 수 없고, 지입차에 관한 권리매매의 특성상 회사가 책임질 사유로 근저당권 설정, 압류등록이 된 위 유조차를 인도한 것만으로 매도인에게 계약을 해제당할 수 있는 채무불이행이 있다고 할 수도 없으므로, 매수

인은 매도인인 차주에게 매매계약 잔금을 지급할 의무가 있다(대구
고등법원 1988.4.7. 선고 87나201 판결).

Ⅳ. 지입해지를 통한 이전등록청구

1. 지입계약의 해지

가. 해지의 자유

지입계약에서 정한 위·수탁관리기간 내에는, 계약기간 중에도 해지를 가능하게 하는 별도의 약정해지사유들이 없거나 계약기간 중이라도 쌍방이 합의로 혹은 일방이 임의로 해지할 수 있다는 규정이 없다면, 일방이 임의로 해지할 수는 없다고 본다.

계약기간 중이라도 일방이 임의로 해지할 수 있다고 규정되어 있다면 물론 일방이 해지할 수 있고, 기간 중이라도 쌍방이 합의로 해지할 수 있다고 규정된 경우에도 일방적으로 해지할 수 있다(대법원 1997.11.11. 선고 97다29479 판결). 왜냐하면 지입계약의 일방적 해지 가능성으로 볼 때 쌍방합의라는 조건은 부당하기 때문에 기간 중이라도 일방 해지할 수 있다고 볼 수밖에 없기 때문이다. 다만 기간 중에 해지 가능하다는 규정조차 없다면 기간 중의 일방적 해지는 불가능하다고 본다.

그러나 위·수탁관리기간이 경과한 이후에는 해지의 자유가 인정된다. 즉 관리기간이 지난 후 별도의 재계약을 체결하지 않고 쌍방의 묵시적 합의로 종전과 마찬가지로 차를 운행관리하는 경우가 대부분인데, 그 경우 기간을 정하지 않은 지입계약이 되므로 일방이 언제든지 해지할 수 있다. 약정한 관리기간이 지난 후에는, 별도의 재계약을 체결해 다시 관리기간을 정한다면 새로 정한 기간 내에는 해지할 수 없을 것이지만 그렇지 않다면 기간의 정함이 없는 계약이 되므로 해지의 자유가 인정된다.

대체로 지입계약의 일방적 해지를 원하는 것은 자신 명의로의 이전등록을 통해 운송사업허가를 얻으려는 지입차주인데, 차주의 해지의 자유는 분명히 인정된다. 판례도 일관되게 화물자동차의 위수탁관리계약은 계약의 존속기간이 경과한 이후부터는 기간을 정하지 않은 지입계약이 되므로 일방이 해지할 수 있어 지입차주는 언제든지 해지할 수 있다(대법원 2008.2.14. 선고 2006다12572 판결 등)고 본다.

한편 화물자동차운수사업법 제40조 제5항은 위·수탁계약의 기간은 2년 이상으로 하도록 규정하지만, 계약기간이 10년 등으로 과도하게 긴 경우에는 약관규제에 관한 법률에 따라 고객인 차주에게 부당하게 불리한 조항으로 보아 동법 제6조 제1항, 제2항 제1호 위반의 무효가 될 여지가 있고 화물자동차운수사업법 제40조 제7항 현저하게 불공정한 계약에 해당해 기간 부분이 무효로 될 여지도 있으므로, 그에 따라 무효가 된다면 해지가 인정될 수도 있다.

<표 17> 지입계약의 일방적 해지 가능한 경우

사례 54 쌍방합의로 해약한다는 규정 있어도 일방적 해지할 수 있다

Q 위·수탁관리계약서 중 해약에 관한 제17조에 계약은 '계약기간 중이라도 당사자 쌍방의 합의로 해약할 수 있다'고 규정되어 있을 뿐이고, 달리 지입차주가 일방적으로 계약을 해약할 수 있는 근거 규정은 없다면, 차주는 회사와의 합의 없이는 일방적으로 해지할 수 없나?

A 차량 지입계약은 명의신탁과 위임의 요소가 혼합된 계약으로 위·수임인 겸 명의신탁자의 지위에 있는 차주는 언제든지 계약을 해지하고 차에 관하여 회사에 대해 해지를 원인으로 한 소유권이전등록절차이행을 구할 수 있어, '계약기간 중이라도 당사자 쌍방의 합의로 해약할 수 있다'고 규정되어 있을 뿐, 차주가 일방적으로 계약을 해약할 수 있는 근거 규정이 없으므로 차주가 회사와의 합의 없이 일방적으로 계약을 해지할 수는 없다는 지입회사의 주장은 부당하다(대법원 1997.11.11. 선고 97다29479 판결 등).

나. 관련 법규정

해지를 구하는 측의 상대방은 해지의 효력을 부정하는 경우가 적지 않다. 차주가 지입계약 해지를 원인으로 이전등록을 받아 화물자동차운수사업 허가를 얻으려 하면, 회사는 그로 인한 허가대수(T/E) 감소를 우려해 해지의 효력을 부정하게 되고, 반대로 회사가 차주와의 마찰 등으로 지입계약을 해지하려고 하면, 화물자동차운수사업 허가를 얻을 수 없는 차주일 경우에는 지입관계의 종료를 꺼려 해지의 효력이 인정되지 않기를 바라기 때문이다.

따라서 해지의 효력을 다투는 경우가 적지 않은데, 화물자동차운수사업법 제40조의3(위·수탁계약의 해지 등)은 해지의 효력에 관한 다툼을 줄이기 위해 운송사업자에게 유예기간과 서면통지 등 의무를 지우고 있다. 즉 운송사업자가 위·수탁계약을 해지하려면 차주에게 2개월 이상의 유예기간을 두고 계약의 위반사실을 구체적으로 밝히고 이를 시정하지 않으면 계약을 해지한다는 사실을 서면으로 2회 이상 통지해야 하고, 위 절차를 거치지 않은 위·수탁계약의 해지는 무효라고 규정하고 있다.

다. 해지사유 불분명하면 합리적 의사해석

지입차주와 지입회사 사이의 지입계약의 구체적 내용은 사적자치의 원칙에 따라 당사자 사이에 자유롭게 정할 수 있으므로, 쌍방은 계약에서 해지사유도 임의로 정할 수 있다. 그러나 약정한 해지사유가 명백하지 않을 때는 즉 쌍방 당사자의 진정한 의사가 무엇인지 파악하기 어려운 경우에는 의사해석의 문제로 귀착될 수밖에 없다.

그런 경우 당사자의 의사를 해석할 때는 지입계약이 체결된 동기 및 경위, 당사자가 계약을 통해 달성하려고 하는 목적과 진정한 의사 등을 종합적으로 고찰해 사회정의와 형평의 이념에 맞도록 논리와 경험법칙 그리고 사회일반의 상식과 거래의 통념에 따라 합리적으로 해석해야 한다는 것이 판례의 일관된 입장이다.

사례 55 지입회사는 계약기간 중에는 약정사유 있어야 해지할 수 있다

Q 차주와 지입회사가 지입계약을 체결하면서 차주에게는 계약

기간 중의 임의해지를 명시적으로 인정한 반면, 회사가 계약기간 중 임의로 해지할 수 있는지는 명시적 규정을 두지 않고, 다만 차주의 채무불이행 등 일정한 해지사유가 있을 경우에 한해 일방적으로 해지할 수 있도록 한 경우에, 회사는 차주의 채무불이행 등 일정한 해지사유가 없는데도 계약기간 중 임의로 해지할 수 있나?

A 지입계약에서 위·수탁관리기간을 5년으로 하되 '지입차주 부담의무의 3개월 이상 체납, 차량 계속검사 기피, 종사원 급여 3개월 이상 체납, 교통사고로 인한 지입차주 관리차량의 감차처분, 회사의 동의 없는 관리권 양도'의 경우에는 '이행최고 없이 지입회사가 일방적으로 해약할 수 있다', '계약기간 중 차주의 사정으로 해약할 경우 차고지 손해금 등 위약금으로 금 300만 원을 회사에 지급한다'라고 규정해, 결국 회사가 계약기간 중에 임의로 해지할 수 있는지에 대하여는 명시적 규정을 두고 있지 않고, 반면 차주에게는 계약기간 중의 임의해지를 명시적으로 인정하면서 위약금으로 금 300만 원을 회사에 지급하도록 규정하였다.

이에 비추어 볼 때 회사는 계약기간 중에는 위 일정한 해지사유가 있을 경우에만 해지할 수 있고, 그러한 해지사유가 없다면 계약기간 중에 임의로 해지할 수 없다고 보는 것이 합리적 의사해석이다(대법원 2011.3.10. 선고 2010다78586 판결).

2. 회사의 이전등록절차이행 의무

지입계약해지의 효력이 인정되면 지입회사는 차주에게 자동차소유권이전등록절차를 이행할 의무가 발생한다. 따라서 회사는 이전등록절차에 필요한 제반서류를 이행제공할 수 있는데, 회사가 이전등록절차와 관련해 이행제공을 하려면 차주가 위·수탁관리계약 해지를 원인으로 소유권이전등록을 할 수 있도록 지입회사의 인감증명서, 자동차등록증과 함께 특히 위·수탁관리계약 해지 관련 자동차양도증명서(자동차등록규칙 제33조)를 교부해야 한다.

그런데 차주가 운송사업허가를 위한 전제로 해지를 통해 자신 명의로의 이전등록을 구하는 경우, 회사로서는 차주의 추후 운송사업허가로 인해 결과되는 회사 보유 허가대수의 감소를 우려해 이전등록에 반드시 필요한 지입계약해지확인서를 차주에게 임의로 제공하지 않는 경우가 흔하다. 즉 다른 서류는 쉽게 제공하면서도 차주의 화물자동차운송사업 허가취득 및 소유권이전등록의 절차에서 그 존재가 확인되어야 하는 지입계약해지확인서는 이행제공하지 않는 경우가 많다.

때로 회사는 해지 관련 서류를 교부하거나 해지가 양도의 원인으로 기재된 자동차양도증명서를 교부하지 않은 채, 단지 매매 혹은 다른 사유가 양도의 원인으로 기재된 자동차양도증명서를 교부하면서 이행제공을 했다고 주장하기도 한다. 그러나 매매 혹은 다른 사유가 양도의 원인으로 기재된 자동차양도증명서를 교부한 것만으로는 지입계약 해지에 의한 이전등록절차이행 채무의 본지에 따른 이행을 제공했다고 볼 수 없다.

사례 56 양도증명서의 양도사유가 해지 아니면 이행 제공한 것 아니다

Q 지입차주가 자신의 명의로 화물자동차운송사업을 하기 위하여 소송을 제기해 소장부본의 송달로 회사에 지입차에 관한 지입계약해지 의사를 표시하면서 해지를 원인으로 한 소유권이전등록절차

이행을 청구하자, 회사는 차주가 이전등록할 수 있도록 자동차등록규칙 제33조 제1항이 정한 바에 따라 자동차양도증명서, 사업자등록증, 인감증명서 등을 모두 교부했으므로 자신의 소유권이전등록절차 이행의무가 소멸했다고 주장하는데, 이는 정당한가?

 A 지입회사는 차주에게 위·수탁관리계약 해지를 원인으로 차에 대한 소유권이전등록절차를 이행할 의무가 있으므로 그에 적합한 서류를 제공해야 하는데, 회사가 소유권이전 원인증명 서류라면서 교부한 자동차양도증명서는 일반적으로 매매를 증명하기 위해 작성되는 것일 뿐, 위·수탁관리계약 해지를 증명하는 서류라고는 할 수 없으므로, 위 자동차양도증명서에 양도원인이 위·수탁관리계약 해지라고 기재되었다는 사실이 입증되지 않는 한, 자동차양도증명서를 교부한 것만으로는 채무의 본지에 따른 이행제공이라 할 수 없어, 회사가 차주에 대해 지닌 지입계약해지를 원인으로 한 소유권이전등록절차이행의무는 소멸하지 않았다(대법원 2010.2.11. 선고 2009다71534, 71541 판결).

<표 18> 자동차소유권이전등록절차이행

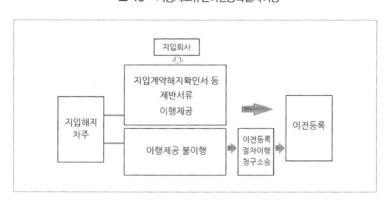

3. 이전등록절차이행청구소송

가. 해지증명에 갈음할 청구

  지입계약이 해지되어 차주에 대한 자동차소유권이전등록절차이행 의무가 발생한 지입회사가 이전등록에 필요한 제반서류를 차주에게 제대로 이행제공하지 않으면, 차주는 회사를 상대로 지입계약해지를 원인으로 한 지입차에 관한 이전등록절차이행을 소송으로 청구할 수밖에 없다.

  지입계약해지확인서를 회사의 이행제공을 통해 얻을 수 없기에, 즉 지입차주가 이전등록신청서에 양도원인이 해지인 자동차양도증명서를 첨부할 수 없기에 자동차등록규칙 제33조에 따라 해지확인서에 갈음해 해지를 통한 소유권이전을 보여주는 판결문이나 조정조서, 화해조서 등을 얻기 위해 부득이 회사를 상대로 청구하는 것이다.

  이 소송에서는 별도로 내용증명 등에 의한 해지 의사표시를 하지 않더라도 소장의 청구원인에서 소장부본의 송달로 지입계약해지 의사표시를 한다고 기재함으로써, 부본이 상대방에게 송달되는 것으로 해지 의사표시의 존재는 물론이고 상대방에게 의사표시가 도달되었음도 인정되어 이전등록의 전제인 해지의 효력에 관한 다툼의 여지를 없애고 이전등록청구의 당부에 집중하게 된다.

나. 회사의 항변

(1) 항변의 무익성

차주의 자동차소유권이전등록절차이행청구소송에서 상대방인 지입회사는 지입계약해지의 효력이나 해지를 원인으로 한 이전등록청구 자체의 정당성을 다투기도 하고, 혹은 해지의 효력을 인정하거나 가정적으로 인정하는 경우에는 연체 지입료 및 제세공과금을 지급하라는 적법한 항변을 하기도 하지만, 대체로 소송의 쟁점과는 무관하고 단지 추후 회사에 예상되는 사실상의 불이익 및 그에 따른 보상에 관한 항변이나 주장을 하는 경우가 많다.

우선 지입회사는 흔히 이전등록 이후에 차주가 화물자동차운송사업허가를 신청해 허가를 얻을 경우 회사에 결과될 것으로 예상되는 운송사업권의 감소 즉 허가대수(T/E)의 감소에 따라 현실적으로 회사가 입게 될 손해를 보상하지 않는다면 차주의 이전등록절차이행청구도 받아들여서는 안 된다고 항변한다.

또한 회사는 해지나 이전등록에는 동의하지만 운송사업권은 반납하라거나 그 표상인 영업용번호판을 반납하고 이전등록해 가라고도 주장한다. 때로는 해당 차량이 2004.1.20. 이후 지입된 차라거나 이후 대·폐차되거나 운송사업의 지속성을 결여해 화물자동차운수사업법상 허가요건을 갖추지 못하였으므로 이전등록청구에 응할 수 없다고도 주장한다.

한편 최근에는 거의 보이지 않지만 회사는 2004.1.20. 개정된 구 화물자동차운수사업법이 2008.3.21. 전부 개정되면서 2004.1.20. 이전 지입차주의 허가특례를 규정한 동법부칙 제3조 제2항이 삭제되었고, 그에 따라 부칙에 근거한 '위·수탁화물자동차에 대한 운송사업허가 업무처리지침'도 폐지 내지 실효된 것이므로 위 개정법 시행일인 2008.7.14. 이후로는 운송사업허가가 불가능하므로 차주의 이전등록청구에 응할 수 없다고 주장하기도 했었다.

그래서 소송 진행에 따라 간혹 조정이나 화해로 마무리될 경우라도 이전등록절차를 이행해 가되 그 이전등록은 운송사업권 양도와는 무관함을 표기해 달라고 요구하기도 하고, 위와 같은 손실보상 혹은 번호판반납을 구하는 반소를 제기하기도 한다. 그러나 회사의 이런 항변이나 반소는 이전등록을 구하는 차주의 추후 예상되는 허가신청에 따르는 사실상 불이익을 예측적으로 호소하는 비법률적 주장이어서 이전등록절차이행청구가 구하는 해지로 인한 이전등록청구의 당부라는 쟁점과는 무관한 무익적 항변이거나 방론에 불과하다.

그럼에도 대부분의 판결은 회사의 주장이나 항변 혹은 반소청구가 법률적으로 인용될 수 없는 이유를 구체적으로 설시하는데 그 이유설시는 차주에게 도움이 될 수도 있다. 즉 운송사업권 내지 영업용번호판 반납 등 항변이 없다면 판결에서 이에 관해 판단할 필요가 없겠지만, 회사가 그와 같이 항변하면 판결 이유에서 자동차뿐만 아니라 등록번호도 이전할 의무가 있다고 설시하게 되는데, 이는 영업용번호판 내지 운송사업권을 둘러싼 더 이상의 분쟁을 줄이고 회사의 번호판 취거나 은닉 행위를 단념시키는 기능을 하는 점에서 도움이 될 수 있다.

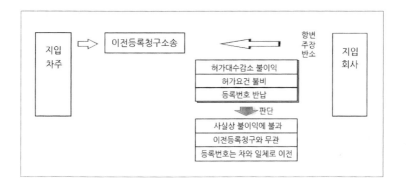

(2) 허가대수 감소 불이익의 항변

구체적으로 지입회사는 지입계약 체결 당시 지입차가 화물운송사업을 할 수 없는 자가용차량이었다가 회사에 등록됨으로써 비로소 영업용으로 전환된 것인데, 차주가 계약을 해지해 현 상태로 소유권이전등록을 받게 되면 회사로서는 종전에 허가받은 영업용차량의 수가 줄어들어 손해를 입게 되므로, 지입계약이 해지되더라도 회사는 자가용차량으로의 소유권이전등록절차이행의무만 있을 뿐, 화물자동차운송사업을 할 수 있는 영업용차량으로서의 소유권이전등록절차를 이행할 의무는 없다고 주장한다.

그러나 2004.1.20. 개정된 구 화물자동차운수사업법은 화물자동차운송사업의 초과공급으로 인한 불균형을 해소하기 위해 화물자동차운송사업의 등록제를 허가제로 전환하고, 다만 동법부칙 제3조 제2항에서 '이 법 공포 당시 화물자동차운송사업을 경영하는 자에게 명의신탁한 차량에 의해 화물자동차운송사업을 위탁받은 자 중 2004.12.31.부터 당해 명의신탁 및 위·수탁계약을 해지하고 당해 차량으로 화물자동차운송사업을 경영하고자 하는 자는 제3조 제5항 제1호(화물자동차운송사업의 허가 또는 증차를 수반하는 변경허가의 기준은 건설교통부장관이 화물의 운송수요를 감안하여 제4항의 규정에 의한 업종별로 고시하는 공급기준에 적합할 것)의 개정규정에 불구하고 건설교통부장관에게 허가를 신청할 수 있고, 허가신청을 받은 장관은 당해 허가신청자에 대해 화물자동차운송사업 허가를 할 수 있다'고 규정하고, 건설교통부의 위·수탁 화물자동차에 대한 운송사업 허가업무 처리지침(2004.12.) 제9조는 '관할관청은 위·수탁차주가 화물운송사업허가를 받은 경우에는 기존 운송사업자가 보유한 허가대수(T/E)에서 분리해 별도로 기록·관리하고(제1항), 위와 같이 별도로 관리하는 허가대수분에 대하여 대·폐차를 허용해서는 안 되며(제2항), 향후 화물자동차의 증차요인이 발생하면 당해 운송사업자에게 우선 증차(충당)해야 한다(제4항)'고 규정했다.

따라서 차주가 지입계약을 적법하게 해지하고 자동차소유명의를 차주 개인 명의로 이전받을 경우 차를 계속 운송사업용으로 사용하려면 부칙 제3조 제2항이 허용한 특례규정에 따라 개별운송사업허가를 받은 다음 소유권이전등록신청을 하여 새로운 자동차등록번호를 부여받아야 하고, 만약 허가를 받지 않은 상태에서 소유권이전등록을 신청하면 자가용 화물자동차 등록번호를 부여받게 되고 그 후 개별운송사업허가를 받아 새로운 등록번호 부여신청을 하면 사업용 자동차등록번호를 다시 부여받게 된다.

이때 지입계약에 의해 화물자동차운송사업을 위탁받은 회사가 위와 같이 차주에게 차에 대한 허가 및 이전등록을 해주게 됨에 따라 위 처리지침 제9조에 의해 기존 허가받은 차량의 숫자가 사실상 줄어들게 되지만 이는 화물자동차운송사업 허가제도에 관한 법령개정에 따른 부득이한 결과일 뿐이다(서울서부지방법원 2012.11.30. 선고 2012나7049 판결).

따라서 회사가 주장하는 허가대수감소로 인한 불이익 항변은 지입계약이 적법하게 해지되어 회사가 차주에게 차에 관한 이전등록절차를 이행할 의무가 있는지에 관한 판단을 구하는 소송의 청구와는 무관한 추후 예상되는 결과에 관한 주장일 뿐이고, 그나마도 이전등록 자체에 따른 결과가 아니라 차주가 향후 취득할 허가에 따른 사실상의 결과를 말하는 것이기 때문에, 그 항변은 지입계약 해지로 인한 이전등록절차이행만을 구하고 있을 뿐인 청구의 쟁점과 무관함을 알 수 있다.

(3) 허가요건 불비의 항변

또한 회사는 흔히 구 화물자동차운수사업법 부칙 제3조 허가요건에 의하면 동법 공포일인 2004.1.20. 당시 이미 화물자동차운송사업자와 차주 사이에 명의신탁관계가 설정되어 있어야 하는데, 해당 지입차주는 지입차에 관하여 2004.1.20. 이후에 회사와 지입계약을 체결하였으므로 차주의 청구에 응할 수 없다고도 항변한다.

그러나 위 부칙 제3조 제2항은 화물자동차운송사업의 허가에 관한 규정일 뿐으로, 위·수탁관리계약의 해지권을 제한하는 규정은 아니므로, 위 부칙규정은 지입차주가 지입계약을 해지하는 데는 아무런 영향을 미치지 않는 것이다(서울서부지방법원 2012.11.30. 선고 2012나7049 판결).

즉 지입회사가 주장하는 부칙의 운송사업권 인정 여부 즉 허가여부는 차주가 위·수탁관리 해지로 인한 이전등록 판결 등을 받아 관할 주소지 행정청에 화물운송사업허가신청을 하면, 해당 차주가 법정 요건을 구비해 허가를 받을 수 있는지를 행정청이 판단한 결론에 따라 이루어질 결과일 뿐이므로, 해지로 인한 이전등록만을 구하는 소송의 쟁점과는 무관한 것이다.

(4) 등록번호 반납의 항변

지입회사는 또한 구체적으로 자동차의 소유권은 이전등록하여 가도 좋지만 운송사업용 자동차등록번호는 반환하고 가라거나 또는 영업용에서 자가용으로의 용도변경을 하여 소유권이전등록절차의무이행을 구하여 가라고 항변하기도 한다.

그러나 자동차의 등록번호는 시·도지사가 국토교통부령에 따라 자동차의 관리를 위해 부여한 것이고 그 등록번호가 표시된 등록번호판은 자동차에 부착·봉인한 표지에 불과할 뿐이므로 등록번호판을 사용할 권리가 개인에게 배타적으로 귀속된다고 볼 수 없고, 차주나 지입회사의 의사에 따라 그 이전 여부를 결정할 방법도 없다 (대법원 2013.4.26. 선고 2013다737 판결 등).

영업용번호판을 두고 가라거나 운송사업권을 반납하고 가라는 취지의 항변이나 반소는 궁극적으로 차주가 화물운송업을 할 수 없게 해 달라는 취지인데, 이는 차주의 이전등록절차이행청구소송 안에 회사의 운송사업허가에 관한 권리나 이를 전제로 한 종전의 운송사업용 자동차등록번호 내지 번호판의 이전을 구하는 취지가 포함되어 있다고 오해한 데서 비롯된 주장이다.

즉 차주의 청구는 해지로 인한 이전등록에 불과한 것인데도, 지입회사는 그 이전등록청구의 결과가 만들 허가신청이라는 예고된 결과를 차주가 소송에서 미리 그리고 함께 구하는 것이라고 오해함에서 비롯된 주장을 하고 있는 것이다. 또는 그것이 오해가 아니라면 그런 예고된 결과까지 소송의 쟁점에 포함시켜 다루어 주었으면 하는 다소간의 희망에서 비롯된 법률적이지 못한 항변인 것이다.

결국 회사의 그러한 주장은 아직 취득하지도 않은 허가권을 미리 반납하라는 주장과 다름 아니다. 더욱이 운송사업 허가권자가 행정청인데 장차 행정청이 해야 할 일을 법원이 명령할 수 있도록 해달라는 것으로서, 그러한 반소는 원칙적으로 법원의 판단대상이 될 수 없는 것에 불과하다.

따라서 결론적으로, 운송사업권을 반납하라거나 그 표상인 번호판을 반납하고 이전등록해 가라거나, 그렇지 않을 경우 손해를 차주가 배상해야 한다거나 혹은 허가될 수 없는 차량이니 이전등록도 되어서는 안 된다는 항변이나 반소는 쟁점과 무관한 것이어서 받아들여지지 않는다.

사례 57 지입해지 후 일방의 의사에 따라 등록번호를 이전할 수는 없다

Q 지입차주가 지입계약을 해지한 경우, 지입차주 혹은 지입회사 중 일방의 의사에 따라 자동차등록번호의 이전 여부를 결정할 수 있나?

A 자동차의 등록번호는 시·도지사가 국토해양부령에 따라 자동차의 관리를 위하여 부여한 것이고 그 등록번호가 표시된 등록번호판은 그 자동차에 부착·봉인한 표지에 불과할 뿐이므로 그 등록번호판을 사용할 수 있는 권리가 개인에게 배타적으로 귀속된다고 볼 수 없고, 지입차주나 지입회사의 의사에 따라 그 이전 여부를 결정할 수 있는 방법도 없다(대법원 2012.11.29. 선고 2011다39793, 2013.4.26. 선고 2013다737 판결 등).

사례 58 회사는 지입해지 차주에게 등록번호도 이전해야 한다

Q 지입계약해지를 원인으로 자동차소유권이전등록절차이행을 구하는 차주의 소송에서 상대방인 지입회사가 영업용등록번호는 두고 이전해 가라고 항변하는데, 이 항변은 타당한가?

A 자동차의 등록번호나 번호판은 시·도지사가 건설교통부령에 따라 자동차관리를 위해 부여하고 차에 부착·봉인한 표지에 불과할 뿐이어서, 자동차의 등록번호나 번호판을 사용할 권리가 지입회사에 배타적으로 귀속된다고 볼 여지가 없고, 나아가 2004.1.20. 개정된 화물자동차운수사업법 제3조 제4항, 동법시행령 제3조에 의해 개별 화물자동차운송사업이 가능하게 되었는데, 동법부칙 제3조 제2항과 건설교통부의 위·수탁화물자동차에 대한 운송사업 허가업무 처리지침 제9조 등 관련 규정들을 종합해 보면, 차주가 개별화물자동차운송사업을 하기 위해 지입계약을 해지하면 화물자동차를 수탁받은 기존 운송사업자인 회사로서는 차주에게 자동차를 인도해야 할 의무가 있을 뿐만 아니라 명의신탁자인 차주가 운송사업허가를 신청할 수 있도록 차량등록번호도 함께 이전해야 할 의무가 있다(대구지방법원 2008.8.21. 선고 2008나8506 판결).

사례 59 등록번호판은 차와 분리된 별도의 양도대상 아니다

Q 지입계약을 해지한 차주의 소유권이전등록청구에 대해, 지입회사는 지입차의 등록번호는 차량과는 별도로 분리되어 독립적으로 양도가능한 재산적 가치가 있는 것으로 회사의 자산이므로 차주에게 등록번호와 함께 자동차의 이전등록을 하는 것은 부당하다고 말하는데, 이 주장은 타당한가?

$\boxed{A}$ 자동차관리법 제10조, 제16조 등 관련규정에 의하면 자동차의 등록번호는 시·도지사가 국토해양부령에 따라 자동차 관리를 위하여 부여한 것이고, 등록번호판은 자동차에 부착·봉인한 표지에 불과할 뿐이므로 자동차의 등록번호나 등록번호판을 사용할 수 있는 권리가 개인에게 배타적으로 귀속된다고 볼 수 없고, 등록번호판 자체가 자동차와 분리되어 독립적 가치가 있는 고유재산에 해당되거나 양도의 대상이 될 수도 없다.

따라서 지입회사가 차주에게 명의수탁 받은 화물자동차에 대한 소유권이전등록을 해 줄 경우에도 기존의 자동차등록번호까지 이전하여 줄 의무를 부담하는 것은 아니라 할 것이고, 이를 지입회사의 의사 여하에 따라 이전 여부를 결정할 방법도 없다.

그렇다면 지입회사의 위와 같은 주장에 대해 회사는 차주에게 자동차소유권을 이전할 의무가 있고 그 소유권이전의무에는 등록번호를 이전할 의무까지 포함된다고 보아야 한다는 원심의 판단이유는 부적절하기는 하지만, 그럼에도 차주가 청구한 소유권이전등록절차의 이행의무가 있다고 한 결론은 정당하다(대법원 2012.11.29. 선고 2011다39793 판결).

(5) 부칙 삭제 후 허가불가능의 항변

한편 최근에는 거의 보이지 않기는 하지만, 한때 지입회사는 2004.1.20. 개정된 구 화물자동차운수사업법이 2008.3.21. 전부 개정되면서 지입차주의 허가특례를 규정한 동법부칙 제3조 제2항이 삭제되자, 위 삭제에 따라 부칙에 근거한 '위·수탁화물자동차에 대한 운송사업허가 업무처리지침'도 폐지 내지 실효된 것으로 보고, 위 개정법 시행일인 2008.7.14. 이후로는 운송사업허가가 불가능하므로 차주의 이전등록청구에 응할 수 없다고 그 무렵부터 주장하기도 했었다.

그러나 위와 같은 개정법 시행으로 위 부칙의 효력이 2008.3.21.자로 상실된 것으로 본다면 종전 부칙규정에 따라 화물자동차운송사업을 하려는 지입차주들의 다수의 관련 소송에서 법적 혼란 내지는 법률상 공백상태가 발생하므로, 전부 개정된 법에서 삭제된 부칙의 규율사항은 전부 개정 이후에도 당연히 적용된다고 보아야 하고, 그렇기에 별도의 경과규정을 두지 않았던 것으로 해석하는 것이 상당하다. 즉 위 부칙은 개정법 시행에도 불구하고 실효되지 않았다고 볼 특별한 사정이 있다고 볼 수 있어, 부칙 실효를 전제로 한 회사의 주장은 이유 없다(수원지방법원 2010.1.12. 선고 2009나20281,20298 판결).

더욱이 현재까지 2004.1.20. 이전 지입차주들의 허가신청이 이어져 허가를 받는 것을 보거나 그에 따라 최근에는 회사가 위 주장을 하지 않고 있는 것을 보더라도 위 주장이 근거 없음은 자명하고, 무엇보다 위 부칙실효 주장은 허가와 관련된 것이어서 앞서 본 바와 같이 이전등록청구의 쟁점과 무관함도 물론이다.

4. 이전등록청구소송을 위한 보전조치

가. 처분금지·용도변경금지 가처분

지입차주가 위·수탁관리계약을 해지하고 회사로부터 자동차를 이전등록받고자 준비할 때, 회사는 차주의 이전등록 판결 등 이후 허가신청에 따른 허가취득으로 인해 결과될 회사의 허가대수 감소

<표 20> 차주의 이전등록절차이행청구소송을 위한 보전조치

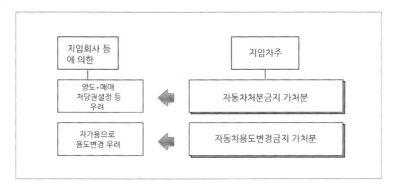

를 우려하여 이전등록청구소송이 지향하는 최종 목적달성을 미리 저지할 목적으로 지입차가 회사 소유명의임을 이용해 차량 혹은 차량을 포함한 시설일체를 타인에게 양도하거나 차량을 매매 등으로 처분하거나 혹은 임의로 관청에 용도변경을 신청해 영업용에서 자가용으로 용도변경시켜 허가취득 및 소유권이전등록에 지장을 주어 이전등록청구의 포기를 유도하는 경우도 적지 않다.

지입차의 소유명의가 제3자로 변경되면 차주로서는 더 이상 소유명의자가 아니게 된 지입회사를 상대로 이전등록을 구할 수 없게 되고, 현재 명의자인 제3자와는 지입계약관계가 인정되지 않을 수 있어 제3자를 상대로는 이전등록을 구하기가 어려울 수 있고, 용도가 자가용으로 변경되면 설령 차주가 제3자와의 지입계약관계가 인정되어 그를 상대로 청구해 이전등록을 할 수 있더라도, 이전등록과 함께 취득하려는 운송사업허가신청 대상차량이 이미 영업용이 아닌 자가용으로 되어버렸기에, 영업용 등록대수 안에서 영업을 수행하던 차를 보호하려는 법의 보호범위 밖에 있게 돼, 행정청으로부터 영업용으로서의 허가를 얻는 것이 곤란해질 수 있기 때문이다.

따라서 지입회사의 양도, 매매 등 처분으로 인한 명의변경이나 임의적 용도변경으로 회사를 상대로 한 이전등록청구소송이 곤란해지거나 소송 뒤의 허가취득이라는 궁극적 목적이 사실상 상실되는 것을 막기 위해, 차주는 이전등록절차이행소송을 제기하기 전이나 소송과 동시에 위와 같은 우려로 인해 가처분이 필요하다는 보전의 필요성을 소명하면서 자동차처분금지가처분이나 용도변경금지가처분이라는 보전신청을 함으로써 회사의 임의 처분이나 용도변경을 차단할 수 있다.

이들 보전조치는 상황에 따라 하나 혹은 모두를 신청할 수 있는데, 차주는 위·수탁관리계약 해지를 원인으로 한 소유권이전등록절차이행청구권 및 권리행사방해배제청구권을 피보전권리로 하여 지입회사가 해당 지입차에 대하여 매매, 양도, 저당권설정 기타 일체의 처분행위를 해서는 안 된다거나, 또는 지입회사는 자신의 소유명의인 지입차에 대하여 용도변경을 하여서는 안 된다는 신청취지의 가처분을, 지입회사를 상대방으로 하여 법원에 신청하면 된다.

이 중 자동차처분금지가처분은 거의 문제없이 받아들여져 인용되고 있고, 용도변경금지가처분은 본안소송인 자동차이전등록청구를 위한 보전조치의 필요성에 약간의 의문을 가질 수 있어 간혹 드물게 그 필요성을 밝힐 것의 보정을 요구하는 재판부도 있기는 하지만, 역시 마찬가지로 거의 예외 없이 받아들여진다.

이들 가처분신청이 제기되면 흔히 법원은 신청인인 차주에게 담보제공명령을 하는데, 명령고지일로부터 수일 내에 채무자인 회사를 위하여 일정금원을 공탁하되, 다만 위 공탁금액에 대하여 지급보증위탁계약을 체결한 문서를 제출할 수 있다고 명령하여, 그 직후 가처분결정에서 담보로 공탁보증보험증권을 제출받고 결정하는 것으로 인용되므로, 금전적 부담도 적은 편이다.

설령 법원이 다액의 현금공탁을 명령하였더라도 담보제공명령에 의하여 신청인인 차주가 법원에 공탁한 담보는 차주가 이전등록절차이행 청구소송을 제기하여 그 승소가 확정되거나 그와 동일한 효력을 가진 조정 혹은 화해가 성립되면, 담보사유가 소멸된 것이므로 담보취소신청으로 공탁금원을 되찾을 수 있다.

나. 번호판인도단행 가처분

지입계약 해지를 원인으로 이전등록을 구하려 하면 회사가 차주의 이전등록청구를 예견하고 이를 저지하기 위해 차주가 운행하는 차량의 영업용번호판을 떼어가 돌려주지 않는 경우가 있다. 또한 차주와의 갈등이나 불화로 지입을 종료시키기 위한 방편으로 혹은 회사가 차량을 양도·양수한 경우에 양수회사에서 사용하기 위해 영업용번호판을 떼어가기도 한다.

위 경우는 물론 형사처벌될 수 있다. 즉 자동차관리법 제10조 제2항에 따라 자동차의 등록번호판 및 봉인은 함부로 떼지 못하도록 되어 있어, 함부로 떼어 간다면 동법 제81조 위반으로 처벌되고, 타인이 점유하는 자신의 번호판을 떼어 가면 권리행사방해에도 해당해 자동차관리법위반 및 권리행사방해죄가 성립할 수 있기 때문이다. 그럼에도 회사가 위와 같은 이유로 떼어 가는 경우는 종종 발생한다.

또한 자동차의 노후화 혹은 운송계약에서 정해진 대·폐차 기간으로 인하여 신차를 구입하기 위해 대·폐차를 신청하는 경우에도 대·폐차절차에서 받게 되는 영업용번호판을 회사가 차주에게 내주지 않는 경우도 있다. 번호판을 신차에 부착해야 함에도 번호판이 명의상 소유자로서 대·폐차 신고자인 회사에 부여됨을 이용해 회사가 번호판을 내주지 않으면 차주는 운송사업을 할 수 없게 된다.

물론 화물자동차 등록번호는 관계법령에 의해 차를 관리하기 위해 차에 부착·봉인된 표지에 불과해 그 등록번호를 사용할 권리가 지입회사에 배타적으로 귀속된다고 볼 수 없고 자동차와 분리되어 별도의 권리를 갖는 객체가 되는 것이 아니지만 현실에서는 국토교통부가 화물자동차운송사업협회에 위탁한 화물자동차 대·폐차업무 절차를 통해 영업용등록번호가 회사에 부여됨으로써 대·폐차절차 자체가 지입차주들에 대한 압박수단이 되고 있다.

구체적으로 화물자동차운수사업법 시행령 제2조는 화물자동차운송사업의 허가사항 변경신고 대상으로 대·폐차를 규정하고 동법시행규칙 제10조는 변경신고서를 화물협회에 제출토록 하고 있는데, 이 규정에 따른 운송사업허가사항 변경(대·폐차) 수리통보서 형식은 대·폐차 차량현황에 '폐차차량'과 '대차차량'을 기재하게 되어 있고, 화물협회의 서류양식에는 대차차량 란이 공란으로 되어 있어, 먼저 폐차신고를 하고 신차를 구입하면 나중에 대차신고를 하는 것이 일반적 방식이 되어 왔다.

그렇게 대차하기 전에 먼저 폐차 신고하여 일단 폐차가 되고 있는 절차를 이용하여 현행 허가제 하에서 대·폐차 신고를 통해 영업용 번호판을 받게 되는 회사가 그 기회에 영업용번호판의 시중 매매시세인 이른바 번호판값을 요구하거나, 혹은 차주와의 불화로 더 이상 차주에게 영업용 운행을 하지 못하도록 차주의 인도요청에 응하지 않고 신규 지입차주로 대체하면서 신규 차주에게 번호판값이라는 부당이익을 취하는 경우가 있다.

위와 같은 점을 포함한 여러 문제를 시정하기 위해 국토교통부는 화물자동차운수사업법 시행규칙을 개정(2014.9.19.)하여 화물자동차의 대·폐차 기한을 축소하였다. 즉 동 규칙 제52조의3(대·폐차의 대상 및 절차 등)은 대·폐차의 기한을 기존의 대·폐차 변경신고를 한 날로부터 6개월 이내에서 15일 이내로 축소하고, 다만 국토교통부장관이 정하여 고시하는 부득이한 사유가 있는 경우에는 3개월 이내에 대·폐차할 수 있게 했다.

따라서 폐차신고 이후 6개월 안에만 신차로 대차하면 되었던 이전과는 달리, 앞으로는 폐차와 대차를 거의 동시에 해야 하게 되었지만 15일 이내라는 기간이 현실성이 없는 경우가 적지 않자 다시 화물자동차 대·폐차 업무처리 규정을 개정하여, 위·수탁계약기간 중 위·수탁차주가 계약해지를 요청하는 경우 혹은 위·수탁계약 해지 관련 소송의 판결서 제출로 이의신청절차가 필요한 경우 그리고 관할관청에서 천재지변·교통사고 등 부득이한 사유로 인정하는 경우 등에는 3개월 이내에 대·폐차 할 수 있도록 하였다. 따라서 대·폐차를 반드시 동시에 한다고도 보기 어렵고 또한 동시에 하더라도 위와 같은 문제의 소지가 없어진 것이 아니다.

결국 위와 같은 경우에 직면했을 때 차주는 번호판인도청구권을 보전하기 위하여 번호판의 점유를 차주에게 이전시키기 위한 자동차번호판인도단행 가처분이라는 보전신청을 할 필요가 있다. 이는 이전등록청구 본안소송을 할 무렵인지와 상관없이 회사가 번호판을 임의로 떼어가거나 부당하게 내주지 않아 영업용 화물자동차의 운행이 어렵게 되었다는 보전의 필요성을 소명하면서 신청하여 차주가 번호판을 인도받기 위한 것이다.

이 단행가처분은 차주가 지입회사를 상대로 차주에게 당해 자동차번호판을 인도하라는 신청취지로 구하는데, 번호판을 회사 측에서 임의로 떼어가거나 대・폐차 절차 이후 내주지 않는 경우에는 실무에서 인용되기도 하지만, 그렇지 않은 경우에는 명의상 소유자인 회사의 권리를 크게 제약하는 것이 될 수 있어 잘 인용되지 않는다. 결국 번호판인도단행 가처분은 보전 필요성의 원인 사실관계와 그에 따른 소명 여부에 따라 그 인용 여부의 판단이 다르다.

<표 21> 자동차번호판인도단행가처분 인용 여부

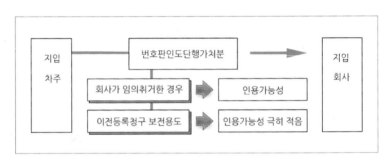

즉 인도단행가처분은 결정되면 그 자체로 인도집행이 가능한 것이어서 피신청인의 권리에 중대한 제약이 되므로 다른 특별한 사정이 없이 일반적인 이전등록청구 본안소송 무렵의 보전조치로 신청한 경우에는, 대체로 차량번호는 관할관청으로부터 영업용으로 허가받아 획득한 화물자동차 허가대수(T/E)에 속하는 것이어서 위・수탁관리계약이 해지되더라도 차주에게 영업용 차량번호판에 대한 권리가 유보된 것이라고 보기 어려워 인도할 의무가 없다는 이유로 기각되는 경우가 많다.

반면 회사가 차주가 운행 중인 차의 번호판을 임의로 떼어가거나 대・폐차 절차 이후 내주지 않아 영업용차량의 운행이 지장을 받는다는 것을 소명해 이전등록절차이행청구 무렵인지를 불문하고 신청하면, 차의 등록번호나 번호판은 시·도지사가 건설교통부령에 따라 자동차관리를 위해 부여하고, 차에 부착·봉인된 표지에 불과해 자동차 등록번호나 번호판을 사용할 권리가 회사에 배타적으로 귀속된다고 볼 수 없고, 회사는 명의신탁자인 차주에게 자동차의 소유권이전과 아울러 영업용등록번호도 함께 이전해야 하므로 등록번호를 표창하는 번호판도 함께 인도할 의무가 있다고 판단되는 경우도 있다.

자동차번호판인도단행가처분을 인용받은 경우에는, 신청인인 차주가 집행관에게 인도집행신청을 하면 집행관이 지입회사에서 번호판을 가지고 와 차주에게 준다. 이 경우 만약 회사가 이런저런 사유로 인도를 거부하면 집행관은 집행불능조서를 작성하게 되는데, 그 경우 차주는 법원에 집행이의신청을 하여 회사가 말하는 집행거부사유들의 부당함을 지적하면 집행이의가 받아들여져 집행관은 다시 집행해 번호판을 가져와 차주에게 주게 된다.

5. 지입계약 존재 입증방법

가. 자동차등록원부 기재

(1) 현물출자자

자동차소유권이전등록절차이행청구소송에서 지입계약의 존재 여부가 다투어지는 경우도 적지 않다. 지입회사가 여러 차례 변경되거나 구두로 지입관계를 유지하거나 회사의 양도·양수가 있었거나 차주가 대·폐차를 하는 등의 사유로 지입계약서가 작성되지 않거나 분실되거나 있더라도 찾을 수 없어 제시할 수 없는 경우, 회사가 지입계약의 존재를 인정하지 않으면서 해지에 따른 이전등록절차이행의무도 없다고 주장하는 경우가 있다. 그러나 그 경우 아래와 같은 방법으로 계약의 존재를 입증할 수 있다.

우선 지입계약과 동시에 혹은 직후에 자동차등록원부의 갑구에 차주를 현물출자자로 기재했다면 그 기재는 실소유자가 차주임을 보여주는 것으로서 지입계약의 존재도 증명하는 것이 된다. 즉 갑구의 사항란 밑에 등록원부특기사항으로 "위 차량은 ○ ○ ○(주민등록번호)가 현물출자한 위수탁 차량임"이라고 기재하고 옆에 기재일자를 표시하는데 이는 특별한 사정이 없는 한 지입관계에 근거한 기재로 인정된다.

따라서 차주가 현물출자자로 기재되었다면 지입계약서가 작성되지 않았거나 분실되었더라도 회사가 차주와의 지입계약관계를 부정하기는 어렵기에, 차주로서는 실질적 소유권을 보장받기 위해 자동차등록원부에 자신을 현물출자자로 기재해 달라고 회사에 요청할 필요가 있다. 그러나 회사의 동의 없이는 등록원부에 현물출자자로 기재하기 어려운 것을 알고 있는 회사가 현물출자자 기재 요청을 거부하기도 한다.

이에 대비하기 위해 화물자동차운수사업법 제11조 제15항은 운송사업자가 동법 제40조 제3항에 따른 위·수탁계약으로 차량을 현물출자 받은 경우에는 위·수탁차주를 자동차관리법에 따른 자동차등록원부에 현물출자자로 기재하여야 한다고 명시하고 있다.

(2) 최종소유자

지입계약을 통해 차량은 운수회사의 소유명의를 가지게 되므로 자동차등록원부의 갑구에 최종소유자로 지입회사가 기재된다. 따라서 지입계약의 존재 자체에 관한 다툼이 발생하면 최종소유자란의 기재는 지입계약의 존재 입증방법이 될 수 있다.

즉 지입계약의 존재를 부정하는 경우는 대부분 회사인데, 차주가 등록원부상의 고유한 당해 차량에 대한 구매 근거자료를 제출하면, 이번에는 자신의 비용으로 구매했던 차주로부터 회사가 다시 매수하였다는 등으로 현재 회사가 최종소유자로 된 이유와 근거를 밝히지 못하면, 결국 지입관계 외에는 회사가 등록원부에 소유자로 기재될 이유가 없는 것이라고 간주된다.

자동차등록원부의 최종소유자란에 기재된 회사가 그 차량의 실구매자임을 밝히지 못하면 지입관계로 인한 기재라고 해석될 수밖에 없다는 것이다. 따라서 차주가 매수한 당해 고유차량 등록원부의 최종소유자에 지입회사가 기재된 것도 지입계약의 간접적인 존재 증명이 될 수 있다.

사례 60 회사명의로 매수해도 지입등록 전이라면 회사책임은 없다

Q 화물차를 회사에 지입시켜 운행할 목적으로 회사명의로 할부 매수하여 지입에 필요한 일부 서류와 함께 인도받음과 동시에 임시 운행허가를 받아 운전수를 고용해 운행하였지만 아직 회사에 지입등록은 하기 전에 사고가 발생한 경우, 회사가 위 화물차의 사고로 인한 손해에 대해 배상책임이 있나?

A 회사명의로 매수했더라도 아직 회사명의로 등록되지는 않았다면 지입되지 않은 것이므로, 회사는 위 화물차의 운행에 관한 명의대여자라 할 수 없어 손해배상책임이 없다(대법원 1990.11.13. 선고 90다카25413 판결).

지입관계는 지입회사의 자동차소유명의등록을 통해 성립하므로 실질관계는 지입이라도 회사명의로의 등록이 아직 없다면 대외적으로는 지입관계도 없다고 인정되어 지입회사의 대외적 책임도 없다는 것이다.

<표 22> 지입계약의 존재 입증방법

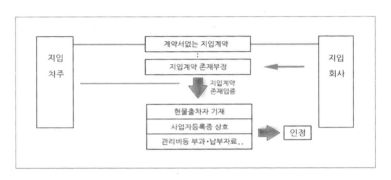

나. 사업자등록증 상호 등

차주는 운송사업을 위해 지입관계를 통해 자신의 소유차량을 지입회사 명의로 두는 것일 뿐이므로 별도의 사업자등록을 가질 수 있다. 1986년 개정된 구 자동차운수사업법이 사업자로서의 지입차주의 존재를 인정하기 위해 화물운송차량에 대한 지입관계를 차량 위·수탁관리운영관계로 합법화한 것도 차주가 회사와는 별도로 사업자등록을 한 후 독자적으로 영업활동을 한다는 전제에 기반한 것이었다. 이에 따라 오늘날 지입계약서에도 사업자등록을 요구하는 항목이 있는 것이 일반적이다.

이와 같이 차주가 자신의 사업자등록을 하면 회사가 지입계약의 존재 자체를 다투더라도 그 사업자등록증이 지입계약의 존재확인에 도움을 준다. 즉 지입관계에 있는 차주가 화물운송업을 하고 있음을 보여주는 사업자등록증의 '사업의 종류'란의 '업태: 운수(업), 종목: 화물'이라는 기재는 물론이고 '상호'란에 기재되는 지입회사명이 지입계약의 존재를 뒷받침하는 자료가 될 수 있다. 특히 차주 사업자등록증의 상호는 상호명칭의 보유자인 지입회사와의 지입계약관계를 보여주는 유력한 증명이 된다.

다. 관리비 등 부과·납부자료

지입계약에서 발생하는 관리비나 각종 제세공과금을 회사가 차주에게 청구하였음을 보여주는 부과내역이나 청구서는 물론이고, 이에 대해 차주가 그를 납부하였거나 지급하였음을 증명하는 자료 즉 송금한 통장내역이나 영수증 등도 지입관계의 존재를 증명하는 자료가 된다. 지입계약이 없다면 그와 같은 부과나 청구가 없을 것이고 또한 그에 따른 납부도 있을 수 없기 때문이다.

따라서 차주는 지입계약해지를 통한 이전등록을 구하는 과정에서 지입계약의 존재 여부에 관한 분쟁이 우려되는 경우는 물론이고 그밖에 평상시에도 관리비 등의 지급 및 수령 여부가 다투어질 수 있으므로, 그에 대비하기 위해서라도 관리비 등 제세공과금의 부과 및 납부의 근거자료를 보관하는 것이 바람직하다.

라. 유가보조금 자료

화물자동차운수사업법 제43조에 의해 시장 또는 군수는 화물자동차운송사업자나 운송사업을 위탁받은 자에게 경유에 부과되는 각종 세액 등의 인상액에 상당하는 금액의 전부나 일부를 보조할 수 있다. 이에 따라 2001년부터 유류세 인상분의 전부나 일부에 관해 화물자동차 유류세연동보조금이라는 유가보조금을 지급하고 있는데, 국토해양부의 2008.7. 유가보조금 지급지침 제6조는 지입계약에 따른 지입차주가 명의상 차량소유자는 아니더라도 실제적 소유자로서 유류를 공급받는 자임을 인정하여 현실적으로 유가보조금 수혜를 받도록 하고 있다.

즉 동조는 지입제와 지입차주를 간접적이지만 실질적으로 인정하면서 유가보조금 지급청구권자로 위·수탁 차주를 명시하였는데, 제1항은 유가보조금은 운송사업자에게 지급하는 것을 원칙으로 하되, 연료비를 부담한 자가 따로 있을 경우에는 그 자에게 지급할 수 있고, 제2항은 제1항에도 불구하고 화물자동차의 경우에는 직영차량은 운송사업자에게 지급하고 위·수탁 차량은 차주에게 지급해야 한다고 규정하고 있다.

따라서 지입관계의 존재를 간접적으로 증명할 필요가 있을 때, 차주는 위 지침규정 이전에도 유가보조금을 지급받는 자료를 제시함으로써 지입차주임을 입증할 수 있었지만, 국토교통부의 위 지침과 이후 마련된 유가보조금관리규정이 수혜의 대상인 지입차주를 분명히 인정함으로써, 유류구매 복지카드의 제시나 유가보조금 지급주체인 해당 지방자치단체에 대한 지급내역 자료 요청이나 조회를 통해 더욱 손쉽게 위·수탁차주임을 증명할 수 있게 되었다.

마. 양도·양수 조회

지입차주는 거의 대부분 지입계약서를 작성하지만, 회사에 의해 차량 등이 양도·양수되어 차주로서는 본의 아니게 회사를 여러 번 옮기게 되는 경우 양수회사와 사이에서 지입계약의 존재 여부가 다투어지는 일이 종종 있다. 즉 지입회사가 영업권 일체 혹은 차량 전부나 일부를 양도·양수하면 차주는 양수회사에서 계속 지입을 하더라도 양도회사와의 지입계약서가 있기에 구태여 양수회사와의 계약서를 따로 작성할 필요가 없다고 판단하거나 혹은 번거로워서 새로 작성하지 않기도 하는데, 그로 인해 차주가 후에 해지를 원인으로 이전등록절차이행을 양수회사에 청구하면 회사가 계약의 존재 여부를 다투는 경우가 있다.

차주가 위와 같은 불이익을 막기 위해 양도·양수에 부동의하거나 계약을 해지하거나 다른 지입회사로 옮기고자 하더라도 양도·양수는 회사들을 중심으로 이루어지는 것이어서 양도·양수 사실을 분명히 알지 못하는 경우도 있는데, 그런 경우에는 위와 같은 대응도 쉽지 않게 된다.

그래서 회사들 중심으로 이루어지는 양도·양수로 차주가 받는 불이익이나 지위상의 불안을 막기 위해 양도·양수에 차주들의 동의를 요하도록 국토교통부가 권고하기도 했지만, 그럼에도 차주의 동의 없이 이루어지는 경우도 적지 않았다.

이에 따라 화물자동차운수사업법 시행규칙은 제23조(사업의 양도·양수 신고 등)에서 화물자동차운송사업 양도·양수 신고를 하는 자는 신고서를 관할관청에 제출하고, 신고서를 받은 관할관청은 양도인의 관할관청과 양도인 및 양수인의 관할 화물자동차운송사업협회에 그 사실을 통지하도록 하고, 양도·양수 신고서에는 운송사업의 일부를 위탁받은 자 즉 지입차주의 동의서를 요구하고 있는데, 다만 운송사업의 전부가 아닌 일부를 양도·양수할 때만 동의서를 의무화하고 있다.

결국 최소한 운송사업 일부의 양도·양수에서는 차주들의 동의 없는 양도·양수가 법으로 금지된 것이지만, 전부 양도일 때는 동의가 의무화된 것이 아니고, 일부 양도에서도 차주들 모르게 양도·양수가 이루어지거나 혹은 편법적으로 차주들의 사전동의서를 미리 일괄하여 받아두고 양도·양수 당시에는 차주들이 모르는 사이에 미리 받아둔 위 동의서를 사용하는 경우도 있어, 그로 인해 차주들이 알지 못해 지입계약을 양수회사와 체결하지 못하고 실질적 지입관계로 유지하는 경우가 없지 않다.

따라서 지입차주가 여하튼 양도·양수 사실을 알게 되었다면, 자신의 지위상의 불안정과 그로 인한 불이익을 방지하기 위해서라도 또는 지입관계의 존재 여부에 관한 다툼을 미리 차단하기 위해서라도 양수회사와 사이에 새로운 지입계약서를 작성하는 것이 바람직하다.

그럼에도 양도·양수로 부득이 차주의 지위가 불안정하게 되는 경우를 대비하기 위해 동법 제16조는 화물자동차운송사업을 양도·양수하려면 양수인이 국토교통부장관에게 신고해야 하고, 위 신고가 있으면 양수인은 양도인의 운송사업자 지위를 승계하고, 양도인과 위·수탁계약을 체결한 위·수탁차주는 그 동일한 내용의 위·수탁계약을 화물자동차 양수인과 체결한 것으로 본다고 규정하고 있다.

따라서 위 법규정에 의해 비록 양수인과 지입계약을 따로 체결하지 않았더라도 양도인과의 지입계약의 존재와 양도사실만 입증하면 양수인과의 지입계약은 인정받을 수 있으므로, 소송에서 지입계약서가 없어 계약의 존재여부가 다투어지는 경우, 양도·양수가 있었는지에 관하여 관청이나 양도 혹은 양수회사 등에 조회를 신청해 계약의 존재를 간접적으로 입증할 수 있다.

사례 61 운송사업자들끼리 운송사업 교환하는 것도 양도·양수다

Q 화물자동차 운송사업자 상호 간에 각자가 보유한 화물자동차운송사업을 상호 이전하는 내용으로 체결된 교환계약의 이행을 위한 화물자동차운송사업의 양도·양수 신고가 구 화물자동차운수사업법 등 관련 법령상 허용되나?

A 구 화물자동차운수사업법 제16조는 화물자동차운송사업의 양도·양수에 관하여, 화물자동차운송사업을 양도·양수하려면 국토해양부령이 정하는 바에 따라 양수인이 국토해양부장관에게 신고하고(제1항), 이 신고가 있으면 운송사업을 양수한 자가 양도한 자의 운송사업자 지위를 승계한다고 규정하였다(제3항).

동법 제16조 제1항의 위임에 따른 동법시행규칙 제23조는 화물자동차 운송사업 전부나 일부에 관한 양도·양수 신고서의 제출, 양도·양수계약서 사본 등 신고서에 첨부할 서류 등 운송사업 양도·양수 신고에 관한 세부사항을 규정하고(제1항 전단, 제2항, 제3항) 양도·양수 신고서를 받은 관할관청이 양도인의 관할관청과 양도인 및 양수인의 관할협회에 그 사실을 통지해야 한다고 규정하였다(제1항 후단).

이와 같이 화물자동차운송사업자는 관할관청에 대한 신고만으로 운송사업의 전부나 일부를 특별한 제한 없이 양도·양수할 수 있고, 양도·양수 신고서를 받은 양수인의 관할관청이 양도인의 관할관청

등에 양도·양수 사실을 통지함으로써 양도·양수 신고서 수리에 따른 업무가 관련 기관의 유기적 협조를 통해 처리될 수 있는 점 등을 종합하면, 운송사업자 상호 간에 각자가 보유하는 운송사업을 상호 이전하기로 하는 교환계약의 이행을 위한 양도·양수 신고가 허용되지 않는다고 볼 수는 없다(대법원 2014.5.16. 선고 2013다52233 판결).

바. 대·폐차 조회

지입차주가 노후한 지입차를 새로운 차로 바꾸려면 절차상 폐차 및 대차신고를 해야 하는데 명의상 소유자인 회사가 해당 각 시·도 화물자동차운송사업협회에 지입차에 관하여 폐차 및 대차신고를 한다. 이에 따라 신고 받은 화물협회는 화물자동차운수사업법 제3조 및 동법시행규칙 제10조에 의한 변경신고 수리를 회사에 통보하는 것을 시작으로 대·폐차 절차를 밟게 된다.

그런데 위·수탁화물자동차에 대한 운송사업허가업무 처리지침 제10조(화물자동차의 대·폐차)에 따르면 운송사업자가 화물협회에 대·폐차 신고를 하려면 폐차차량이 위·수탁차량인 경우에는 위·수탁차주의 동의서를 제출하여야 하고, 위 동의서를 제출하지 않으면 화물협회는 대·폐차 신고를 수리해서는 안 된다.

따라서 차주가 대·폐차를 한 적이 있다면, 지입회사가 화물협회에 대·폐차 신고를 할 수밖에 없는 점과 지입차주의 동의서가 제출되어야 한다는 점에 착안해 회사가 차주의 고유 차대번호가 기재된 해당 차량에 대하여 대·폐차 신고를 하였었는지 그리고 그 경우 차주의 동의서가 있는지를 화물협회에 조회하여 보여줌으로써 지입관계의 존재를 간접적으로 입증할 수도 있다.

6. 회사와 차주의 정산의무

가. 차주의 정산의무

(1) 물적 범위

지입계약이 해지되면 회사는 이전등록절차이행의무가 발생하고 동시에 차주도 회사에 대한 연체 지입료 및 제세공과금 등의 정산의무가 발생한다. 즉 지입계약해지를 포함한 종료에 따른 회사의 이전등록절차이행의무와 차주가 회사에 지급해야 할 지입료 미납분 및 지입차 운행과 관련하여 회사에 부과되어 회사가 납부를 대행한 각종 보험료, 세금, 벌금·과태료 같은 벌과금 등 제세공과금에 대한 차주의 정산의무는 동시이행관계에 있다.

지입계약 종료에 따라 회사가 차주에 대하여 부담하는 소유권이전등록절차이행의무와 지입계약이 유지됨으로 인해 회사에 지급해야 할 지입료의 연체금액과 회사에 부과된 각종 세금이나 과태료 등을 정산 지급해야 할 차주의 회사에 대한 의무는, 쌍무계약에 있어 고유의 대가관계에 있는 것은 아니더라도 형평의 원칙에 비추어 서로 동시이행관계에 있기(대법원 2008.12.11. 선고 2006다20634 판결 등) 때문이다.

지입료는 회사의 화물자동차운송사업권 명의사용료, 차고지 확보비용, 회사의 세금·보험료 납부, 유가보조금 신청 등 업무에 대한 대행료 성격이므로 미납되면 정산해야 한다. 차주의 자동차 사고로 회사가 손해를 배상하거나 교통법규 위반으로 인한 과태료, 벌금 등이 부과되어, 회사가 납부한 경우는 물론이고 납부하지 않았더라도 부과되어 납부의무가 발생한 금원은, 지입관계로 인해 명의상 소유자인 회사에 납부의무가 발생한 것이므로 그 상당액만큼 회사에 지급하지 않으면 차주가 부당이득한 것이 되므로 정산해야 한다.

따라서 특히 차주가 회사에 지입계약해지를 원인으로 차량의 소유권이전등록을 소송으로 구하면 회사의 이전등록절차이행의무와 지입차주의 연체 지입료 등 정산의무가 동시이행관계에 있다고 판단되는 경우가 많다. 일방이 자신의 의무를 이행하지 않으면 상대방도 일방이 의무를 이행할 때까지는 자신의 의무를 이행하지 않아도 불이행에 따른 귀책을 지지 않는다는 의미다.

결국 차주의 정산의무가 이행되지 않으면 회사로부터 이전등록을 받을 수 없다. 정산금은 차주가 직접 회사에 지급해도 무방하지만, 이전등록소송의 판결이나 조정 등에서 차주의 동시이행의무로 인정된 정산금액을 차주가 회사에 직접 지급하면 이를 이전등록관청이 확인받기가 곤란하므로 실무에서는 공탁받는자를 지입회사로 하여 법원에 변제공탁한 뒤 공탁서를 등록관청에 제출하여 정산의무가 이행되었음을 보여주고 이전등록을 받는다.

사례 62 지입회사의 납부의무 있는 한 납부 전이라도 차주는 정산의무

Q 지입차로 인해 부과된 자동차세, 환경개선부담금, 주정차위반 벌과금, 분담금, 부담금, 과태료를 회사가 대납한 증거가 없는데도 차주가 지입회사에 정산 지급해야 하나?

A 지입차주는 위 금원들은 회사가 차주에게 자동차 소유권을 이전해 주면 소유자인 차주가 당연히 승계할 성질의 금원이므로 회

사가 현실적으로 이를 대납하지 않는 한 차주에게 구상할 수 없다고 주장하나, 차주와 회사 사이에 지입계약이 유지되는 동안에 차주의 지입차 운행과 관련해 소유명의자인 회사에 각종 부담금 등이 부과되었고, 회사가 납부의무를 이행하였거나 또는 납부의무를 이행하지 않았더라도 여전히 납부의무가 소멸되지 않고 있다면, 그에 따른 차주의 회사에 대한 정산의무는 회사의 소유권이전등록절차이행의무와 동시이행관계에 있다(대법원 2010.6.24. 선고 2010다22989 판결).

사례 63 압류등록된 체납 과태료도 지입차주가 정산의무

Q 차주의 정산의무와 회사의 자동차소유권이전등록절차이행의무의 동시이행관계에서 자동차등록원부에 도로교통법 위반에 따른 과태료 체납으로 인한 압류등록이 남아 있는데, 그 해당 과태료도 정산해야 하나?

A 지입계약이 유지되는 동안에 지입차주의 차량운행과 관련하여 부과된 과태료 등이 남아 있고, 명의상 소유자인 회사의 과태료 납부의무가 소멸되지 않았다면 그에 따른 정산의무 역시 동시이행관계에 있다(대법원 2007.9.7. 선고 2007다30072 판결).

(2) 시적 범위

1) 해지 후 회사명의 이용기간

지입회사가 동시이행항변권을 가지고 지입차의 소유명의를 보유하고 있는 동안에는 차주의 정산의무가 있으므로, 비록 지입계약이 해지되었더라도 차주가 회사의 화물자동차운송사업 등록명의를 이용해 지입차를 계속 운행하여 운송사업을 한 기간에 대해서는 차주의 정산의무가 있다.

사례 64 해지 후라도 차주가 회사명의로 운송하면 지입료 지급 의무

Q 지입계약이 해지되었음에도 회사가 지입차의 소유명의를 여전히 보유하고 있어 차주가 회사의 화물자동차운송사업 등록명의를 이용해 계속 운송사업을 한 경우, 차주가 지입료 상당액을 회사에 정산해야 하나?

A 위 경우 차주는 특별한 사정이 없는 한 법률상 원인 없이 회사의 화물자동차운송사업 등록명의를 이용해 운송사업을 함으로써 지입계약에서 정한 지입료 상당의 이익을 얻은 것이므로, 차주가 얻은 위 이익은 부당이득으로서 회사에 반환해야 한다(대법원 2003.11.28. 선고 2003다37136 판결).

2) 소송에서는 결심일까지

지입차주가 지입차를 계속 운행해 운송사업을 한 기간에 대한 지입료 상당 부당이득 반환의무는 소유권이전등록절차이행의무와 동시이행관계에 있지만, 지입계약해지 후 차주의 자신 명의로의 실제 소유권이전등록일까지의 기간에도 차주가 회사의 운송사업 등록명의를 이용해 운송사업을 함으로써 지입료 상당 부당이득을 얻게 되리라는 것을 변론종결(결심) 당시에 확정적으로 예정할 수 없어, 소송에서는 사실심 변론종결일 이후로부터 실제 소유권이전등록일까지의 기간에 대해서는 일응 차주의 정산의무가 없다고 간주할 수밖에 없으므로, 만약 그 기간 중에도 차주가 회사의 운송사업 등록명의를 이용해 운송사업을 하였다면 그 기간에 해당하는 지입료 상당 부당이득금에 대하여는 회사가 별도의 소송으로 반환을 구할 수밖에 없다.

사례 65 결심 뒤 이전등록까지 회사명의로 운송하면 그 기간의 지입료는 따로 청구해야 한다

Q 지입회사의 소유권이전등록절차이행의무와 동시이행관계에 있는 차주의 지입료 상당 부당이득 반환의무의 범위는 어디까지인가?

A 차주의 지입료 상당 부당이득 반환의무는 회사의 지입차에 대한 소유권이전등록절차이행의무와 동시이행관계에 있으나, 차주가 회사를 상대로 지입계약 종료 등을 원인으로 차에 대한 이전등록절차의 이행을 구하는 소송에서는 사실심 변론종결시까지 차주가 지입차를 계속 운행해 화물자동차운송사업을 하였음이 인정되는 기간에 대한 지입료 상당 부당이득 반환의무에 대해서만 이전등록절차이행의무와 동시이행관계에 있다.

이는 결심일 이후 실제 소유권이전등록일까지의 기간에도 차주가 회사의 운송사업 등록명의를 이용해 운송사업을 함으로써 지입료 상당 부당이득을 얻게 되리라는 것을 결심 당시에 확정적으로 예정할 수 없고, 만약 결심 이후 소유권이전등록일까지의 지입료 상당 부당이득 반환의무에 대해서도 이전등록절차이행의무와 동시이행관계에 있다고 하면, 지입료 상당 부당이득 반환의무의 발생을 스스로 저지할 방법이 없는 차주로서는 언제나 선 이행을 할 수밖에 없고, 회사로서는 이전등록절차의 이행을 미룸으로써 계약이 종료된 후에도 계속 지입료 상당 이득을 얻을 수 있게 되어 매우 부당하기 때문이다.

따라서 결심일 이후 소유권이전등록일까지의 기간에도 차주가 회사의 화물자동차운송사업 등록명의를 이용해 운송사업을 하였다면 그 기간의 지입료 상당 부당이득금에 대해서는 회사가 별도의 소송으로 반환을 구해야 한다(대법원 2009.12.24. 선고 2009다70357 판결).

<표 23> 지입해지 후 차주와 회사의 동시이행의무

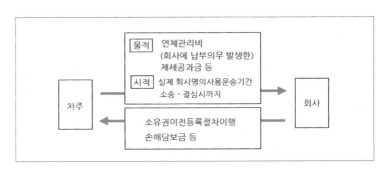

나. 차주의 정산의무 부정례

지입계약에서 차에 대한 지입료 약정이 확인되지 않는다면 차주의 정산의무가 없다. 또한 비록 형평의 원칙에 따른 정산의무라 하더라도 회사가 사실상의 영업상 손실이라 주장하는 손해는 법률적 손해가 아니므로 그에 대해서도 정산의무가 없다.

그리고 정산의무는 차주가 회사의 운송사업 등록명의를 이용해 운송사업을 함으로써 부당이득을 얻은 경우에 인정되는 것이므로, 형식적으로는 회사가 납부한 것처럼 보이지만 실질은 이미 차주가 부담했던 부분에 대해서는 차주의 부당이득이 없으므로 정산할 의무가 없다.

사례 66 약정확인 안 되는 제2차량 관리비는 정산할 의무 없다

Q 견인형 특수자동차(트랙터)에 연결되는 피견인형 화물자동차 (트레일러)도 지입계약서에는 기재하였지만, 트레일러에 대한 지입료 약정은 별도로 확인되지 않는데도 고유등록번호가 있는 트레일러이므로 당연히 지입료가 인정되나?

A 회사가 차주에게 제2지입차에 대하여 제1지입차와는 별도로 월 5만 원의 관리비 또는 통상의 사용료를 지급받기로 약정했다고 인정할 증거가 없다면, 차주의 월 5만 원 비율에 의한 관리비 상당 부당이득금 반환의무와 회사의 제2지입차에 관한 소유권이전등록절차이행의무는 동시이행관계에 있지 않다(대법원 2009.12.24. 선고 2009다70357 판결).

따라서 제2지입차에 대한 지입료는 정산할 필요가 없으므로, 제2 지입차는 정산 없이 이전등록절차이행 받을 수 있다. 반대로 제2지입차에도 별도 지입료가 있다는 것이 확인된다면 그 지입료도 정산해야 이전등록 받을 수 있음은 물론이다.

사례 67 지입회사의 영업상 손실에 대해서는 정산의무 없다

Q 지입차주 명의로의 소유권이전등록절차가 이행되어 궁극적으로는 차주가 허가를 취득하게 됨으로써 회사의 화물자동차운송사업 허가자동차 대수가 그만큼 줄어들게 되므로, 그로 인한 손실보상도 차주의 정산의무에 포함되어야 한다는 회사의 주장이 타당한가?

A 그러한 손실은 화물자동차운수사업 관계 법령의 개정에 따른 부득이한 것으로 차주가 회사의 운송사업 허가권을 침해하였다거나 또는 법률상 원인 없이 이익을 얻고 이로 인해 회사에 손해를

가한 것이라 볼 수 없으므로, 지입회사가 일방적으로 주장하는 영업 손실금 또는 부당이득금 반환의무와 지입차에 관한 이전등록절차이 행의무는 동시이행관계가 아니다(대법원 2009.12.24. 선고 2009다 70357 판결 등).

다. 회사의 예외적 정산의무

(1) 예탁금·손해담보금 등 반환

지입회사는 소유권이전등록절차이행 의무가 있을 뿐이지만, 회사 가 차주에 대하여 지입계약의 존속을 전제로 받아 둔 예탁금 혹은 손해담보금 등이 있다면 이는 약정 혹은 부당이득반환 법리에 따라 반환해야 한다.

즉 회사는 지입계약을 체결할 때 계약의 존속기간 중에 차주의 책 임으로 발생할 손해나 연체 관리비 등을 담보할 목적으로 예탁금 혹 은 손해담보금 명목의 일정 금원을 요구해 지급받는 경우가 간혹 있 다. 그 경우 계약이 해지 등으로 종료되면 지입관계 유지를 전제로 한 위 금원은 정산 후 차주에게 반환해야 한다.

즉 예탁금 등 약정을 지입계약 종료를 해제조건으로 한 약정으로 보면 해제조건이 성취되었으므로 돌려주어야 하고, 종료 후 정산하 고 남는 차액이 있으면 돌려준다는 약정인 것으로 간주할 경우에도 남은 차액은 반환해야 한다. 또한 위와 같이 해석되지 않더라도 해 지 이후에는 결과적으로 법률상 원인이 없는 부당한 이득으로 볼 수 밖에 없으므로 부당이득반환 의무는 인정된다.

실제로 차주가 지입회사에 맡긴 손해담보금이나 예탁금 등의 반 환을 지입계약 해지 후에 청구함에도 회사가 임의로 반환하지 않는 경우 차주가 소송을 하는 경우가 간혹 있는데, 이 경우 다른 특별한 사정이 없는 한 차주가 반환을 구하는 예탁금 혹은 손해담보금 등 명목의 금원이 회사에 지급된 사실이 입증되고 지입계약이 해지되었다는 사실이 확인되면 위와 같은 이유로 차주에게 반환하라고 판단되는 경우가 흔하다.

(2) 차주 부담의 벌과금 반환금

양벌규정에 대한 헌법재판소의 위헌결정에 따라 지입회사가 재심청구를 통해 납부금액을 돌려받은 반환금 중 실질적으로는 그 납부당시 차주가 회사에 지급함으로써 회사가 형식적으로만 부담하였던 과적벌금 등 반환금도 회사가 법률상 원인 없이 취득한 부당이득이 되므로 회사는 차주에게 반환해야 할 정산의무가 있다.

즉 운전자가 과적 등으로 위반하면 고용한 사업주에게도 벌금을 부과하도록 한 구 도로법 제86조 양벌규정에 대해 헌법재판소가 2009년 위헌결정을 내린 후 기존 양벌규정에 따라 과적벌금 등을 납부한 회사는 위헌결정으로 해당 법률조항이 소급하여 효력을 상실하고, 그 법률조항에 근거한 유죄 확정판결에 대해 재심을 청구할 수 있어(헌법재판소법 제47조 제2항, 제3항) 재심청구를 통해 무죄판결을 받고 납부벌금을 돌려받은 경우가 많다.

그런데 위 양벌규정에 따른 회사의 벌금납부는 실제로는 지입계약 혹은 회사의 요구에 따라, 차주가 회사에 지급한 벌금을 회사명의로 납부했거나 회사가 먼저 납부하더라도 후에 그에 상당하는 금액을 차주에게 관리비 등을 부과할 때 추가 항목으로 청구해 받는 것이 일반적이었다.

그 경우 납부명의자가 회사라서 재심청구권자도 회사가 될 수밖에 없어 회사가 재심에서 무죄를 받아 납부벌금을 돌려받으면, 사후적 위헌결정에 따라 납부가 무효가 되어 돌려받은 그 금액은 결국 부당이득이 되므로 차주가 이를 부당이득으로 회사에 청구할 수 있고 회사는 그 정산의무가 있는 것이다.

대부분의 회사는 실질적으로 차주가 부담한 비용이었음을 확인하면 돌려주지만 돌려주지 않아 분쟁이 발생하기도 한다. 혹은 돌려주려고 해도 그 금원을 차주가 과거에 회사에 지급하였는지가 불분명해 돌려주지 못할 수도 있다. 그 경우 차주가 부당이득반환 청구소송을 제기해 돌려받기도 하는데 차주가 회사에 그 금원을 지급하였는지의 입증 여하에 따라 승패가 좌우된다.

사례 68 종업원 등의 위반에 무조건 법인도 양벌하면 위헌

Q 법인이 고용한 종업원 등이 업무에 관해 구 도로법 제83조 제1항 제2호 위반행위를 저지르면 법인이 종업원 등의 범죄에 대해 어떠한 잘못이 있는지를 전혀 묻지 않고 곧바로 종업원 등을 고용한 법인에게도 종업원 등에 대한 처벌조항에 규정된 벌금형을 과하도록 한 규정은 위헌인가?

A 법인이 종업원 등의 위반행위와 관련해 선임·감독상의 주의의무를 다하여 아무런 잘못이 없는 경우까지도 법인에게 형벌이 부과될 수밖에 없게 되므로 책임주의원칙에 반해 위헌이다(헌재 2009.7.30. 선고 2008헌가17 결정).

7. 판결·조정·화해 등

지입회사가 차주에게 지급받아야 할 연체 관리비, 납부의무가 발생한 제세공과금 등은 차주가 약정에 따라 지급해야 하거나 부당이득한 것으로 보기 때문에, 그 정산금은 회사의 이전등록절차이행의무와 동시이행 관계에 있어 차주가 제기한 이전등록절차이행청구소송의 판결이나 조정, 화해 등에서는, 회사는 차주로부터 일정 정산금원을 지급받음과 동시에 특정일자 위·수탁관리계약 해지를 원인으로 한 소유권이전등록절차를 이행하라는 주문으로 판결이 이루어지거나 그와 동일 혹은 유사한 내용으로 조정, 화해 등이 된다.

물론 지입차주가 회사에 정산하여 지급해야 할 연체 관리비나 제세공과금이 남아 있지 않다거나, 지입회사가 차주의 청구에 답변하지 않아 무변론으로 판결이 이루어지거나 회사가 청구를 인낙하는 경우에는 특정 일자 위·수탁관리계약 해지를 원인으로 한 소유권이전등록절차를 이행하라는 단순이행 승소판결이 이루어진다.

한편 차주가 이전등록 및 허가취득을 하게 될 경우 회사가 입게 될 사실상의 불이익을 감안하거나 혹은 회사가 정산근거를 제시하지는 못하나 차주로부터 정산받을 금원은 남아 있다고 보여 이를 고려하거나 혹은 단순한 호의에 의하여, 쌍방의 합의로 연체 지입료 등의 정산금 외에 추가로 일정 금원을 회사에 지급하는 것과 동시이행으로 이전등록절차이행하라는 내용의 조정이나 화해가 이루어질 수도 있다.

8. 회사의 이전등록절차인수청구

지입회사도 차주와 마찬가지로 지입계약을 일방적으로 해지하고 종료시킬 수 있는데, 이에 근거해 드물지만 회사도 차주에 대하여 지입계약해지를 원인으로 한 자동차소유권이전등록절차인수 청구소송을 제기하여 지입계약해지를 원하지 않는 차주로 하여금 이전등록절차를 인수해 가라는 판결이나 조정, 화해 등을 구하기도 한다.

이전등록절차인수청구소송은 회사가 차주와의 불화 등으로 지입계약을 존속하기 어렵거나 불필요하다고 판단하고, 또한 해당 차주가 2004.1.20. 이전에 지입으로 운송사업을 한 경우가 아니어서 화물자동차운수사업법 부칙규정의 취지상 계약이 해지되더라도 화물운송사업허가를 받을 수가 없어, 결과적으로 회사로서도 자신의 운송사업 허가대수(T/E)가 감소되지 않는다고 판단하는 경우에 그 해당 차주를 상대로 제기된다.

회사에 의해 해지당하고 위 소송을 통해 이전등록절차인수 의무가 인정되는 차주의 허가취득이 불가능하다고 본 회사의 예측이 적절한 것인지는, 해지 이후 있을 수 있는 차주의 허가신청에 대해 행정청이 제반 사실관계를 파악하여 결정하는 처분을 통해 확인되겠지만, 여하튼 회사가 제기하는 이전등록절차인수청구소송도 차주의 이전등록절차이행청구소송과 마찬가지로 특별한 사정이 없는 한 쉽게 인용받을 수 있다.

더욱이 차주의 이전등록절차이행청구소송에서는 회사의 이전등록절차이행이 차주의 연체 관리비 등 정산의무와 동시이행관계에 있어 연체 관리비 등을 회사가 지급받음과 동시에 이전등록절차를 이행하라는 동시이행판결로 되는 경우가 많지만, 이전등록절차인수청구소송은 회사가 차주에 대한 금전적 정산의무가 없는 경우가 대부분이어서 동시이행 판결이 아닌 단순이행 승소판결을 얻을 가능성이 더 많다.

이전등록절차인수청구소송에서도 이전등록절차이행청구와 마찬가지로 소를 제기한 회사가 소장부본의 송달로써 차주에게 지입계약을 해지한다는 의사를 표시해 부본이 차주에게 송달되면 해지 의사표시가 도달된 것으로 간주해 해지 효력 여부도 다툴 여지가 거의 없어, 특별한 사정이 없는 한 회사는 지입차에 관하여 특정일자 해지를 원인으로 한 소유권이전등록절차를 인수하라는 판결이나 조정 등을 얻을 수 있다.

9. 이전등록의 절차

지입계약해지에 따른 이전등록절차를 위한 이행제공 요청에 대해 회사가 이전등록을 위한 제반 서류를 차주에게 주는 방식으로 이행 제공하지 않아, 부득이 차주가 이전등록절차이행청구소송을 한 경우에는 자동차등록규칙 제33조에 의해 그 소송의 판결문 등을 통해 이전등록절차를 밟게 된다.

자동차소유권이전등록은 차주의 주소지 해당 관청인 시·군·구청에서 등록절차를 밟는데, 차주는 등록관청에 판결문이나 조정조서 등과 함께 판결문의 경우는 확정되었다는 사실과 소송 상대방인 지입회사에 송달되었다는 확정·송달증명원, 조정조서의 경우는 송달증명원을 첨부하여 제출한다.

그리고 동시이행판결이나 그와 동일 혹은 유사한 내용의 조정이나 화해가 성립한 경우에는 판결문이나 조정조서 등 외에도 금전공탁서 즉 차주가 회사에 지급해야 할 정산금액을 법원에 변제공탁하였음을 보여주는 공탁서를 첨부함으로써 차주 자신의 정산의무를 이행하였음을 확인시키고 이전등록 받는다.

10. 이전등록에 따른 번호변경

자동차관리법 등에 의하면 자동차의 등록번호는 용도에 따라 운수사업용과 운수사업용 아닌 것으로 구분해 부여되는데 화물자동차 운송사업용 자동차등록번호를 부여받으려면 신규등록이나 이전등록을 신청할 때 운송사업 허가 등을 증명하는 서류를 제출해야 한다. 그리고 자동차의 용도가 변경되는 등 사유가 있으면 등록관청은 등록번호를 변경해 새 등록번호를 부여하고 종전 등록번호판, 봉인 등을 회수한다.

따라서 차주는 운송사업을 하려면 먼저 허가를 받은 다음 이전등록신청을 하여 새로운 운송사업용 등록번호를 부여받든지, 허가를 받지 않은 상태에서 이전등록을 신청하였다면 먼저 이전등록하고 후에 허가신청해야 하는데, 먼저 이전등록하는 경우에는 아직 허가가 없으므로 용도변경을 이유로 일단 자가용 자동차등록번호를 부여받은 이후 뒤에 운송사업 허가를 받아 새로운 운송사업용 등록번호를 다시 부여받아야 한다.

즉 자신 명의로 일단 이전등록하는 차주가 아직 허가취득에는 이르지 못했다면 허가를 받기 전까지는 일시적으로 자가용 상태로 될 수밖에 없고, 이 경우도 자동차의 용도변경 사유에 해당하므로 등록관청은 등록번호를 변경해 새 등록번호를 부여하고 종전 등록번호판, 봉인 등을 회수한다. 그리고 먼저 허가를 받고 이전등록을 하는 경우에도 물론 위와 같이 새 운송사업용 등록번호를 받아야 한다.

결국 지입해지 차주는 종전 번호판으로는 운송사업을 할 수 없다. 즉 운송사업용 등록번호는 운송사업허가를 전제로 부여되는 것이어서, 운송사업용 자동차로 등록된 자동차에 관하여 소유권이전등록을 하게 되면 그 운송사업 자체를 양수하는 등의 특별한 사정이 없는 한 종전 등록번호 그대로 이전등록을 할 수는 없고 새 등록번호를 부여받아야 하므로, 허가 후 이전등록이든 이전등록 후 허가이든 등록번호는 변경될 수밖에 없다.

사례 69 지입해지 차주가 종전 번호판으로 운송사업할 수는 없다

Q 지입차주가 계약 해지한 경우, 종전의 운송사업용 자동차등록번호나 등록번호판을 이용해 자신 명의의 화물자동차운송사업을 할 수 있나?

A 지입차주나 지입회사의 의사에 따라 자동차등록번호의 이전 여부를 결정할 수 없는 것이므로 원칙적으로 그렇게 할 수 없다. 즉 운송사업용 자동차등록번호는 운송사업허가가 있음을 전제로 부여되는 것이므로, 운송사업용 자동차로 등록된 차에 관하여 소유권이전등록을 하면, 운송사업 자체를 양수하는 등의 특별한 사정이 없는 한 종전 등록번호 그대로 이전등록을 할 수는 없고 새 등록번호를 부여받아야 한다.

즉 차주가 지입계약을 해지하여 회사로부터 차량소유권을 이전받으면서 그 차를 자신의 운송사업용으로 사용하려면, 운송사업 허가를 받은 다음 소유권이전등록신청을 하여 새 운송사업용 등록번호를 부여받거나, 운송사업 허가를 받지 않은 상태에서 이전등록을 신청하였다면 용도변경을 이유로 자가용 자동차등록번호를 부여받은 후 허가를 받아 새 운송사업용 등록번호를 다시 부여받아야 한다(대법원 2013.4.26. 선고 2013다737 판결 등).

11. 회사 신청에 의한 강제 이전등록

이전등록을 명하는 판결이 확정되거나 조정 혹은 화해 등이 이루어진 후, 차주가 자신 명의로의 이전등록을 하기 전에 회사가 행정청에 차량에 대한 강제이전등록을 신청하는 경우가 드물지만 있다.

이는 자동차관리법 제12조 제4항 즉 자동차를 양수한 자가 이전등록을 신청하지 않으면 양수인(지입차주)을 대신해 양도자(이전등록 신청 당시 등록원부상 소유자)가 신청할 수 있고, 자동차등록령 제27조 제3항 즉 등록관청은 위 경우 7일 이상 15일 이내의 최고기간 내에 양수인이 이의를 제기하지 않거나 이전등록을 신청하지 않으면 등록원부를 정리하고 등록절차를 마쳐야 한다는 조항을 근거로 한 것이다.

그러나 이는 차주가 이전등록을 신청하지 않거나 회사가 강제 이전등록 신청을 했는데도 이의를 하지 않는 경우에 적용되는 것이 분명하므로, 실제로 이러한 신청이나 신청에 따른 최고가 이루어지는 일은 거의 없지만, 극히 일부의 회사는 차주의 이전등록신청이 있기 전에 위 조항들을 이용해 행정청에 강제이전을 신청함으로써 행정청이 차주에게 부득이 법이 규정한 최고를 하는 경우가 드물지만 있어 새로운 분쟁이 되기도 한다.

통상 차주는 허가 및 이전등록을 신청하면서 기존의 영업용번호판을 반납하고 절차적으로 허가를 기다리는 과정에서도 임시허가증으로 영업하다가 허가가 되면 새 영업용번호판을 부여받아 운송사업에 거의 지장이 없지만, 회사에 의한 위와 같은 강제이전등록에서는 차주가 당장 운송사업에 지장을 받을 수도 있어 회사가 그런 신청을 하면 새로운 다툼이 되는 것이다.

다만 실무에서는 회사의 신청이 있더라도 행정청이 최고를 하는 경우는 거의 없고, 있더라도 차주가 최고에 이의하거나 곧바로 이전등록신청하면 강제이전 절차를 밟지 않게 된다. 여하튼 회사의 신청에 따른 강제이전이든 지입차주의 판결문 등에 의한 이전등록이든, 그 이전등록 방식의 차이가 차주의 허가취득 여부와 무관함은 물론이다.

12. 회사의 허가이관에 의한 장애

지입차주가 회사를 상대로 해지를 원인으로 한 이전등록청구소송을 제기하기 직전은 물론이고, 소송이 계속 중인 상태에서도 회사가 차주의 동의 없이 화물자동차운수사업법 시행규칙 제12조에 근거해 주사무소 및 대표자를 일방적으로 변경하는 화물자동차운송사업 변경허가신청 즉 허가의 이관을 신청하는 경우가 드물지만 있다.

특히 위 변경허가신청의 내용이 지입회사의 주사무소를 다른 시·도로 이관하는 것인 경우는 차주들의 사업구역이 변경되게 되고, 자동차번호판도 변경되어 새로이 발급된 번호판을 회사가 받게 됨으로써 번호판을 받은 후 이를 차주에게 주지 않아 차를 운행할 수 없게 되는 경우도 드물지만 있고, 또한 대표자를 변경하는 경우에는 차주가 새로운 대표자와의 재계약 등의 문제에서 어려움에 부딪힐 수도 있다.

이를 막기 위해 차주가 사전에 회사를 상대로 지입차에 대한 매매, 양도 등 일체의 처분행위를 해서는 안 된다는 자동차처분금지 가처분을 신청해 가처분결정을 받기도 하지만, 그러한 가처분에도 불구하고 회사가 화물자동차운송사업 변경허가신청(이관)을 하는 경우가 간혹 있다.

위 가처분이 되어 있는 경우, 회사의 변경허가신청은 단순한 주사무소 변경이 아니라 사실상 처분인 양도·양수에 해당하는 것이나 마찬가지여서 가처분에 위반하는 '일체의 처분행위'에 해당하는 것인지가 문제되는데, 행정해석은 대체로 그러한 허가 이관을 곤란한 것으로 보고, 그 경우 차주들의 동의를 얻도록 하고 있지만, 회사가 주사무소 변경 등을 포함한 행정절차적 행위에 대한 포괄적 사전 동의나 위임을 차주들로부터 받아두는 경우도 없지 않아, 차주 동의 요건이 허가 이관을 근본적으로 막을 수는 없다.

13. 회사에 대한 강제집행의 어려움

소송비용을 각자 부담하는 조정이나 화해와는 달리 판결이 된 경우 전부 승소를 하게 되면 법원에 소송비용부담재판인 소송비용액확정신청을 하여 그 결정을 통해 소송비용을 청구할 수 있고, 정산금 지급과의 동시이행 같은 일부승소라도 지입회사의 소송비용 부담비율이 더 크다면 실익이 있어 청구할 수 있어, 그 경우 소송비용을 전부패소자나 일부패소자로부터 받을 수 있다.

그러나 상당수의 지입회사가 화물알선 등 사업 없이 오로지 지입전문회사로 유지되어 지입료 수익만으로 운영되는 운수회사인 것이 현실이다. 따라서 차주가 이전등록청구소송에서 승소판결 등을 받은 후 소송비용을 확보하려고 해도 피고였던 소규모의 영세한 지입회사가 소송비용을 임의로 지급하지 않는 한 강제집행으로 확보하기는 어려운 경우가 대부분이다.

지입료 수익만으로 운영되는 운수회사들은 자신 명의로 등록된 지입차들 외에는 자산이 거의 없는 것이 현실이고, 회사에 등록된 차들이 실제로는 각 지입차주들 소유라서 형식적으로 강제집행을 할 수 없지는 않더라도 차주들의 저항을 예상하고 더욱이 동병상련의 다른 차주에게 피해를 주면서까지 강제집행을 하는 것은 생각하기 어려우므로 결국 차주가 소송비용액을 받기는 어려운 실정이다.

마찬가지로 지입차주가 해지 이후 자신 명의로의 이전등록 과정에서 이전등록과는 별도로 어떠한 부당이득이나 손해배상 혹은 약정금이나 손해담보금의 반환 등을 지입회사로부터 받을 수 있는 판결이나 조정 등을 얻더라도 결국은 위와 같은 이유로 회사에 대해 강제집행하여 받기는 어려운 것이 현실이다.

물론 차주가 어떠한 이유로 회사대표나 임원을 상대로 한 소송이 허용된 경우에는, 이들을 상대로 판결 등을 얻는다면 대표 등 개인의 자력 여하에 따라 강제집행할 수도 있다. 그러나 차주와 회사 관계에서는 원칙적으로 회사가 상대방 당사자이므로 대표라도 소송수행 적격 외에는 법적 당사자는 아니어서 강제집행이 곤란한 경우가 많다. 따라서 그런 경우 굳이 집행가능성도 없는 금전적 청구나 소송비용액확정재판은 진행할 필요가 없을 것이다.

Ⅴ. 화물자동차운송사업 허가

1. 허가요건

가. 2004.1.20. 이전 지입

화물운송사업은 면허제 및 등록제를 거쳐 2004년 개정 화물자동차운수사업법에 의해 허가제로 되었다. 개정법은 허가제로 하면서도 부칙 제3조에 의해 2004.1.20. 이전에 지입하여 2004.12.31. 이후 지입을 해지하는 자는 화물운송사업허가가 가능하도록 했다. 따라서 위 요건에 맞는 지입차주는 1인 차주로 화물운송사업허가를 받을 수 있게 되었다.

즉 동법 제3조 제1항은 '화물자동차운송사업을 경영하려는 자는 건설교통부령이 정하는 바에 따라 건설교통부장관의 허가를 받아야 한다는 것과, 동조 제5항 제1호에서 허가기준으로 건설교통부장관이 화물운송수요를 감안해 제4항 규정에 의한 업종별로 고시하는 공급기준에 적합할 것을 규정하면서도, 부칙 제3조(화물자동차운송사업 허가에 관한 특례) 제2항에서 '이 법 공포 당시 화물자동차운송사업을 경영하는 자에게 명의신탁한 화물자동차에 의해 화물자동차운송사업을 위탁받은 자 중 2004.12.31.부터 당해 명의신탁 및 위·수탁계약을 해지하고 당해 차량으로 화물자동차운송사업을 경영하려는 자는 제3조 제5항 제1호 개정규정에도 불구하고 장관에게 허가를 신청할 수 있고, 허가신청 받은 장관은 당해 허가신청자에 대해 허가를 할 수 있다'고 규정하였다.

따라서 2004.1.20. 이전 지입하여 2004.12.31. 이후 당해 명의신탁 및 위·수탁계약관계를 실질 종료하면 허가신청을 할 수 있는데, 2004.1.20. 이전에는 여러 차례 지입회사를 변경하거나 혹은 지입관계가 단절되었더라도 2004.1.20.에 가장 근접한 최종 지입계약이 2004.1.20. 이전이고, 그 지입계약이 비록 도중에 지입회사가 변경되더라도 실질적으로 연속성을 지니고 2004.12.31.까지 유지되다가 이후 해지하면 허가요건을 충족한다고 해석된다.

<표 24> 화물자동차 운송사업 허가요건

위 규정은 서로 상반되는 두 가지 입법의도를 보여준다. 하나는 지입계약에 의한 지입차주의 존재를 간접적 방식으로나마 인정하면서, 1인 차주의 개별운송사업에 걸림돌이 되어 왔던 운송사업에서의 오랜 최소등록대수 기준을 없앰으로써 차주의 개별운송사업자성을 인정하는 길을 열었다는 것이다.

그러나 달리 보면 시장수요에 비해 과잉된 공급을 차단하기 위해 등록제에서 허가제로 바꾸되, 허가제하에서 2004.1.20.이라는 기준일 이전에 지입했던 차량과 차주라는 요건에 맞는 차주에게만 개별 허가를 준다는 것으로, 일종의 기득권을 고려한 제한적 허가제로 결국은 공급동결에 주안점을 둔 것이다.

실제 그 이후 나타난 현상도 지입차주에 대한 개별허가를 통한 개별운송사업의 확산이 아니라 공급동결이 빚은 허가차량의 희소성과 지입제에 의한 시장지배의 재확인이었다. 신규허가나 증차가 불허되면서 운송사업에 신규로 진입하려는 자는 오히려 부득이 지입에 의존할 수밖에 없게 되고, 지입에서 벗어난 해지 차주들조차도 신규허가나 증차가 불허되는 상황에서는 취득한 영업허가권을 팔게 되면서 영업용허가권의 시장거래시세를 의미하는 이른바 번호판값에 주목하는 상황이 됨에 따라 그 가격이 거래계에서 결국 수천만 원을 호가하게 될 뿐, 운송사업 시장에는 여전히 지입제가 온존하는 것을 보면, 위 법개정은 지입차주를 개별허가로 유도해 지입제를 근절하려는 것이기보다는 시장공급조절에 주목적이 있었던 것이라고 평가할 수 있다.

나. 당해 명의신탁 및 위·수탁계약의 해지

2004.1.20. 개정 화물자동차운수사업법은 허가요건에 관해 부칙 제3조 제2항에서 동법 공포 당시 지입 중인 차주 중 2004.12.31.부터 '당해 명의신탁 및 위·수탁계약을 해지하고 당해 차량으로 화물자동차운송사업을 경영하고자 하는 자를 대상으로 하여, 그 규정의 해석을 둘러싼 혼선이 빚어졌다.

'당해 명의신탁 및 위·수탁계약의 해지'라는 표현이 단순히 당해 명의신탁 및 위·수탁계약을 해지하는 내용의 의사표시만을 지칭하는 것인지 아니면 당해 명의신탁 및 위·수탁계약 관계를 실질적으로 종료하는 것을 의미하는지에 관한 해석의 차이로 인한 혼선이었다. 지입차주는 후자로 해석하고 지입회사는 전자로 해석하는 각 다른 해석을 하면서 허가업무를 맡은 행정청으로서도 쉽게 해석을 내릴 수가 없어 국토교통부에 질의를 하여 행정해석을 구하는 등 적지 않은 혼선이 있어 왔다.

그러나 위 규정은 허가제로 전환한 법개정 취지에서 보듯이 허가신청권자를 2004.12.31.부터 당해 명의신탁 및 위·수탁계약을 해지하고 당해 차량으로 화물자동차운송사업을 경영하려는 자로 제한해, 2004.12.30.까지는 허가신청을 위한 지입해지로 인하여 기존 화물자동차운송사업에 영향을 주지 않는 방식으로 2004.1.20. 이전부터 지입계약을 유지하다가 2004.12.31. 이후 해지한 자를 특례적으로 허가하려는 취지라고 판단됨으로써 해석상의 혼란은 해소되었다.

사례 70 당해 지입관계의 해지란 당해 지입의 실질적 종료라는 의미다

Q 차주가 지입하다가 2004.5.31. 회사를 상대로 차에 대한 소유권이전등록절차이행 소를 제기해 2004.7.27. 법원으로부터 승소판결을 선고받아 2004.9.14. 판결 확정되었으나, 그 후에도 차주는 2005.2.까지 회사에 지입료를 납부하였고, 차에 관한 차주 앞으로의 소유권이전등록도 2006.7.31.에야 이루어진 경우에, 위 차주와 회사 사이의 명의신탁 및 위·수탁계약관계는 2004.12.30.까지 실질적으로 종료되지 않았던 것인가?

A 2004.1.20. 개정된 화물자동차운수사업법 규정들을 종합해 보면, 부칙 제3조 제2항에서 특례허가를 허용하면서도 허가신청권

자를 '2004.12.31.부터 당해 명의신탁 및 위·수탁계약을 해지하고 당해 차량으로 화물자동차운송사업을 경영하고자 하는 자'로 제한한 취지는 2004.12.30.까지는 허가신청을 위한 명의신탁 및 위·수탁계약의 해지로 인하여 기존의 일반화물자동차운송사업에 영향을 주지 않으려는 데 있다고 보이고, 이에 비추어 부칙 제3조 제2항의 '당해 명의신탁 및 위·수탁계약의 해지'는 단순히 당해 명의신탁 및 위·수탁계약을 해지하는 내용의 의사표시를 지칭하는 것이 아니라 당해 명의신탁 및 위·수탁계약 관계를 실질 종료하는 것을 의미한다고 보아야 한다.

따라서 위 법리에 비추어 위 차주로서는 동법부칙 제3조 제2항에 따른 특례허가를 신청할 수 있다 할 것인데도, 차주가 위 판결 확정일인 2004.9.14. 이미 명의신탁 및 위·수탁계약을 해지하였다는 이유로 차주의 특례허가 신청수리를 거부한 처분은 위법하다(대법원 2007.9.7. 선고 2006두15226 판결).

2. 허가신청 구비서류

위·수탁화물자동차에 대한 운송사업허가업무 처리지침 제3조에 따르면 위·수탁차주는 운송사업자와 위·수탁계약을 해지한 날로부터 3월 이내에 화물운송사업의 허가를 신청하여야 하고, 위 기간을 경과하여 허가를 신청하는 경우에는 화물운송사업 허가를 받을 수 없다. 제4조에 따라 위 경우 위·수탁계약의 해지일은 위·수탁차주가 운송사업자와 협의하여 계약을 해지한 경우에는 당해 계약해지일, 민사소송 등 민사관계법령에 따라 계약이 해지된 경우에는 당해 계약의 해지에 대한 재판 또는 결정 등의 확정일을 기준으로 한다.

결국 지입계약해지를 원인으로 한 자동차소유권이전등록절차이행을 구해 판결 확정 등으로 자신 명의의 운송사업허가를 신청하려는 차주는 위에서 해지일로 간주한 해지일로부터 3개월 내에 화물자동차운수사업법령 및 위·수탁화물자동차에 대한 운송사업허가업무처리지침 등에 따라 해당 차량에 대한 허가신청서 외에 아래 제반서류를 차주의 주소지 관할관청인 시·군·구청에 제출해야 한다.

허가신청에는 일반화물자동차운송사업을 할 계획으로 어떤 차량, 차고지, 사무실을 보유한다고 기재한 사업계획서, 전 지입회사로부터 받은 자동차양도증명서, 자동차등록원부, 유가보조금 예금통장, 차대번호 확인자료(탁본·사진), 위·수탁관리계약 해지확인서 혹은 위·수탁관리계약 해지를 내용으로 한 판결문이나 조정조서 또는 화해조서 및 송달증명원, 위·수탁관리계약서, 사업자등록증, 화물운송종사자격증, 화물자동차운송사업연합회 작성의 표준약관사용동의서, 양도회사 인감증명, 화물자동차운송사업 차고지설치 확인신청이 수리되었다는 해당관청의 알림, 주민등록등본, 차고지설치확인신청서, 차고지의 토지이용계획확인서, 차고지를 이용할 수 있는 소유권이나 임차권 증명서면(임대차계약서 등) 등을 첨부해 제출한다.

이 중 중요한 것은 물론 지입계약해지확인서다. 해지확인서는 통상 지입차주가 회사에 이전등록절차에의 임의 협조를 구하며 제반서류와 함께 요구하면 회사는 이를 줄 의무가 없다면서 이행제공을 거절함으로 인해 소송에 이르게 되는 법적 다툼의 근원인데, 회사는 차주가 해지하고 허가 및 이전등록을 받으면 자신의 허가대수가 감소하기 때문에 이를 저지하기 위해 해지확인서를 제공하지 않는 경우가 흔하다.

그러나 위·수탁관리계약 해지확인서가 없으면 차주가 허가를 신청해도 2004.1.20. 이전에 지입했다가 해지한 자라는 인정을 받을 수 없게 되어 법정 허가요건의 불비로 허가를 취득할 수가 없어, 주로 분쟁이 발생하고 부득이 이전등록절차이행소송에 이르는 것으로, 내용적으로는 이전등록소송의 목적은 이전등록 및 허가를 위한 해지확인서에 갈음할 판결 등의 취득인 것이다.

따라서 차주가 소송을 통해 판결이나 조정 등을 거친 경우에는 그 판결문이나 조정조서 등에 기재된 지입계약해지를 확인시켜 주는 주문 등이 해지확인서를 갈음하게 되므로, 판결문이나 조정조서 등을 얻은 경우에는 따로 지입계약해지확인서를 제출할 필요가 없다.

3. 기속재량행위

화물자동차운수사업법 시행규칙 제7조(허가절차)에 의하면 관할관청은 화물자동차운송사업 허가신청을 받으면 제반서류가 구비되었는지와 법정 공급기준에 맞는지를 심사하고, 동법 제3조 및 동법 시행규칙 제7조에 의해 허가를 받기까지의 운송사업을 위한 예비허가증을 발급한다.

동조 제2항에 의하면 관할관청은 제반 서류를 구비한 허가신청에 대해 예비허가증을 발급하였을 때는 신청일부터 20일 이내에 법정 결격사유, 화물자동차의 등록, 차고지 설치 등 허가기준 충족 여부, 적재물배상책임보험 또는 공제가입, 화물자동차 운전업무종사자의 화물운송종사자격 보유 여부 등을 확인한다. 위 검토를 통해 결격사유가 없으면 운송사업을 허가하는데, 허가를 신청인에게 알려주고 화물자동차운송사업(일반화물) 허가증을 발부한다.

특히 허가제로 변경되면서 공급을 동결하였더라도 지입차주의 기득권을 인정하려는 동법의 허가특례 취지에 의하면 지입차주의 허가 여부 판단에 관한 행정청의 재량은 기속적이다. 따라서 법정 허가요건을 구비하면 특별한 사유가 없는 한 허가할 수밖에 없고, 요건이 구비되었는데도 허가하지 않는다면 재량을 일탈할 위법이 될 수 있다.

다만 허가를 위해 관련 법령 등에서 요구하는 화물자동차운송사업자가 갖추어야 할 기준들에 맞지 않는다면 불허처분이 될 수는 있고, 불허처분이 법정요건의 구비 여부에 대한 행정청의 해석상의 어려움에 기인한 것이라면 그 불허처분이 행정청의 재량의 목적이나 한계를 벗어난 것이어서 취소될 수 있는 것인지는 행정소송 등에서 판단될 수밖에 없다.

행정청의 기속재량이라고 보는 이상, 법령 등에서 요구하는 기준을 충족하지 못한 이유가 비록 지입회사의 협조거부로 인해 제반 구비서류의 일부를 갖추지 못해 결과적으로 요건을 구비하지 못한 것으로 차주의 책임과 무관한 것이라고 판단되더라도, 불허처분할 수밖에 없고 그 경우 불허처분은 위법하다고 볼 수 없을 것이다.

조건부나 기한부 허가도 가능한데, 동법 제3조 제11항도 "국토교통부장관은 화물자동차운수사업의 질서를 확립하기 위해 화물자동차운송사업의 허가 또는 증차를 수반하는 변경허가에 조건 또는 기한을 붙일 수 있다"고 규정하고 있다. 따라서 조건부허가의 조건을 충족하지 못할 경우 불허처분하는 것도 위법이라 할 수 없고 조건 불이행 시 추후 실효처분을 할 여지도 있을 것이다.

사례 71 조건부면허에서 조건 불이행에 따른 실효는 적법하다

Q 화물자동차 지입차주에게 차량을 확보해 등록하고 면허일로부터 3월 이내에 운송사업을 개시할 것을 조건으로 구역화물자동차 운송사업 개별면허를 했다가, 위 면허조건 불이행을 이유로 면허 실효처분한 것은 적법한가?

A 자동차운송사업면허는 특정인에게 특정한 권리를 설정하는 행위로 법령에 특별히 정한 바가 없으면 행정청의 재량에 속하는 것이어서 면허에 일정한 조건을 붙일 수 있는 것이므로, 화물자동차 지입차주 겸 운전자로부터 개별운송사업면허 신청을 받은 관청이 새 차량번호를 부여하면서 차주에게 차를 확보해 등록하고 면허일로부터 3월 이내에 운송사업을 개시할 것을 조건으로 구역화물자동차 운송사업 개별면허를 했다가 차주가 위 면허조건을 이행하지 못하자 이를 이유로 면허 실효처분을 했다면, 위 조건을 붙인 것도 위법이 아니고 조건을 이행하지 못한 것이 지입회사의 협조거부 때문이라 하더라도 조건불이행을 이유로 실효처분한 것도 위법이 아니다(대법원 1990.7.24. 선고 90누2925 판결).

사례 72 운송사업 면허기준으로 차고 등 시설의 구비를 정한 것은 적법

Q 화물자동차 지입차주에게 운송사업면허에 관한 내인가를 함에 있어 면허기준으로 지입차량과 차고 등 운송사업시설을 갖추도록 정한 것이 행정청의 재량권 일탈인가?

A 자동차운수사업법에 의한 자동차운송사업면허는 특정인에게 권리를 설정하는 행위로 법령에 특별히 규정된 바가 없으면 행정청

의 재량이고, 면허를 위하여 운송사업자가 갖추어야 할 시설 등 기준을 정하는 것 역시 법령에 특별히 규정된 바가 없으면 행정청의 재량이므로, 행정청이 지입차주 겸 운전자에 대하여 화물자동차운송사업 면허에 관한 내인가를 함에 있어, 면허기준으로 지입차주가 지입된 자동차와 차고 등 운송사업시설을 갖추도록 정하고, 그와 같은 시설을 갖추었는지 여부를 확인하기 위한 방법으로 차주에게 자동차의 등록원부상 소유자(지입회사)가 작성한 자동차양도확인서 사본 및 그 인감증명서와 차고공동계약서 등을 제출하도록 정한 것은, 지입경영체제를 개선하기 위한 목적을 달성하기 위해 필요 적절한 조치라 보임으로 재량의 목적이나 한계를 벗어난 것이 아니다(대법원 1990.7.13. 선고 90누2918 판결).

4. 불허처분에 대한 행정소송 등

가. 제소기간 및 처분성

화물자동차운송사업 허가신청에 대한 행정청의 불허처분에 대해서는 행정심판법 제27조 제1항에 따라 불허처분이 있음을 안 날로부터 90일 이내에 행정심판을 제기해 취소를 구할 수 있다. 이에 따라 불허처분 취소심판청구가 이유 있으면 동법 제43조 제3항에 따라 불허처분을 취소하거나 다른 처분으로 변경하도록 처분청에 명하는 재결로 허가를 얻을 수 있다.

그러나 불허처분한 처분청의 입장을 충분히 반영할 수밖에 없는 처분청 상급기관 행정심판위원회의 취소심판에서 인용재결을 얻기는 어려울 것이고 실제로도 운송사업 허가신청에 대한 불허처분에 대해 취소심판을 제기하는 경우는 많지 않고 곧바로 행정소송을 통해 해결하는 것이 일반적이다.

행정소송은 불허처분한 처분청을 상대로 하므로 처분청 주소지 관할 행정법원에 제기하는데, 만약 행정청의 불허처분에 대해 취소심판을 제기해 기각재결이 난 경우라면 행정소송법 제20조 제1항에 따라 기각재결 받은 날로부터 90일 이내에 행정소송을 제기해야 하고, 대부분의 경우처럼 바로 행정소송을 제기하는 경우에는 행정청의 불허처분이 있음을 안 날로부터 90일 이내 혹은 불허처분이 있은 날로부터 1년 이내에 제기해야 한다. 이 경우 안 날로부터 90일 이내라도 있은 날로부터 1년이 지나면 제기할 수 없다.

행정소송은 행정청의 처분에 대하여 취소 등을 구하는 것이므로 화물자동차운송사업 허가신청에 대한 행정청의 어떠한 처분이 반드시 있어야 한다. 허가신청에 대한 불허처분이 처분에 해당된다는 것에는 다툼의 여지가 없으나 그 외 허가신청 과정에서 관계공무원의 내인가 등이 있는 경우에는 그것이 처분에 해당하는지에 다툼이 있을 수 있다.

<표 25> 화물자동차운송사업 불허처분에 대한 법적 대응

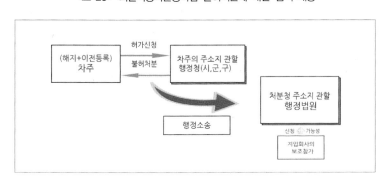

사례 73 소정 서류 첨부해 신청하면 면허를 주겠다는 내인가도 행정처분

Q 화물자동차운송사업면허 발급신청에 대해 행정청이 신청인에게 자동차등록원부상 차량등록명의자로 양도확인서 사본 및 차고공동사용계약서 등 소정 서류를 첨부해 운송시설확인신청을 하면 확인해서 면허를 발급해 준다고 한 면허내인가는, 신청인이 내인가에서 정한 면허요건으로 지입차와 차고지를 확보한다고 해도 곧바로 운송사업면허 효력이 발생하는 것은 아니고 다시 행정청으로부터 운송사업면허를 받아야 하는 것이기에 처분이 아닌가?

A 행정청은 신청인이 지입차와 차고지를 확보하는 등 소정 요건을 갖추어 운송사업면허를 신청하면 특별한 사정이 없는 한 위 내인가의 내용에 구속되어 면허를 발급해야 할 법적 의무를 지고 신청인으로서는 그에 대응하는 권리를 갖게 되므로, 이는 행정소송 대상이 되는 행정처분이다. 따라서 위 내인가가 아무런 공법상 효력이 없는 행정관청 내부의 심사판단결과나 그 결과의 통지에 불과하다고 볼 수는 없다(서울고등법원 1990.2.28. 선고 89구1737 판결).

나. 회사의 보조참가 가능성

지입회사를 민사소송법 제71조에 의한 소송결과에 대한 이해관계인으로 볼 수 있다면 회사는 차주가 처분청을 상대로 제기한 행정소송의 계속 중에 처분청의 승소를 돕기 위해 보조참가할 수 있다. 즉 회사는 소송당사자는 아니더라도 차주와 처분청 사이의 소송결과에 이해관계를 갖는다고 본다면 처분청을 보조해 소송에 참가를 신청함으로써 자신의 이익을 보호할 여지가 있다.

보조참가 요건으로서 소송결과에 대한 이해관계란 사실상·경제상 또는 감정상의 이해관계가 아니라 법률상의 이해관계를 말하는 것으로, 이는 판결의 기판력이나 집행력을 당연히 받는 경우 또는 당해 소송의 판결효력이 직접 미치지는 않는다고 하더라도 적어도 그 판결을 전제로 보조참가를 하려는 자의 법률상 지위가 결정되는 관계에 있는 경우를 의미한다(대법원 1979.8.28. 선고 79누74 판결, 1999.7.9. 선고 99다12796 판결 등).

회사는 보조참가하려면 참가의 취지와 이유를 명시해 참가신청을 해야 한다. 이 경우 신청을 받은 재판부는 소송결과에 이해관계를 가지는지를 판단하여 참가신청을 채택 혹은 기각한다. 재판부에 따라서는 차주의 허가취득으로 인한 회사의 허가대수감소라는 불이익을 소송결과에 대한 이해관계로 보아 신청을 받아들이기도 하고, 혹은 그렇게 해석하지 않아 기각하기도 한다.

보조참가 신청이 채택된다면 회사는 보조참가 했는데도 피참가인 즉 처분청이 패소할 경우 자신은 당사자가 아니므로 직접 판결의 효력인 기판력을 받지는 않으나, 후에 피참가인과의 분쟁이 생겼을 때 위 행정소송에서의 판단에 구속되어야 하므로 피참가인에게 소송결과의 책임을 전가시킬 수 없는 참가적 효력을 받는다.

실제로 불허처분에 따른 차주의 행정소송에 회사가 행정청을 돕기 위해 보조참가 신청을 하는 경우가 간혹 있고, 신청이 받아들여지면 보조참가인인 회사가 처분청보다 더 적극적으로 대응하는 것을 볼 수 있는데, 불허처분이 취소되면 차주가 허가를 취득함에 따라 회사의 허가대수가 상대적으로 감소하게 됨으로서 회사의 이해관계가 사실상 더 크기 때문이다.

그러다 보니 처분청이 패소에 대해 상소하지 않더라도 보조참가인은 독자적으로 상소하고자 할 수도 있다. 그런데 처분청이 항소나 상고를 하지 않는데 보조참가인만이 독자적으로 상소할 수 있는지는 의문이다. 관련 판례를 보면 민사소송법 제78조의 공동소송적 보조참가 즉 판결효력을 받는 공동소송적 보조참가인의 경우 즉 공동소송참가신청과 아울러 보조참가하여 공동소송참가신청이 적법하여 받아들여진 보조참가인은 독자적으로 상소할 수 있다고 보지만, 통상의 보조참가인은 독자적으로 상소하기 어렵고 독자적으로 제기하더라도 피참가인인 처분청이 참가인의 상소를 포기 또는 취하할 수 있다고 본다.

즉 민사소송법 제76조 제2항은 참가인의 소송행위가 피참가인의 소송행위에 어긋나는 경우에는 참가인의 소송행위는 효력을 가지지 않는다고 규정하고 있는데, 그 취지는 피참가인의 소송행위와 보조참가인의 소송행위가 서로 어긋나면 피참가인의 의사가 우선하는 것을 뜻하므로 피참가인은 참가인의 행위에 어긋나는 행위를 할 수 있어, 보조참가인이 제기한 항소를 처분청이 포기 또는 취하할 수도 있는 것이다. 따라서 통상의 보조참가를 한 경우에 처분청이 1심에서 패소하자 보조참가인이 독자적으로 항소하더라도 행정청이 항소를 포기하면 그 소는 종료되었다고 본다(대법원 2010.10.14. 선고 2010다38168 판결).

결국 판결효력이 미치는 제3자, 예로 기판력을 받는 파산자, 상속인, 정리회사 등이나, 회사이사선임결의무효확인소에서 피고는 회사이더라도 판결효력이 미치는 이사 등의 경우에는 공동소송적 보조참가를 할 수 있고, 이들은 피참가인이 상소포기나 상소취하를 하더라도 독자적으로 제기한 상소가 유지될 수 있지만, 판결의 효력을 받는다고 보기 어려운 지입회사는 통상의 보조참가는 가능하더라도 공동소송적 보조참가는 어렵다고 본다면, 지입회사가 피참가인인 처분청의 의사에 반해 독자적으로 상소하기는 어렵다고 본다.

다. 불허처분 사유별 반박

(1) 지입회사 변경

2004.1.21. 이후 지입계약을 하여 화물운송사업을 하던 지입차주들도 지입계약의 해지는 자유롭게 할 수 있어 해지를 원인으로 한 이전등록을 자신 명의로 구하는 데는 지장이 없지만, 이들이 화물운송사업허가를 신청하면 원칙적으로 불허된다.

다만 화물자동차운수사업법의 취지상 그 실질이 2004.1.20. 이전에 지입관계를 유지한 것이라 인정되면 허가받을 수 있으므로, 외관상으로는 2004.1.21. 이후 지입한 것처럼 보여 불허처분을 받은 경우에는, 실질관계가 그와 같지 않음을 행정소송에서 입증하면 불허처분을 취소시킬 수 있다.

특히 흔한 경우는 차주가 2004.1.20. 전에 갑 회사에 지입했다가 2004.1.20. 이후 을 회사로 옮긴 경우인데, 해지로 이전등록을 구할 당시에는 이행제공 의무도 을 회사가 지게 되어 을 회사가 이행제공하지 않으면 을 회사를 상대로 이전등록절차이행청구소송을 할 수밖에 없다. 그 경우 이전등록절차를 이행받은 을 회사와의 지입계약 개시일자가 2004.1.20. 이후이고 종전의 갑 회사와의 2004.1.20. 이전의 지입계약은 따로 확인시키지 못했던 경우에 불허처분을 받을 수 있다.

물론 차주는 허가신청에서 2004.1.20. 이전에 갑 회사를 통해 이미 지입관계를 유지하였음을 확인시키려 했지만, 부득이 자료를 제출하지 못했거나 혹은 제반 자료를 제출했는데도 허가관청이 2004.1.20. 이전에 갑 회사와의 지입이 있었음을 인정하지 않아 불허처분된 경우라면, 취소소송에서 2004.1.20. 이전부터 갑 회사를 통해 지입을 계속하여 실질적으로 허가요건을 충족한다는 것을 여러 방법으로 입증한다면 불허처분이 취소될 수 있다.

(2) 지입차주 변경

지입차주가 타인 명의로 지입계약을 체결하고 실질은 자신이 지입차주로서 차를 운행관리했던 경우에는, 다른 요건이 모두 갖추어졌다면 지입계약상의 명의상 지입차주와 실질 지입차주의 상이에도 불구하고 그 명의상 지입차주 명의로 허가를 신청한다면 허가를 취득하는 데 지장이 없을 것이다. 다만 그 경우 실질 지입차주는 타인 명의로 허가를 받는 것이 된다.

즉 지입차주가 자신의 가족 특히 배우자인 처 명의로 차를 매수하고 지입계약도 처 명의로 하는 경우 즉 지입계약의 당사자를 처로 하여 회사와 지입계약을 체결하였는데 실질은 남편이 지입차주로서 운행관리해 온 경우에는 처 명의로 이전등록을 받아 처 명의로 허가를 신청하면 다른 요건을 충족하는 이상 허가받을 수 있다.

그러나 2004.1.20. 이전에 처를 지입계약 당사자로 지입하고 실질은 남편이 운행관리해 오다가, 2004.1.20. 이후 2004.12.30. 이전에 실질 지입차주인 남편이 이번에는 자신의 명의로 다른 지입회사와 지입계약을 하고 해지 이후 허가신청을 하면, 화물자동차운수사업법 부칙 요건에 맞는 지입관계를 동일인이 유지한 것인지 알 수 없고, 실질관계를 입증하더라도 동법의 취지가 그렇게 명의상 서로 상이한 자에 대하여도 허가하는 것으로는 볼 수 없기에 허가를 얻기 어렵다.

위 경우 처 명의로 허가를 신청하더라도 처는 2004.1.20. 이전에 지입했던 자로는 인정되지만 그 이후 지입계약을 남편명의로 하게 됨으로써 처는 2004.12.30.까지 지입계약을 유지한 것도 인정받기 어렵고, 최종 지입계약에 자신의 명의가 지입차주로 되어 있지도 않아 최종 지입회사를 상대로 해지를 원인으로 한 이전등록소송도 할 수 없고, 실질을 행정청에서 보더라도 해당 차량이 2004.1.20. 이후 남편이 지입해 왔던 차임이 밝혀짐으로써 결국 허가를 받기가 어렵다.

따라서 지입차주의 동일성 유지가 허가 판단에서 중요하므로 당초부터 지입계약서상의 지입차주 명의자였던 자로 허가를 신청해야 할 것이고, 만약 그러한 경우에도 명의상 지입차주에 불과했다는 이유로 불허처분된다면 이는 동법부칙 제3조가 규정한 허가요건을 구비했는데도 불허처분한 것이어서 위법한 처분이므로 행정소송에서 충분히 법리 다툼을 할 수 있다.

(3) 대·폐차로 인한 변경

동법부칙 제3조는 허가요건에 관하여 2004.1.20. 이전에 지입된 차를 2004.12.31. 이후에 당해 지입을 해지하고 '당해 차량'으로 화물운송업을 하고자 하는 자로 규정하여, 그 중간에 대차 및 폐차로 인해 차가 바뀐 경우에는 일단 폐차를 거치게 되고 차주가 그 과정에서 임의로 혹은 부득이 다른 회사로 옮기는 경우에는 회사가 종전 영업용번호판을 사용하게 되므로 차량 및 지입의 동일성이 없다고 보아 운송사업허가를 받을 수 없다고 판단되어 불허될 수 있다.

화물자동차운수사업법 시행령 제2조는 운송사업의 허가사항 변경 신고 대상으로 대·폐차를 규정하고, 동법시행규칙 제10조는 변경 신고서를 시·도화물자동차운송사업협회에 제출토록 하고 있는데,

이 규정에 따른 운송사업허가사항 변경(대·폐차) 수리통보서 형식은 대·폐차 차량현황에 '폐차차량'과 '대차차량'을 기재하게 되어 있고, 화물협회 서류양식에는 대차차량 란이 공란으로 되어 있어, 먼저 폐차신고를 하고 신차를 구입하면 나중에 대차신고를 하는 것이 일반적이다.

그렇게 대차하기 전에 폐차 신고하여 일단 폐차가 되는 절차를 이용하여 대·폐차 신고로 번호판을 받게 되는 회사가 그 기회에 영업용번호판의 시중 매매시세인 이른바 번호판값을 요구하거나, 혹은 차주와의 불화로 더 이상의 영업용 운행을 막고 신규 차주로 대체하기 위해 차주의 인도요청을 거부하면서 신규차주에게 번호판값을 취하는 경우가 있다.

물론 차주가 대·폐차를 원치 않는 경우에는 동의하지 않을 수도 있다. 위·수탁화물자동차에 대한 운송사업허가업무 처리지침 제10조에 따르면 운송사업자가 화물협회에 대·폐차 신고를 하려면 폐차차량이 위·수탁차량인 경우에는 위·수탁차주의 동의서를 제출하여야 하고, 위 동의서를 제출하지 않으면 대·폐차 신고를 수리해서는 안 되기 때문이다.

그러나 흔히 자동차의 노후화 혹은 운송계약에서 정해진 대·폐차 기간으로 인하여 신차를 구입하기 위해 지입차주는 대·폐차를 신청해야만 하고, 그 경우 동의를 해주어야만 하므로, 결국 국토교통부가 화물협회에 위탁한 화물자동차 대·폐차업무절차를 통해 영업용등록번호는 회사에 부여되게 되는데 그 과정에서 폐차절차를 밟은 지입차주에 대한 회사의 번호판 인도거부가 있을 수 있는 것이다.

그 결과 차주가 다른 회사로 옮기게 되어 회사가 종전 영업용번호판을 그대로 사용하게 되고 차주는 다른 회사의 영업용번호판을 사용하게 되면서 지입관계가 단절된 것과 같은 외관이 나타난다. 즉 차주가 대·폐차 방식으로 새 회사에 지입하게 된 것과 마찬가지의 외관이 되면, 종전 지입회사가 지입차의 영업용등록번호를 그대로 사용하게 되어, 차주로서는 종전 회사의 허가대수 내에서가 아니라 새 회사의 허가대수 내에서 영업하게 됨으로써, '당해 명의신탁 및 위·수탁계약' 또는 '당해 차량'이라는 허가요건을 상실한 것으로 판단될 수 있다.

한편 국토교통부는 화물자동차운수사업법 시행규칙을 개정(2014.9.19.)하여 화물자동차의 대·폐차 기한을 축소하였다. 즉 동 규칙 제52조의3은 대·폐차의 기한을 기존의 대·폐차 변경신고를 한 날로부터 6개월 이내에서 15일 이내로 축소하고, 다만 국토교통부장관이 고시하는 부득이한 사유가 있는 경우에는 3개월 이내에 대·폐차할 수 있도록 했다.

따라서 대·폐차 기간이 축소되어 폐차와 대차를 거의 동시에 해야만 하게 되어 대·폐차로 인해 지입관계가 실질 종료되었다고 판단될 소지는 줄어들었을 수 있으나, 15일 이내라는 기간에 현실적 어려움이 있자 결국 화물자동차 대·폐차 업무처리규정을 개정해 장관이 고시하는 위 부득이한 사유에 지입계약기간 중 지입차주가 해지를 요청하는 경우, 지입계약 해지 관련 소송의 판결서 제출로 이의신청절차가 필요한 경우, 기타 관할관청에서 천재지변·교통사고 등 부득이한 사유로 인정한 경우 등을 추가하였다. 따라서 대·폐차가 반드시 동시적으로 진행된다고 볼 수 없어 대·폐차로 인해 허가요건을 구비하지 못했다고 볼 가능성은 여전하다.

결국 그런 경우, 위 부칙규정이 '당해 차량'이라고 표현하더라도 허가제로 인한 제한 속에서도 이미 운송사업을 유지해온 기존 지입차주의 기득권은 인정된다는 부칙규정의 취지로 볼 때, 이는 동일한 지입차주의 차를 말하는 것으로 해석해야 하므로 대·폐차로 운송사업을 계속한 것이라면 동일한 차주의 차들이 대·폐차로 바뀌더라도 당해 차량에 해당한다고 보아야 한다. 따라서 처분청이 대·폐차로 인해 지입계약이 계속되지 못했다는 이유로 불허처분하면 취소소송에서 위와 같은 허가특례의 취지를 설득할 필요가 있다.

즉 허가요건은 계약과 차량의 동일성이 아니라 실질적인 지입의 유지라고 보아야 하므로, 차주가 2004.1.20. 이전부터 종전 회사와 지입계약을 체결해 화물운송영업을 하다가 다른 회사에 지입하게 되었고, 그 과정이 대·폐차 방식을 통해 이루어졌더라도 2004.12.30. 까지 지입이 실질적으로 종료된 바 없이 화물운송영업을 했다면 부칙규정의 취지상 허가요건을 갖추었다고 보아야 하므로 이를 납득시키면 불허처분이 취소될 수도 있다.

사례 74 허가요건은 계약·차량의 동일성이 아니라 실질적인 지입의 유지다

Q 차주가 2003년에 갑 운수회사에 차를 지입해 계속 운행하다가 2004.1.20. 이후 을 운수회사와 지입계약하고, 이후 차를 대체하여 운행하다가 다시 병 운수회사와 지입계약을 유지하다가 해지하고, 병 회사를 상대로 최종 차량에 대해 소유권이전등록절차이행청구소송을 제기하여 연체관리비의 지급과 동시이행으로 회사로부터 이전등록을 이행받으라는 조정이 성립되어 이전등록을 마치고 허가신청을 하였는데, 행정청은 차주가 2004.1.20. 이전에 지입하여 유지하다가 2004.12.31. 이후 해지하여 그와 관련한 허가요건은 구비하였지만, 이후 지입회사나 지입차가 변경되어 부칙규정에서 말하는

'당해 명의신탁 및 위·수탁계약' 또는 '당해 차량'에 해당되지 않아 허가를 받을 수 없다고 하는데, 그 주장은 타당한가?

A 2004년 이전의 구 화물자동차운수사업법은 화물자동차운송사업에 관하여 등록제를 채택하고 일반화물자동차운송사업의 등록기준대수로 5대 이상의 보유를 요구하였는데, 2004년 개정법은 허가제로 전환해 운송사업요건을 엄격히 하되 허가기준에서 기준대수를 1대 이상으로 완화하였는바, 그 취지는 허가제 하에서 개인사업자가 법에서 요구하는 엄격한 허가요건을 충족하기는 어려우므로 개정법 공포당시 이미 지입하던 차주에 대하여는 기득권을 보장해 개정법에 따른 엄격한 허가기준을 요구하지 않고, 개정법의 경과기간이 끝나는 다음날인 2004.12.31.부터는 회사에서 독립해 개별사업자로 화물운송사업을 계속할 수 있게 허용하겠다는 것이다.

따라서 위 취지는 2004.1.20. 이후 새로 진입하려는 개별 화물운송사업자에게는 개정된 법에서 요구하는 엄격한 허가기준이 적용되므로 이런 제한을 면하기 위해서는 반드시 공포 당시에 회사와 지입계약을 체결하고 화물운송영업을 하는 위치에 있어야 하고, 아울러 그런 요건을 갖추고 있더라도 경과기간이 종료되는 2004.12.30. 전에 지입계약이 실질적으로 종료되어 더는 화물운송영업을 하지 않게 된 경우에는 기득권을 보호할 필요가 없어 굳이 새로 화물운송사업을 시작하려는 자와 구별할 이유가 없으므로 2004.12.30.이 경과할 때까지는 계속 종전의 지입차주로서의 지위를 유지해야 한다는 것이다.

따라서 화물자동차운송사업 허가를 받으려면 2004.1.20. 당시 화물자동차운송사업을 경영하는 자에게 명의신탁한 화물자동차에 의해 운송사업을 위탁받은 자일 것, 2004.12.31.부터 당해 명의신탁 및 위·수탁계약을 해지하고, 당해 차량으로 화물자동차운송사업을 경영하고자 하는 자일 것을 요건으로 하는 부칙규정의 취지와 구 운수사업법의 개정 경과를 종합해 보면 부칙규정이 '당해 명의신탁 및 위·수탁계약' 또는 '당해 차량'이라 규정했다고 해서 이를 계약이나 차량의 동일성을 요구하는 것이라 제한하여 해석할 수는 없고, 동법 공포 당시 '화물운송영업을 하고 있던 지입차주'가 2004.12.31. 이후에 화물운송사업자와의 지입계약을 해지하고 개별 화물운송영업을 하고자 하면 화물자동차운송사업 허가를 받을 수 있다는 의미로 해석함이 타당하다.

결국 차주가 2004.1.20. 이전부터 갑 회사와 지입계약을 체결해 화물운송영업을 하고 있었고, 2004.12.30.까지 위 계약이 실질적으로 종료된 바 없이 화물운송영업을 해왔다면 부칙규정에서 요구하는 요건을 모두 갖추었다. 그렇다면 2004.12.30. 이후 갑 회사에 지입했던 차에 관하여 화물자동차운송사업 양수도 방식(종전 지입회사가 그 소유의 화물자동차 및 등록번호를 새 지입회사에 양도하는 방식)이 아닌 이른바 대·폐차 방식(종전 지입회사가 등록번호를 그대로 사용하고 화물자동차 소유권만을 새 지입회사에 양도하는 방식)으로 을 회사와 새로운 지입계약을 체결하였다는 이유로 차주의 화물자동차운송사업 허가신청을 거부할 수는 없으므로 불허처분은 위법하다(청주지방법원 2012.8.16. 선고 2012구합640 판결, 대전고등법원 청주제1행정부 2013.4.17. 선고 2012누639 판결).

(4) 양도·양수로 인한 변경

종전 지입회사가 그 소유의 화물자동차 및 등록번호를 새 지입회사에 양도하는 양도·양수는 흔히 이루어진다. 이렇게 양도·양수되어 차주로서는 본의 아니게 지입회사를 여러 번 옮기는 경우, 2004.1.20. 이전 지입계약의 존재가 다투어질 수 있다.

우선 양도·양수되면 양수회사에 계속 지입을 함에도 양도회사와의 지입계약서가 있어 구태여 양수회사와의 계약서를 따로 작성할 필요가 없다고 판단하거나 번거로워 작성하지 않기도 한다. 또한 지입회사가 차주들의 동의 없이 무단으로 양도, 매도 혹은 교환하는 경우에는 차량이 차주도 모르는 사이에 지입계약한 회사가 아닌 타회사에 소속하게 된다.

그 경우 지입계약의 유지 및 존속 여부가 다투어질 수 있어 오래 전부터 국토교통부가 지입회사가 양도 등을 하는 경우에는 차주들의 동의를 얻도록 권고하고는 있지만 위와 같은 일은 드물지 않게 나타나고 있다. 그 결과 지입계약의 존속과 동일성 여부가 다투어져 허가신청에서 불허처분이 초래되기도 한다.

그러나 그 경우는 양도·양수 사실과 양수 전 지입회사와의 지입관계를 밝히고 양도 이후에도 양수회사와 지입관계가 단절되지 않았음을 밝히면 소송에서 불허처분 취소를 이끌어낼 수 있다. 더욱이 동법 제40조의4는 지입계약상 지위를 양수한 자는 양도인의 계약상 권리와 의무를 승계한다고 규정하고 있어 양도·양수로 인한 지위상의 불안정이 많이 해소되어 양도·양수로 인한 불허처분에 대응하기가 수월해졌다고 볼 수 있다.

(5) 연속성 단절

위에서 본 바와 같이 지입계약을 유지하던 중 회사를 옮기거나 차주가 모르는 사이에 회사가 양도·양수되거나 혹은 대·폐차를 하면서 새 차를 새로운 회사에 지입하는 과정에서, 혹은 심지어 단순한 기재상의 잘못 등으로 짧게는 수일이나 길게는 수개월 간 지입계약의 연속성이 외관상 단절된 것으로 보여 불허처분되는 경우도 있다.

그러나 2004.1.20. 개정 화물자동차운수사업법의 허가 관련 부칙조항의 취지는 2004.1.20. 이전에 지입했던 차주가 실질적으로 지입을 유지해 왔다면 이를 보호하려는 것이므로, 지입관계 연속성의 외관상 단절에 따른 공백이 실질적으로 차주가 운송사업을 중단했었다는 증명과는 무관함을 밝힐 수 있다면 그로 인한 불허처분은 취소될 수 있다.

실무에서도 작은 공백에도 불구하고 실질적으로 차주가 화물자동차운송사업을 계속하였다고 볼 수 있다면 허가를 해주는 경우가 많기는 하지만, 그렇지 못해 불허처분되더라도 행정소송에서 그 실질적 연속성을 입증하거나 법의 관련 취지를 납득시키면 불허처분 취소를 얻어낼 수 있을 것이다.

5. 허가취득에 따른 회사 허가대수감소

지입차주가 지입계약을 적법하게 해지하고 자동차소유명의를 차주 개인명의로 이전받고 동법부칙 제3조 제2항의 특례규정에 따라 운송사업허가를 받으면 결과적으로 국토교통부 위·수탁화물자동차운송사업 허가업무 처리지침(2004.12.) 제9조에 의해 기존에 부여받은 회사의 허가대수는 줄어들게 된다.

즉 개정 화물자동차운수사업법 부칙 제3조와 관련한 후속적 업무처리를 위한 위 지침 제9조는 지입계약이 해지되어 차주가 화물운송사업 허가를 받으면 이 허가는 기존 운송사업자가 보유한 허가대수에서 분리해 별도로 기록하고 관리(위·수탁화물차량 관리대장에 기록)하고(제9조 제1항), 별도로 관리하는 허가대수 분에 대해서는 대·폐차를 허용하지 않고(제9조 제2항), 허가대수분에 대해 향후에 화물자동차 증차요인이 발생하면 허가업무 처리지침에도 불구하고 당해 운송사업자에게 우선 증차(충당)하도록 하고 있다(제9조 제4항).

<표 26> 지입해지 차주의 개별허가취득 관련 회사 허가대수 변동

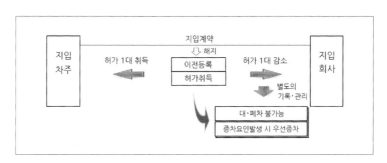

이는 시장공급과잉으로 인해 허가제를 채택하면서 일정 요건을 갖춘 지입차주 외에는 허가를 주지 않아 신규진입이나 증차가 어려워지고, 지입차주가 지입계약해지로 개별허가를 받으면 이로 인해 허가대수가 감소하게 되는 지입회사의 어려움 및 운송사업에 신규로 진입하기 어려워진 희망자들의 기대를 고려한 정책적 규정이다.

한편 개정법의 취지상 차주의 허가취득에 따른 지입회사의 허가대소 감소는 불가피한 것이므로 차주가 허가받은 차를 다른 차로 교체 즉 대·폐차하였다고 회사가 변경신고를 하더라도 이는 동법시행령 제2조 제4호 규정에 의한 변경신고대상인 대·폐차에 해당하는 것이 아니라 편법적으로 우회해 허가대수 감소를 막으려는 것이므로 인정되지 않는다.

허가받은 지입차주의 차 대신에 대·폐차했다는 변경
신고는 부당

Q 화물자동차운송사업의 위·수탁차주가 2004.1.20. 개정된 화
물자동차운수사업법 부칙 제3조 제2항에 의해 운송사업허가를 받은
후 기존 운송사업자가 위·수탁차량을 다른 차로 교체하는 것이 동
법 제3조 제3항 단서, 동법시행령 제2조 제4호 규정에 의한 변경신
고 대상인 대·폐차에 해당하나?

A 동법은 2004.1.20. 개정되면서 화물자동차운송사업을 종전
등록제에서 허가제로 전환해 운송사업을 경영하려는 자는 장관의
허가를 받아야 하고, 그 허가사항을 변경하려면 변경허가를 받도록
규정하고, 허가기준으로 장관이 화물의 운송수요를 감안해 업종별로
고시하는 공급기준에 적합할 것을 규정하고 있는데 이는 화물자동
차운송사업의 초과공급으로 인한 불균형을 해소하기 위한 것이다.

그리고 위 개정법률은 부칙 제5조 제1항에서 이 법 시행 당시 종
전 규정에 의해 시·도지사에게 운송사업을 등록한 자는 제3조 제1
항의 개정규정에 불구하고 이 법에 의해 장관의 허가를 받은 것으로
본다고 규정하여, 개정법률 시행 이전에 등록을 마친 운송사업자에
게 개정법률에 의한 수허가자로서의 지위를 부여하고, 부칙 제3조
제2항에서는 이 법 공포 당시 운송사업을 경영하는 자에게 명의신
탁한 화물자동차에 의해 운송사업을 위탁받은 자 중 2004.12.31.부
터 당해 명의신탁 및 위·수탁계약을 해지하고 당해 차량으로 운송
사업을 경영하고자 하는 자는 장관에게 허가를 신청할 수 있고, 허
가신청을 받은 장관은 화물자동차운송사업 허가를 할 수 있다고 규
정함으로써, 2004.1.20. 이전 명의신탁 및 위·수탁계약을 체결한
기존의 위·수탁차주가 위·수탁계약 등을 해지하고 허가를 신청하

면 장관이 화물운송수요를 감안해 업종별로 고시하는 공급기준에 적합하지 않더라도 허가할 수 있게 하여 기존 위·수탁차주에 대한 허가특례를 인정하였다.

부칙조항에서 위와 같이 기존 지입차주에 대한 특례를 인정하는 것은 화물자동차에 관하여 지입계약 등이 체결된 경우 운송사업과 관련한 대외적 권리·의무는 운송사업자에게 귀속되지만 운송사업과 관련한 경제적 손익은 지입차주에게 귀속되므로 운송사업의 수행과 관련해 지입차주가 운송사업자보다 더 실질적 이해관계를 가지는 점을 고려한 것이다.

위 여러 규정의 내용 및 취지와 아울러 화물자동차운송사업의 초과공급으로 인한 불균형을 해소하려는 개정법률의 입법목적을 고려하면, 위 개정법률 시행 이전에 등록한 기존 운송사업자는 별도로 개정법률에 의한 허가를 받지 않고 운송사업을 계속할 수 있지만, 기존 위·수탁차주가 위·수탁계약 등을 해지하고 부칙조항에 의해 운송사업허가를 받은 경우에는 그에 상응하는 만큼 기존 운송사업자의 허가대수는 감소하는 것으로 보아야 한다.

그리고 동법 제3조 제3항 단서, 동법시행령 제2조 제4호 규정에 의한 변경신고대상인 '화물자동차의 대·폐차'는 관청에서 허가받은 차량대수 범위 내에서 운송사업에 사용하는 차량을 교체하는 것을 말하는데, 기존 지입차주가 부칙조항에 의해 허가를 받은 경우 그에 상응하는 만큼 기존 운송사업자의 허가대수가 감소하는 것이므로, 차주가 부칙조항에 의해 허가를 받은 후 기존 운송사업자가 그 지입차를 다른 차로 교체하는 것은 위와 같이 감소된 기존 운송사업자의 허가대수를 다시 증가시키는 것이어서 위 변경신고 대상인 '화물자동차의 대·폐차'에 해당한다고 볼 수 없으므로, 회사의 위 차량 교체를 변경신고 대상인 대·폐차에 해당한다고 이해해 변경신고를 받아들인 판단은 잘못된 것이고, 행정청의 신고 수리거부는 적법하다(대법원 2014.4.10. 선고 2011두31604 판결).

따라서 지입차주가 개별허가를 얻음으로 인해 지입회사의 허가대수가 감소하는 것은 법 취지상 부득이한 결과이므로, 회사가 차주의 개별허가 이후 회사의 허가대수 감소를 막기 위해 대·폐차라는 명목으로 변경신고를 해 편법적으로 허가대수를 유지하는 것은 인정되지 않는다.

6. 제2차량 허가 여부

카고차량이 아닌 견인형 특수자동차(트랙터)를 보유하는 지입차주는 트랙터에 연결되는 피견인형 화물자동차(트레일러)를 장착하는데, 이 트레일러는 견인되어 육상을 이동할 목적으로 제작한 용구로서 자동차관리법 제2조 제1호의 자동차에 포함된다. 따라서 제1차량인 트랙터에도 영업용번호판을 달고, 제2차량인 트레일러에도 별개의 번호판을 장착해야 한다.

그럼에도 지입계약에서는 회사가 따로 계약하려 하지 않아 또는 중요성을 간과하여 트레일러는 표시하지 않고 트랙터만 표시하는 경우도 있고, 트레일러도 표시하더라도 별도로 지입료를 받는 경우는 거의 없어 지입계약의 당사자들은 트랙터 중심으로 계약을 한다. 그렇더라도 해지나 이전등록에서는 당연히 트레일러를 포함한 2대의 계약을 해지하고 2대에 대한 이전등록을 해야 한다.

그러나 행정청에 허가신청을 하는 경우에는 트레일러를 별도의 허가대수로 취급하지 않는다. 위·수탁화물자동차에 대한 운송사업

허가업무 처리지침 제6조도 관할관청은 견인형 특수자동차(트랙터)만으로 위·수탁한 차주가 해지하고 운송사업 허가를 신청하는 경우에는 견인형 특수자동차(트랙터) 외에 피견인형 화물자동차(트레일러)를 소유하고 있음을 확인한 후 허가하도록 하고 있다.

즉 지입차주는 트레일러도 해지해야 하고 트레일러도 이전등록을 해야 하지만, 허가신청은 트랙터와 트레일러가 연결된 1대에 대한 것이 된다. 결국 지입차주에 대한 개별허가라는 관점에서 행정청은 트랙터만을 중심으로 살피고 자체 동력장치가 없는 트레일러는 단지 존재의 확인만 함으로써 트랙터와 트레일러가 연결된 것을 1대로 보아 1대에 대한 허가 혹은 불허처분을 하는 것이다.

그럼에도 해당 차량이 불허처분되어 행정소송으로 불허처분 취소를 구하는 경우, 트레일러는 등록은 되어 있는데 지입계약서에는 표시되어 있지 않다면 당초 2004.1.20. 이전에 해당 트레일러가 지입되었던 것인지에 관하여 의문을 가지는 경우가 있고, 또한 행정청의 1대 불허처분이 트레일러에 대한 불허처분이기도 한 것인지에 관하여 의문을 가지는 경우가 있지만, 허가실무가 위와 같음을 밝히면 의문을 불식시킬 수 있다.

그렇지만 위와 같은 의문으로 인한 번거로움을 줄이기 위해서라도 지입료가 별도로 있는지에 상관없이 트레일러도 지입계약서에 표시하고, 이전등록절차이행청구소송에서도 트레일러까지 반드시 포함하여 해지하고 또한 함께 이전등록을 구해야 하고, 허가신청에서도 트레일러의 존재를 분명히 확인시켜야 함은 물론이다.

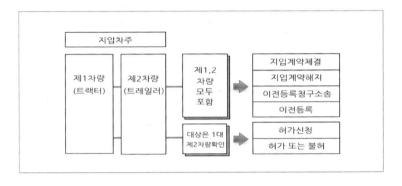

7. 사업자등록 정정

화물자동차운송사업 허가를 취득한 지입차주는 이후부터 1인 차주로서 운송사업을 할 수 있게 된다. 따라서 기존에 지입상태에서 차주가 별도의 사업자등록을 하였더라도 허가 이후 그 사업자등록을 정정해야 한다.

구체적으로 보면, 사업자등록의 '상호'란에 있던 기존의 지입회사 명칭은 필요 없게 된 것이므로 지워지고, 사업의 종류 항목의 '종목'란의 기재도 기존의 '화물 혹은 화물자동차' 등에서 '개별화물'로 변경된다.

Ⅵ. 관련 형사문제

1. 근로기준법위반

가. 차주 고용운전사의 임금

지입차주가 차량 운전사를 채용하여 그 운전사와 지입회사 사이에는 지배·종속관계가 실질적으로는 없다고 하더라도, 지입회사는 대외적 관계에서는 위 자동차를 소유하고 운영하는 경영주체임으로 차주가 운영하는 사업장의 근로자와의 관계에서도 지입회사가 직접 근로관계에 대한 책임을 지는 사용자라고 보므로, 지입회사 대표이사는 근로기준법 제30조에 규정된 임금이나 퇴직금 등 금품을 지급하지 않았다면 근로기준법위반죄가 성립한다.

사례 76 ┃ 지입회사는 차주가 임의로 고용한 운전사에 대해서도 사용자

 Q 타인의 지입차를 자신 명의로 소유하고 화물운송업을 경영하는 지입회사가 지입차주가 임의로 고용한 운전사와의 관계에서 근로계약상 책임을 지는 사용자로서 근로기준법위반의 죄책을 지나?

 A 실제로는 지입차주가 회사와 별도로 사업자등록을 한 후 회사에는 매월 지입료만을 내고 자기 계산 하에 위 차를 이용해 독자적으로 영업활동을 하였더라도, 이는 회사와 차주의 합의에 의한 내

부적 사항에 불과한 것으로 대외적 관계에서는 회사가 위 차를 소유하고 운영하는 경영주체라 보지 않을 수 없고, 따라서 지입차주 사업장의 근로자와의 관계에서도 회사가 직접 근로관계에 대한 책임을 지는 사용자다.

지입차 운전사와 지입회사 사이의 근로관계가 근로기준법 소정의 고용관계인가를 판단할 때는 사용자와의 지배·종속관계 여부로 판단할 수 없다. 따라서 차주가 지입차를 피고인이 대표이사로 있는 회사에 지입하면서, 회사와는 별도로 사업자등록을 한 후 회사에는 매월 지입료만 내고 그의 계산 아래 위 차를 이용해 독자적 영업활동을 하면서 차주 임의로 운전사를 채용한 경우, 그 운전사와 지입회사 간의 지배·종속관계가 없더라도, 회사가 그 명의로 자동차를 소유하고 운송업을 경영하는 이상 대외적 관계에서는 회사가 차를 소유하고 운영하는 경영주체이므로 실제는 차주가 운영하는 사업장의 근로자와의 관계에서도 회사가 직접 근로관계에 대한 책임을 지는 사용자라 보므로, 지입회사 대표인 피고인은 근로기준법 제30조에 규정된 금품을 지급해야 할 사용자로서 근로기준법위반죄가 인정된다(대법원 1992.4.28. 선고 90도2415 판결).

사례 77 지입회사의 대표가 차주의 사업장 근로자에 대한 근로계약상 책임

Q 타인의 지입차량을 회사명의로 소유하고 중기대여업을 경영하는 회사가 지입차주 사업장의 근로자와의 관계에서 근로계약상 책임을 지는 사용자로서 근로기준법 위반의 죄책을 지나?

A 피고인 회사가 그 명의로 중기를 소유하고 중기대여업을 경영하는 이상, 피고인이 실제로는 중기에 대한 세금 및 등록업무만

대행해주고 그 대가로 차주로부터 위탁료를 징수하고 있을 뿐 사실상 중기의 관리, 운영, 중기조종사의 채용과 임금지급 등의 업무는 전적으로 지입자 자신이 자기 책임하에 전담해 왔더라도, 이는 피고인과 지입자 사이의 합의에 의한 내부적 사항에 불과한 것으로 대외적 관계에서는 피고인이 중기를 소유하고 이를 운영하는 경영주체라 보지 않을 수 없고, 따라서 그 사업장의 근로자와의 관계에 있어서도 피고인이 직접적 근로계약상 책임을 지는 사용자다(대법원 1990.9.25. 선고 90도1214 판결).

사례 78 차주의 사업장근로자 임금체불되면 지입회사의 대표가 근로기준법위반

Q 지입차주가 자신의 사업장의 근로자에 대해 임금을 주지 못한 경우 지입회사가 근로기준법위반의 책임을 지나?

A 피고인 경영의 자동차주식회사 명의로 차를 소유하고 운수사업을 경영하는 이상, 지입회사와 차주와의 합의는 내부적 관행에 불과한 것으로서 대외적 관계에서는 지입회사가 차량을 소유하고 이를 운행하는 경영주체라고 보지 않을 수 없고 따라서 그 사업장의 근로자와의 관계에 있어서도 동회사(또는 대표이사)가 직접적 근로계약상의 책임을 지므로 근로기준법 위반의 죄책이 있다(대법원 1987.2.24. 선고 86도2475 판결).

나. 지입차주 겸 운전사

지입차주가 지입차량의 운전을 직접하여 차주와 운전사를 겸하는 경우에는 지입차주로만 판단하면 되므로, 지입차주가 근로자가 아니

라고 보는 이상 지입회사 대표에 근로기준법 위반의 죄책이 성립할
수는 없다.

사례 79 지입차주 겸 운전사에는 회사가 퇴직금 지급의무 없다

Q 지입차의 운전을 겸하는 지입차주가 지입회사에서 형식상
퇴직하였는데, 회사로부터 퇴직금을 받지 못했다면 지입회사의 대표
가 근로기준법 위반의 죄책을 지나?

A 지입차주 겸 운전사는 근로기준법 제14조에서 말하는 근로
자로는 볼 수 없으므로, 그가 지입차 소속회사에서 형식상 퇴직하였
다 하더라도 지입회사는 그에게 퇴직금을 지급할 의무가 없어 근로
기준법위반의 죄책이 없다(대구지방법원 1987.7.10. 선고 87노534
판결).

2. 절도

지입회사에 지입한 차량은 법적으로 회사가 소유권을 가지는 것
이어서 형사상 범죄 성립 여부를 판단할 때도 지입차의 소유자가 회
사임을 전제로 하므로 타인이 점유하는 타인의 재물을 절취하는 경
우에 성립하는 절도죄의 성립 여부도 회사의 소유권을 기준으로 판
단한다.

따라서 지입차를 차주로부터 매수한 피해자가 점유하고 있지만
아직 지입차주 명의변경은 되지 않은 상태에서 회사 대표이사가 기
존 지입차주의 지입계약위반을 이유로 점유자인 피해자의 의사에
반해 차를 몰고 가더라도, 차가 지입회사의 소유이므로 절도죄가 성

립하지는 않고, 다만 권리행사방해죄의 성립 여지만 문제된다.

반면 지입차주가 지입한 차량을 타인에게 담보로 제공한 후에 이를 몰래 가져가면 타인이 점유하고 있는 지입회사 소유 차량을 임의로 가져간 것으로 보아 절도죄의 성립을 인정한다.

할부매매 같은 소유권유보부 매매는 할부매도회사에 소유권이 유보되어 있더라도, 할부차량이 지입등록이 되었다면 대외적으로는 지입회사가 소유권을 가지게 되고 그에 따라 소유권자로서의 권리와 의무까지 가지므로, 지입회사 차를 임의로 할부매도회사가 가지고 가면 절도죄가 성립한다.

사례 80 타인에게 담보로 제공한 지입회사 명의의 차를 차주가 가져가면 절도

Q 지입차주가 자신의 모 명의로 구입·등록하여 지입회사에 명의신탁한 자동차를 타인에게 담보로 제공한 후 타인 몰래 가져가면 절도가 되나?

A 당사자 사이에 차의 소유권을 등록명의자 아닌 자가 보유하기로 약정한 경우, 약정 당사자 사이의 내부관계에서는 등록명의자 아닌 자가 소유권을 보유하더라도 제3자에 대한 관계에서는 어디까지나 등록명의자가 차의 소유자다. 따라서 위 경우 타인에 대한 관계에서 차의 소유자는 지입회사이고 지입차주는 소유자가 아니므로 타인이 점유하고 있는 차를 임의로 가져간 이상 절도죄가 성립한다 (대법원 2012.4.26. 선고 2010도11771 판결).

사례 81 소유권유보부 할부매도인이 지입등록된 차를 가져가면 절도

Q 소유권유보부 할부매매의 목적인 중기의 매도인측이 매수인 으로부터 이미 지입회사에 지입된 중기를 회수한 것이 절도에 해당 하나?

A 지입차주가 할부매매회사로부터 중기의 소유권을 유보하고 할부로 매수한 다음 회사에 지입하고 중기등록원부에 회사를 소유 자로 등록한 후 할부매매회사의 차주에 대한 할부매매대금 채무를 담보하기 위해 차주 명의로 근저당권 설정등록을 하고, 중기는 차주 가 점유하고 있었는데 할부매매회사의 회사원인 피고인들이 합동해 승낙 없이 중기를 가져간 경우, 지입자가 사실상의 처분관리권을 가 지고 있다고 해도 이는 지입자와 지입받은 회사와의 내부관계에 지 나지 않는 것이고 대외적으로는 자동차등록원부상의 소유자등록이 원인무효가 아닌 한 지입회사가 소유권자로서의 권리(처분권 등)를 가지고 의무(공과금 등 납세의무, 중기보유자의 손해배상책임 등)를 지는 것이므로 피고인들의 중기 취거행위는 지입회사의 중기등록원 부상 소유권을 침해한 것으로 절도죄에 해당한다(대법원 1989.11.14. 선고 89도773 판결).

사례 82 지입차 매수인의 점유에 반해 대표가 가져가도 절도 아니다

Q 지입차를 지입차주로부터 매수한 피해자가 점유하고 있지만 아직 지입차주 명의변경은 되지 않은 상태에서 지입회사 대표이사 가 기존 지입차주의 지입계약위반을 이유로 위 점유자인 피해자의

의사에 반해 지입차를 몰고 갔다면 절도인가?

A 이는 지입회사의 대표자로서의 업무를 수행한 것이라 할 것이어서 타인의 재물을 절취한 것으로 볼 수 없다(부산지방법원 1985.11.5. 선고 85고단3631 판결). 즉 아직 지입차주 명의변경이 되지 않아 점유자인 매수인이 점유한 차의 소유명의자인 지입회사가 임의로 가져가더라도 절도죄가 되지 않는다는 것이다.

그러나 위 경우 타인의 점유를 인정할 여지가 있으므로, 비록 소유명의자인 지입회사가 가지고 가도 권리행사방해죄가 될 여지는 있다. 다만 아직 지입 중인 상태에서 차주의 지입계약위반을 이유로 가지고 간 것이므로 지입계약내용에 의해 사회통념상 허용될 정도의 상당성이 있다고 인정될 수도 있다.

3. 권리행사방해

권리행사방해죄는 타인의 점유 또는 권리의 목적이 된 자기의 물건을 임의로 가져가거나 은닉하거나 파손시켜 타인의 권리행사를 방해한 경우에 성립하는 것으로 비록 그 타인의 점유가 점유할 권원이 없는 것이거나 점유권원의 존부가 외관상 명백하지 않더라도 권리행사방해가 성립할 수 있다.

따라서 소유자인 지입회사가 차주가 실질 점유관리하고 있는 지입차 혹은 번호판을 관리비 연체 등을 이유로 허락 없이 가지고 가거나, 지입회사의 대표이사가 여전히 지입 중인 상태에서 지입차주가 양도하여 양수인이 점유하는 지입차를 가져오거나, 차량대여회사가 지입료를 납부하는 차량임차인들의 차를 실력으로 회수한 경우에는 지입회사 자신의 소유로 타인이 점유하는 차를 가지고 온 것이므로 권리행사방해죄가 성립할 수 있다.

다만 지입차주가 관리운영하고 있는 지입차를 지입회사가 임의로 자신의 점유로 이전한 경우라도 그 이전행위가 사회통념상 허용될 수 있을 정도의 상당성이 있다면 물론 권리행사방해 등의 위법성이 없다.

또한 지입차주가 지입된 차를 임의로 가져가거나 타인에게 양도 담보로 제공하는 행위는 법적으로 지입회사의 소유로 되어 있는 지입차를 대상으로 한 것이어서 권리행사방해의 요건인 자기의 물건에 대한 것이 아니므로 권리행사방해죄가 성립하지 않는다.

사례 83 지입료 연체를 이유로 회사가 지입차를 가져가면 권리행사방해

Q 지입회사 직원인 피고인이 회사 대표와 공모하여 지입차주들이 점유하는 각 차량 또는 번호판을 지입료 등 연체를 이유로 무단으로 가져가면 형법상 정당행위가 되나?

A 권리행사방해죄에서의 보호대상인 '타인의 점유'는 반드시 점유할 권원에 의한 점유만을 의미하는 것이 아니고, 법정절차를 통한 분쟁해결 시까지 잠정적으로 보호할 가치 있는 모든 점유를 포함한다.

피고인인 지입회사 직원이 공동피고인인 회사 대표 등과 공모하여 지입차주들이 점유하는 각 차량 또는 번호판을 피해자들의 의사에 반하여 무단으로 가져감으로써 피해자들의 차량운행에 관한 권리행사를 방해하였는바, 그 행위가 지입료 등이 연체된 경우 계약의 일방해지 및 차량의 회수처분이 가능하도록 한 위수탁계약에 따른 것이더라도, 피고인 등이 법적 절차에 의하지 않고 일방적으로 지입차 등을 회수하지 않으면 안 될 급박한 필요성이 있다고 볼 수 없고, 그 밖에 경위, 수단, 방법 등에 비추어 보아도 피고인의 무단 취거행위는 형법상 정당행위에 해당한다고 볼 수 없다(대법원 2010.10.14. 선고 2008도6578 판결).

사례 84 대표가 담보로 채권자에 넘긴 회사차를 회수하면 권리행사방해

Q 렌터카회사의 공동대표이사 중 1인이 회사 보유차량을 자신의 개인적 채무담보 명목으로 피해자에게 넘겨주었는데 다른 공동대표이사가 위 차량을 몰래 회수하도록 한 경우, 피해자의 점유는 권리행사방해죄의 보호대상인 점유에 해당하나?

A 권리행사방해죄에서의 보호대상인 타인의 점유는 반드시 점유할 권원에 의한 점유만을 의미하는 것은 아니고, 일단 적법한 권원에 의해 점유를 개시하였으나 사후에 점유권원을 상실한 경우의 점유, 점유권원의 존부가 외관상 명백하지 않아 법정절차를 통해 권원의 존부가 밝혀질 때까지의 점유, 권원에 의해 점유를 개시한 것은 아니나 동시이행항변권 등으로 대항할 수 있는 점유 등과 같이 법정절차를 통한 분쟁해결 시까지 잠정적으로 보호할 가치 있는 점유는 모두 포함되고, 다만 절도범의 점유와 같이 점유할 권리 없는 자의 점유임이 외관상 명백한 경우는 포함되지 않는다. 따라서 위 피해자의 점유는 권리행사방해죄의 보호대상인 점유에 해당하므로 권리행사방해죄가 성립한다(대법원 2006.3.23. 선고 2005도4455 판결).

사례 85 차량대여회사가 대여차를 실력으로 회수하면 권리행사 방해

Q 차량대여회사가 대여받은 자들이 지입료 등을 미납하자 지입료 등 월납입금을 미납하면 회사 임의로 차를 철수·회수하거나 번호판을 제거해도 이의 없다는 취지의 서면약정서를 근거로 대여차를 실력으로 회수하면 권리행사방해가 되나?

A 차량을 대여받은 자들이 차량대여회사로부터 대여받으면서, 장차 회사에 대한 지입료 등 월납입금을 미납하면 회사 임의로 차를 철수·회수하거나 번호판을 제거해도 이의 없다는 취지의 서면약정을 하였으나, 대여받은 자들 가운데 일부는 월납입금을 담보할 보증금을 예치하고 매월 지입료 등 명목의 금원을 납입하기로 하여 차량회수 당시에 미납액이 보증금액에 미달되어 있었고 또 일부는 당초위 회사로부터 차를 인수한 자로부터 다시 인수해 회사에 대한 지입료 등 납부의무 자체의 존부와 액수가 불명확하였고, 월납입금 미납이 발생할 경우 회사 측이 법적 절차에 의하지 않고 다소간의 실력을 행사해 일방적으로 차를 회수해야만 할 급박한 필요성이 있다고도 볼 수 없어, 회수당하는 자들의 의사에 반해 일방적 실력행사로 차를 회수하였다면 그 회수행위는 형법상 정당행위에 해당한다 할 수 없어 권리행사방해죄가 성립한다(대법원 1989.7.25. 선고 88도410 판결).

사례 86 차주가 지입차를 타인에게 양도담보로 제공하더라도 권리행사방해 아니다

Q 차량이 1964.6.3. 지입회사 명의로 등록되어 1968.9.9. 자진

말소되었는데, 1968.1.24. 차주가 위 차를 타인에게 양도담보로 제공하였다면 권리행사방해죄가 되나?

A 형법 제323조 권리행사방해의 죄는 타인의 점유 또는 권리의 목적이 된 자기의 물건을 취거, 은익, 또는 손괴하여 타인의 권리행사를 방해한 경우에 성립하므로, 그 요건으로서 타인의 권리의 목적이 된 자기의 물건임을 요하는데, 양도담보계약 당시 차의 소유권이 도로운송차량법 제5조에 비추어 대동기업의 소유에 속하였고 피고인의 소유 아님이 분명하므로 피고인에게 권리행사방해의 죄책이 없다(대법원 1971.1.26. 선고 70도2591 판결).

사례 87 지입차주가 지입차 가져오는 것은 권리행사방해 아니다

Q 지입회사 명의로 자동차등록원부에 소유권등록이 되어 있는 지입차를 차주가 수거하면 권리행사방해죄가 되나?

A 형법 제323조에 의하면 권리행사방해죄는 타인의 점유 또는 권리의 목적이 된 자기의 물건에 대하여 성립할 수 있는데, 지입차주가 차를 수거할 당시에 차가 지입회사에 지입되어 그 명의로 자동차등록원부에 소유권등록이 되어 있었다면 도로운송차량법 제5조 규정에 비추어 위 차는 회사의 소유이고 차주의 소유가 아니므로 지입차주는 권리행사방해의 죄책이 없다(대법원 1974.11.12. 선고 74도1632 판결).

사례 88 회사에 의한 점유이전이 통념상 상당성 있으면 죄책 없다

Q 지입차주가 1년 넘는 기간 동안 할부매매대금, 제세공과금

등을 체납해 그 액수가 차량 시가를 상회하고, 차가 장기간 불법주차된 채 방치되어 있으니 빨리 치우라는 경찰관서의 연락을 받고, 지입회사가 차주가 관리운영 중이던 차를 운전해 와서 보관하고, 이후 차주에게 차량보관 사실을 알리면서 체납금액을 상환하고 차를 찾아갈 것을 통지했으나 차주가 응하지 않은 경우, 위 점유이전은 적법한가?

A 지입계약서 제15조에는 차주가 제세공과금 등을 3개월 이상 연체한 경우 회사는 차주에게 납입을 최고한 다음 차량반환을 청구할 수 있고 또한 반환받은 차를 임의 처분해 체납금에 충당할 수 있다고 되어 있더라도, 위 조항이 적법한 집행절차에 의하지 않고 회사가 실력으로 차량을 회수해 처분할 수 있는 자력구제를 허용한 것이라고 해석될 수는 없다.

그러나 지입회사는 차를 지입받은 대외적 소유권자로서 매매할부금이나 제세공과금 등의 납부의무는 물론 차의 불법주차로 인한 책임도 스스로 부담하는 자로서, 계약에 의해 차주에게 차량반환을 요청하고 이를 임의로 처분할 수 있는 지위였고, 회사가 차량을 보관하게 된 경위와 목적, 점유취득 이후 관계 등 제반 사정에 비추어 보면, 차주의 점유하에 있던 차를 회사의 점유로 이전한 행위는 사회통념상 허용될 수 있을 정도의 상당성이 있어 위법성이 없고, 점유이전 당시 회사직원이 차 유리를 깨뜨리고 들어가 배선을 조작하는 방법으로 차를 운전하였더라도 이를 달리 볼 수 없다.

따라서 지입회사의 위 행위를 차주로부터 차를 탈취한 것이라고 볼 수 없다. 또한 회사가 차를 보관 중 타인에게 인도한 것도 차주와의 계약내용에 따른 정당한 처분권 행사라고 보아야 한다(대법원 1996.2.9. 선고 95다11207 판결).

4. 횡령

지입차주가 지입회사의 승낙 없이 지입차를 처분하는 경우, 차주가 등록명의자가 아니어서 차에 대한 처분권한이 없어 명의이전을 할 수 없으므로 횡령죄가 성립하지 않는다고 보았으나, 최근의 변경된 판례에 의하면 지입차는 등록 명의의 이전 없이도 매매거래가 가능하므로 지입차를 보관한 자가 등록상 명의자인지 여부와 상관없이 횡령죄를 물을 수 있다고 본다.

따라서 지입회사로부터 운행관리권을 위임받은 지입차주가 회사의 승낙 없이 지입차를 사실상 처분하거나 지입차주로부터 차량의 보관을 위임받은 자가 지입차주의 승낙 없이 사실상 처분하는 경우에도 횡령죄가 성립하게 되었다.

지입차주들이 지입료와 산업재해보상보험료 및 제세공과금을 합한 일정 금액을 일괄 납입하면, 일단 회사의 소유로 되어 회사가 그를 가지고 운영비와 전체 차량의 제세공과금 및 보험료에 충당할 수 있으므로, 차주들이 낸 보험료나 세금을 회사가 항목유용 즉 항목이 정해진 용도와 다른 용도로 사용하였다 하더라도 업무상횡령죄가 되지 않는다.

사례 89 지입차주가 회사 승낙 없이 지입차 처분하면 횡령

Q 지입차주가 지입계약한 화물자동차를 지입회사 몰래 사실상 처분하면 횡령이 되나?

A 등록이 필요한 타인의 차량을 인도받아 보관하던 자가 이를 사실상 처분해도 횡령죄가 성립하므로, 지입회사에 소유권이 있는

차량에 대해 지입회사로부터 운행관리권을 위임받은 지입차주가 회사의 승낙 없이 그 차를 사실상 처분하거나 지입차주로부터 차량 보관을 위임받은 자가 차주의 승낙 없이 사실상 처분하는 경우에도 횡령죄가 된다.

따라서 지입차량의 보관자가 등록상 명의자에 해당되어 제3자에게 그 차량을 처분할 수 있는 법적 권한이 있는지의 여부에 따라 횡령죄를 결정해야 한다는 취지의 이전 판례는 변경하기로 한다(대법원 2015.6.25. 선고 2015도1944 전원합의체 판결).

사례 90 지입차주가 낸 돈을 회사가 항목유용해도 횡령 아니다

Q 용도를 정한 금원을 받아 보관하는 자가 항목유용한 경우 즉 항목이 정해진 용도와 다른 용도로 사용하였을 경우에 횡령죄가 성립할 여지가 있는데, 지입회사가 차주들이 차량위탁관리료와 함께 납입한 산업재해보상보험료를 보관하다가 납부기관인 지방노동청이나 근로복지공단에 납부하지 않고 회사의 부가가치세 및 채무변제 용도로 사용함으로써 차주가 낸 돈을 항목유용하면, 지입회사 대표가 업무상횡령죄가 되나?

A 지입차주들이 차량위탁관리료와 산업재해보상보험료 및 제세공과금을 합한 일정금액을 일괄 납입하는 지입료는 일단 지입회사 소유로 되어 회사가 그 지입료 등을 가지고 운영비와 전체 차량의 제세공과금 및 보험료에 충당할 수 있는 것이므로, 차주들이 낸 보험료나 세금을 회사가 항목유용하였다 하더라도 업무상횡령죄가 되지 않는다(대법원 1997.9.5. 선고 97도1592 판결).

사례 91 공제기금으로 차량가압류 채권자에게 변제했다면 횡령 아니다

Q 운수회사 대표이사 겸 공제회 회장인 피고인이 회사 지입차 주들이 교통사고발생 시의 손해배상액을 분담하기 위해 모금해 놓은 공제회 기금으로 회사소속 차량을 가압류한 채권자에 대한 채무를 변제하면 횡령이 되나?

A 회사의 공제회 기금을 피고인이 사적 용도로 소비한 것이 아니고, 회사 채권자가 회사에 대한 대여금을 변제받기 위해 회사소속 차량을 가압류하자 이를 해결하기 위해 공제회 기금 중 일부를 몇 차례로 나누어 채권자에게 지급해 회사채무를 변제한 것이므로, 영득의사가 있었다고 볼 수 없어 횡령죄가 성립되지 않는다(서울고등 법원 1977.10.20. 선고 74노1488 판결).

5. 장물

장물죄가 되려면 장물 즉 절도, 강도, 사기, 공갈, 횡령 등 재산범 죄에 의해 영득한 재물을 그 사정을 알면서 취득, 양도 등 해야 성립 한다. 따라서 지입차를 차주나 그 임차인이 매도한 경우 그 매도가 횡령에 해당할 수 있다면 그들로부터의 매수인도 장물취득죄가 성 립할 수 있다. 그런데 횡령이 되려면 보관자의 지위여야 하는데, 지 입차의 임차인은 차를 법률상 처분할 수 없어 보관자 지위가 아니므 로 매도한 차주나 임차인이 횡령한 것이 될 수 없어 차량의 매수인 도 장물취득죄가 성립하지 않는다고 보았다.

그러나 최근 판례가 변경되어 지입차주가 차량의 등록명의자가 아니어서 법적 처분권한이 없더라도 그 차를 점유하다가 함부로 사

실상 처분하거나 지입차주로부터 차량 보관을 위임받은 자가 지입차주의 승낙 없이 처분한 경우에도 횡령죄가 성립한다고 보므로, 차주나 차주로부터 보관을 위임받은 자에 의해 처분된 위 차를 구매한 자도 장물취득죄가 성립한다.

사례 92 회사 몰래 처분한 지입차임을 알고도 매수하면 장물취득

Q 지입차주가 지입회사의 승낙 없이 몰래 지입차 6대를 처분한다는 것을 알면서도 이를 밀수출하려고 구매하면 장물취득죄가 되나?

A 지입차주가 지입차의 등록상 명의자가 아니어서 법적 처분권한이 없다고 하더라도 그 차량을 점유하다 함부로 사실상 처분했다면 횡령죄로 처벌할 수 있으므로, 지입차를 보관하다가 차주가 회사의 승낙 없이 사실상 처분하는 것임을 알고도 차량들을 구매하면 장물취득죄가 성립한다(대법원 2015.6.25. 선고 2015도1944 전원합의체 판결).

사례 93 지입차 임차인으로부터의 매수는 장물취득 아니다

Q 지입차를 처분할 수 없는 지입차 임차인으로부터 당해 지입차를 매수하면, 위 임차인이 무권한자로서 그 매도 자체가 일종의 횡령으로 취급되어 매수인도 횡령된 물건의 매수인이 되어 장물취득죄가 되나?

A (변경 전 판례) 자동차의 등록명의자 아닌 지입차주로부터 자동차를 임대 또는 전대받은 자는 그 자동차에 관하여 법률상 처분할 수 있는 지위에 있다고 할 수 없으므로, 타인의 재산을 보관하는 자에 해당하지 않는다. 따라서 그로부터 자동차를 매수한 행위는 장

물취득죄가 되지 않는다(대법원 1978.10.10. 선고 78도1714 판결).

6. 배임

지입차 소유자인 회사가 차주에 대하여 차량과 관련하여 부담하는 의무는 단순한 채무라서, 지입회사 대표자 등은 위 지입차주의 사무를 처리하는 지위에 있는 자에 해당하지 않아, 그 약정에 위반하더라도 배임죄가 성립하지 않는다.

사례 94 지입계약 부활할 의무는 단순 채무라서 그에 위반해도 배임 아니다

Q 지입회사가 지입차주에게 지입계약을 다시 체결하도록 해주겠다고 약속하고도 약속을 위반해 타인과 지입계약을 체결한 경우, 지입회사 대표가 업무상배임이 되나?

A 지입차의 관리위임을 맡은 운수회사가 차주에 대하여 차량 관리위·수탁계약을 부활시켜 줄 의무는 지입차주에 대한 단순한 채무에 불과해, 지입회사의 영업부장 또는 대표자 등은 차주의 사무를 처리하는 지위에 있는 자에 해당한다고 할 수 없으므로, 그 약정에 위반해 타인과 다시 지입계약을 체결했다고 해도 배임죄가 되지 않는다(대법원 1978.10.10. 선고 78도1714 판결).

사례 95 회사의 차량 공납금납부는 타인의 사무로 볼 수 없어 배임 아니다

Q 피고인은 지입회사 대표이사로 회사에 지입된 차주들의 매

표대금 경리사무를 취급하고 있음을 이용해, 7개월 동안 매월 말일 경 회사 사무실에서 차주들의 매월 매표대금 중에서 회사와 차주들 간의 지입료 및 제세공과금을 제외한 나머지 돈은 모두 차주들에게 영업실적에 따라 분배해 주어야 할 임무가 있음에도, 차주들에게 딸린 운전사들에 대한 갑종근로소득세 명목으로 함부로 공제해 전액을 수시로 회사의 음성경비에 충당한 경우, 그 행위가 업무상배임인가?

A 업무상배임죄가 되려면 업무상 타인의 사무를 처리하는 자가 임무에 위배하는 행위를 해야 하는데, 지입차 운전사들에 대한 갑종근로소득세 징수·납부 사무는 타인의 사무가 아니라 지입회사 대표로서의 피고인 본인의 사무이므로 업무상 배임죄가 되지 않는다(대법원 1977.5.24. 선고 76도62 판결).

7. 사기

가. 차량매수인에 채무불고지

지입차를 팔 때 차주는 매수인에게 지입회사에 대한 연체채무를 고지할 신의칙상 의무가 있으므로 연체채무를 알고도 고지하지 않으면 사기죄가 성립할 여지가 있는데, 차주가 매매대금과 대비해 볼 때 적지 않은 연체채무금액을 알고도 고지하지 않았다면 사기죄가 될 가능성이 높겠지만, 차주도 제대로 알지 못해 연체채무를 고지하지 못했거나 그 금액이 아주 소액일 때는 사기죄가 되기 어려울 것이다.

사례 96 차량매도 시 회사에 대한 채무 몰라서 불고지했다면
　　　　　 사기 아니다

　Q　지입차를 매매함에 있어 매도인인 지입차주가 회사에 대한
연체 채무액을 자세히 몰라 매수인에게 고지하지 못했는데도 사기
가 되나?

　A　지입회사는 지입차에 대한 체납채무를 납입하지 않으면 정
기검사를 거부하고, 차의 매매 시에 연체채무가 완납되거나 이를 매
수인이 인수하는 경우에만 지입차주의 변경을 허용해 주는 것이 통
례이고, 위 지입차의 총 매매대금인 710만 원에 비해 회사에 대한
연체채무가 상당히 고액인 300만 원 이상인 점을 고려하면, 매수인
으로서는 위 채무의 존재를 알았더라도 위 차를 매수했을 것이라고
는 경험칙상 인정되지 않으므로 만일 지입차주가 위 채무내용에 관
하여 알고 있었다면 채무의 존재를 매수인에게 고지할 의무는 있다.

　그러나 법률상 고지의무 있는 자가 사실 내용을 구체적으로 알지
못해 고지하지 않은 것이면 고지의무 위반의 죄책을 물을 수 없는
데, 지입차의 운행에 관여하지 않아 회사에 대한 연체채무액을 자세
히 알 수 없어 매도 당시 중개인에게 회사에 대한 연체채무를 직접
알아보라고 하면서 회사 전화번호까지 알려주었다면 매도인이 연체
채무액이 다액임을 알면서도 매수인에게 고지하지 않아 그를 기만
하였다고는 볼 수 없으므로 사기죄가 성립되지 않는다.

　또한 과징금 미납으로 인한 춘천시장으로부터의 압류는 회사 전
체차량에 대해 있은 것으로 계약이 있기 전인 1987.3.31. 회사에서
이미 과징금을 납부해 위 매매당시에는 압류등록이 말소될 운명에
있었고, 그 후 실제로 1987.7.23. 압류가 해제되었으므로, 피고인이
이를 고지하지 않은 것도 매수인을 기망한 것이라 볼 수 없다(대법

원 1990.11.27. 선고 90도1087 판결).

나. 차량경매 불고지

지입회사는 지입차의 소유자로서 차에 이미 근저당권이 설정되어 경매절차가 진행 중임에도 이를 고지하지 않고 지입차의 명의를 피해자 명의로 해주겠다고 했다면 신의칙상 고지의무 위반이므로 사기가 된다.

사례 97 차량 경매절차 진행 알리지 않고 지입계약하면 사기

Q 지입회사가 소속 화물차들에 이미 근저당권이 설정되어 경매절차가 진행 중에 있는데도 그 사실을 지입계약하려는 자에게 알려주지 않은 채 지입계약을 체결하고 차량대금을 받았다면 사기가 되나?

A 지입회사 대표인 피고인으로서는 위 사정을 알려주어야 할 신의칙상 의무가 있다 할 것임에도, 고지하지 않은 채 숨기고 지입차주의 명의를 피해자 명의로 변경해주겠다는 내용의 계약을 체결하고 지입차 대금을 지급받았다면 사기죄에 해당한다(대법원 1985.4.9. 선고 85도242 판결).

다. 지입차 허위분양 등

허가제로의 법개정에 의해 일정 시기 이전부터 지입해 온 지입차주에게만 허가권을 부여함으로써 신규허가의 형태로 화물자동차운송사업에 진입하기가 어려워지자 개별허가를 취득한 차를 매수하거나 지입회사에 일정한 금원을 주고 지입하거나 지입회사에서 매도하는 지입차를 분양받는 형태로만 화물자동차운송사업에 진입할 수 있게 되었다.

특히 지입의 경우는 위와 같이 회사에 금원을 주고 지입하거나 회사로부터 지입차를 매수하는 형태로 밖에는 지입할 수 없게 되자, 이를 이용해 지입 혹은 지입차 매수를 미끼로 한 사기가 성행하고 있다. 즉 실제로는 존재하지 않는 차를 분양한다거나 지입차주가 고정적으로 운송할 운송화물이 계속적으로 존재하는 것처럼 속이는 등으로 차주를 모집하거나, 형식적으로 운수회사를 두고 지입차를 분양해 금원을 받은 상태에서 회사를 폐쇄하는 등의 피해사례가 적지 않다.

위 경우 사안에 따라 다를 수 있지만 의도적으로 피해자들을 속여 이에 속은 피해자들로부터 일정 금원이나 이익을 얻은 것이라면 사기죄에 해당할 수 있다. 사후적 폐쇄 등의 경우는 계약 이후의 단순한 재정 악화 등으로 인한 것이라면 사기죄 성립이 쉽지 않을 수 있으나, 그 실질이 이미 의도된 것임을 입증한다면 사기죄가 성립될 가능성이 있다.

라. 불법증차 차량 매도

화물자동차 공급과잉을 막기 위해 2004.1.20. 화물자동차운수사업법 개정으로 허가제가 되면서 2004.1.20. 이전 지입한 차주가 2004.12.31. 이후 해지하는 경우 외에는 화물자동차운송사업 신규허가를 원칙적으로 불허하고, 다만 청소용차, 현금수송용차, 살수용차

등 특수차량만 증차를 허용하고 있다.

그러자 신규허가가 허용되는 특수용화물차로 허가를 받은 뒤 불법적으로 구조변경을 하거나 번호판 분실신고를 하거나 노후차량을 새 차로 교체한다는 명분으로 대·폐차 신고를 한 뒤 관련 서류의 위·변조 및 담당공무원의 직무유기를 통해 신규허가가 금지된 일반화물차로 둔갑시켜 불법증차하는 사례가 급증하였다.

그런데 특수용화물차 허가를 받은 번호판을 일반용화물차로 속여서 매매할 경우 이를 매수하여 운행하거나 혹은 위 차량을 매수하면서 지입하여 운행하다가 적발되면, 운송사업자가 불법증차로 사업정지, 허가취소 등의 행정처분을 받는 것은 차치하고, 위 사실을 모른 채 지입계약을 체결한 지입차주들은 당장 운송사업을 할 수 없어 불이익을 받게 된다.

이에 따라 국토교통부는 위·수탁화물자동차운송사업 허가업무 처리지침을 개정하여, 2015.7.1.부터는 위 적발로 감차조치되어 운송사업을 할 수 없게 된 화물차주가 공 번호판(허가대수) 즉 국토교통부의 허가 없이는 다른 화물차에 부착하는 것이 불가능했던 공 번호판을 가진 다른 운송업자와 계약할 수 있게 하여, 그 운송사업자가 불법증차로 피해를 입은 지입차주와 계약을 체결할 경우 기존의 공 번호판에 대한 차량 충당을 허용받을 수 있게 하였다.

위 지침에 따르면 2011.1.1.부터 2015.6.30.까지 발생한 공 허가대수 가운데 당해 연도 화물자동차 공급기준에서 증차가 결정된 견인형 특수자동차(트랙터)에 대해 충당을 허용하고, 견인형 특수자동차를 제외한 일반형 등에 대해서는 2016.6. 말까지 불법증차로 행정처분을 받은 지입차주와 계약을 체결하는 경우에만 충당을 허용하며, 그 이후에는 조건 없이 충당을 허용한다. 또한 2011년 이전에 발생한 공 허가대수 가운데 기존 택배차량으로만 충당을 허용한 12톤 미만 차량은 당초 적재량으로 충당을 조기 허용한다.

한편 화물자동차운수사업법 제3조, 제19조 및 제40조의3을 종합해 보면 운송사업자가 부정한 방법으로 허가를 받아 허가가 취소되면 해당 운송사업자와 지입차주의 지입계약은 해지된 것으로 보지만, 그 경우 해지된 지입차주가 허가취소 사유와 직접 관련이 없으면 허가취소일로부터 3개월 내에 허가를 신청해 6개월 이내 기간의 임시허가를 받을 수 있고, 위 기간 내에 다른 운송사업자와 지입계약을 체결하지 못하고 기간이 만료되면 3개월 내에 허가를 신청할 수 있다.

따라서 불법증차 차량이라는 것을 모르고 매수하여 지입하였다가 위와 같이 적발되어 지입계약이 해지된 것으로 간주되고 운송사업을 할 수 없게 되는 차주는 위와 같은 방식의 구제도 가능할 것이다.

여하튼 이미 적발된 불법증차 차량과 관련한 형사책임은 피할 수 없는데, 불법증차와 관련된 공무원, 화물운송업체 대표, 화물협회 관계자 등에는 직무유기 및 뇌물수수 등이 적용될 수 있고, 불법증차 차량인 줄 알고 구입한 차주라면 해당 차량을 다시 매도했을 경우에는 편취 범의가 인정되어 사기 등의 죄책이 성립할 수 있다.

사례 98 불법증차 모르고 특수용을 일반용으로 매도하면 사기 아니다

Q 피고인 갑은 청소용 진개덤프 화물차의 전소유자이고, 피고인 을은 중고화물차 매매중개업자로서, 당해 차량은 2008년 카고형식으로 출고된 뒤, 진개덤프형식으로 구조가 변경되었고, 그에 따라 최대 화물적재량도 크게 줄어 당시 25톤에서 구조변경 후 8톤으로

감소하였고, 용도도 출고 당시 일반화물수송용에서 진개수송용으로 제한되었는데, 피고인 갑은 위 사실을 모르고 사서 운행하다가 중개업자를 통해 매수인에게 매도한 경우, 사기죄가 성립하나?

A 피고인 갑은 위 차량을 25톤 일반화물용으로 석회석을 운반하면서 법적 제한과 무관하게 운행하였고, 매수인에게도 위 차로 석회석을 운반하고 있다고 말하였고, 매도인 갑이 위와 같은 법적 제한으로 인한 불이익을 체감하고 있었다고 볼 증거도 없고, 매수인 을도 차를 중개할 때 위 차는 주로 석회석을 운반하는 25톤 진개덤프라고 말하였고, 매수인도 후에 피고인 을에게 왜 진개덤프를 팔았느냐고 항의하자 "피고인 을이 나는 진개덤프가 무엇인지도 모른다고 답하였는데 실제로 모르는 것 같았다"고 진술하고, 매수인도 매수 이후 현재까지 법적 제한과 무관하게 사용해 왔던 점 등을 볼 때 피고인들의 편취범의를 증명할 수 없는 경우이므로 사기죄가 성립하지 않는다(청주지방법원 제천지원 2015.4.23. 선고 2013고단946 판결).

그러나 위 경우 편취범의에 대한 증명의 곤란으로 사기가 인정되지 않은 것일 뿐이어서, 만약 그 증명이 된다면 사기죄에 해당할 수 있음은 물론이다.

8. 보조금관리에 관한 법률위반

화물자동차 지입차주는 국토교통부의 유가보조금 지급지침 등에 따라 유가보조금을 받을 수 있다. 그런데 지입차주를 포함한 화물차주가 유류공급자와 공모해 경유 대신 등유 등을 주유하고 경유를 주입한 것처럼 조작하여 결제하여 유가보조금을 지급받는 경우가 있다.

이 경우 지입차주 등 화물차주는 물론이고 해당 유류공급자도 유가보조금 편취를 공모하여 실행한 것으로서 형법상의 사기 그리고 거짓신청이나 기타 부정한 방법으로 보조금을 교부받은 행위의 공범으로 보조금관리에 관한 법률 제40조 위반으로 형사처벌을 받을 수 있다.

또한 회사가 불법적 방법으로 특수용도형 화물자동차에 할당된 차량번호를 일반형 화물차로 등록하여 지입할 수 있는 일반형 화물차의 수를 늘렸는데, 지입차주들이 이를 모르고 불법등록된 일반형 화물차를 운행함으로써 유가보조금이 교부되었다면, 그 유가보조금은 회사의 불법행위로 증차된 일반형 화물자동차에 대해 교부된 것으로서 회사의 불법행위가 없었다면 보조금이 교부되지 않았을 것이므로 회사의 '거짓 또는 부정한 방법'에 의해 유가보조금이 교부된 것이 되어 지입회사 대표는 위와 같이 형사처벌될 수 있다.

한편 위 경우 부당하게 지급받은 보조금에 관해서는, 화물자동차 운수사업법 제44조에 따라 국토교통부장관, 광역시장·도지사, 시장 또는 군수가 보조금의 반환을 명하고, 따르지 않으면 국세 또는 지방세 체납처분의 예에 따라 회수할 수 있는데, 보조금지급업무를 위임받은 지방자치단체가 반환명령하고 회수한다. 또한 부당하게 지급받은 지입회사 혹은 지입차주는 석유및석유대체연료사업법 위반의 행정처분으로 지방자치단체로부터 과태료처분을 받을 수 있다.

사례 99 등유를 넣고 경유 매입한 것처럼 결제하면 보조금관리 법률 위반

Q 지방자치단체가 경유 주유량에 따른 보조금을 결제카드회사에 지급하면, 카드회사는 총 결제금액에서 위 금액을 차감한 잔액을

카드명의인에게 청구하는 방식으로 유가보조금이 지급되는 것을 잘 알고 있는 지입차주가 차에 값이 싼 보일러 등유를 매입하여 주유한 다음 유류구매 복지카드를 사용하여 마치 경유를 매입한 것처럼 대금을 결제하는 방식으로 차적지 지방자치단체로부터 유가보조금을 받은 경우, 형사처벌되나?

A 위 경우 지입차주는 기망의 방법으로 유가보조금을 편취한 것으로서 형법상 사기 그리고 보조금의 예산 및 관리에 관한 법률 제40조(보조금의 부정수수) 위반죄가 성립한다(청주지방법원 제천지원 2011.9.29. 2011고단887 판결).

사례 100 불법증차 차에 유가보조금 받으면 보조금관리법률위반 가능성

Q 일반형 화물자동차의 증차가 엄격히 제한되자, 지입회사가 불법적 방법으로 청소용차량 등 특수용도형 화물자동차에 할당된 차량번호를 일반형 화물자동차로 등록하여 지입할 수 있는 일반형 화물자동차 대수를 늘렸는데, 그 사정을 모르는 지입차주들이 불법 등록된 일반형 화물자동차를 운행함으로써 유가보조금이 교부되었다면, 지입회사 대표 등은 처벌되나?

A 위 경우 유가보조금은 회사의 불법행위로 증차된 일반형 화물자동차에 대해 교부된 것으로서 회사의 불법행위가 없었다면 유가보조금이 교부되지 않았을 것이므로, 회사의 '거짓 또는 부정한 방법'에 의해 유가보조금이 교부된 것이다.

유가보조금 교부 근거조항인 구 화물자동차운수사업법 제29조 제2항은 시장 또는 군수 등은 운수사업자(화물자동차운송사업을 위탁받은 자를 포함)에게 유가보조금을 지급할 수 있다고 하고, 유가보조금 반환명령 근거조항인 동법 제29조의2 제3항은 시장 또는 군수 등은 거짓 또는 부정한 방법으로 보조금을 교부받은 사업자단체 또는 운수사업자(화물자동차운송사업을 위탁받은 자를 포함)에게 보조금 등의 반환을 명하도록 규정하고 있다.

위 동법 규정들과 보조금 신청방식에 비추어 보면, 거짓 또는 부정한 방법으로 유가보조금이 교부되게 한 운수사업자가 반환명령의 상대방이 되고, 지입차의 경우 전주시장이 유가보조금을 지입차주의 예금계좌로 직접 송금했다고 하더라도 마찬가지다. 따라서 거짓 또는 부정한 방법으로 유가보조금이 교부되게 한 운수사업자를 상대로 한 유가보조금 반환명령은 적법(대법원 2009.7.23. 선고 2009두6087 판결)하므로, 불법증차한 회사 대표는 보조금지급에 관한 법률 제40조 위반으로 형사처벌될 수 있고, 차주는 몰랐던 것이므로 처벌되기 어려울 것이나 차주도 불법증차 사실을 알았다면 역시 처벌될 수 있을 것이다.

1. 화물자동차운수사업법
2. 화물자동차운수사업법 시행령
3. 화물자동차운수사업법 시행규칙
4. 화물자동차운수사업 허가업무 처리지침
5. 위·수탁화물자동차에 대한 운송사업 허가업무 처리지침
6. 자동차관리법
7. 자동차등록규칙

화물자동차운수사업법

제1장 총칙

제1조(목적) 이 법은 화물자동차 운수사업을 효율적으로 관리하고 건전하게 육성하여 화물의 원활한 운송을 도모함으로써 공공복리의 증진에 기여함을 목적으로 한다.

제2조(정의) 이 법에서 사용하는 용어의 뜻은 다음과 같다.

1. "화물자동차"란 「자동차관리법」 제3조에 따른 화물자동차 및 특수자동차로서 국토교통부령으로 정하는 자동차를 말한다.

2. "화물자동차 운수사업"이란 화물자동차 운송사업, 화물자동차 운송주선사업 및 화물자동차 운송가맹사업을 말한다.

3. "화물자동차 운송사업"이란 다른 사람의 요구에 응하여 화물자동차를 사용하여 화물을 유상으로 운송하는 사업을 말한다. 이

경우 화주가 화물자동차에 함께 탈 때의 화물은 중량, 용적, 형상 등이 여객자동차 운송사업용 자동차에 싣기 부적합한 것으로서 그 기준과 대상차량 등은 국토교통부령으로 정한다.

4. "화물자동차 운송주선사업"이란 다른 사람의 요구에 응하여 유상으로 화물운송계약을 중개·대리하거나 화물자동차 운송사업 또는 화물자동차 운송가맹사업을 경영하는 자의 화물 운송수단을 이용하여 자기 명의와 계산으로 화물을 운송하는 사업을 말한다.

제2장 화물자동차 운송사업

제3조(화물자동차 운송사업의 허가 등) ① 화물자동차 운송사업을 경영하려는 자는 국토교통부령으로 정하는 바에 따라 국토교통부장관의 허가를 받아야 한다.

③ 제1항에 따라 화물자동차 운송사업의 허가를 받은 자(이하 "운송사업자")가 허가사항을 변경하려면 국토교통부령으로 정하는 바에 따라 국토교통부장관의 변경허가를 받아야 한다. 다만, 대통령령으로 정하는 경미한 사항을 변경하려면 국토교통부령으로 정하는 바에 따라 국토교통부장관에게 신고하여야 한다.

⑤ 제1항 및 제3항 본문에 따른 화물자동차 운송사업의 허가 또는 증차를 수반하는 변경허가의 기준은 다음 각 호와 같다.

1. 국토교통부장관이 화물의 운송수요를 고려하여 제4항에 따라 업종별로 고시하는 공급기준에 맞을 것. 다만, 제9항에 따른 임시허가를 하는 경우와 제10항에 따라 허가를 신청하는 경우는 제외한다.

2. 화물자동차의 대수, 자본금 또는 자산평가액, 차고지 등 운송시

설, 그 밖에 국토교통부령으로 정하는 기준에 맞을 것

⑧ 운송사업자는 주사무소 외의 장소에서 상주하여 영업하려면 국토교통부령으로 정하는 바에 따라 국토교통부장관의 허가를 받아 영업소를 설치하여야 한다. 다만, 화물자동차 소유 대수가 1대인 운송사업자의 경우에는 그러하지 아니하다.

⑨ 국토교통부장관은 제40조의3 제3항에 따라 해지된 위·수탁계약의 위·수탁차주였던 자가 허가취소 또는 감차조치가 있는 날로부터 3개월 내에 제1항에 따른 허가를 신청하는 경우 6개월 이내로 기간을 한정하여 허가(이하 "임시허가")를 할 수 있다. 다만, 운송사업자의 허가취소 또는 감차조치의 사유와 직접 관련이 있는 화물자동차의 위·수탁차주였던 자는 제외한다.

⑩ 제9항에 따라 임시허가를 받은 자가 허가 기간 내에 다른 운송사업자와 위·수탁계약을 체결하지 못하고 임시허가 기간이 만료된 경우 3개월 내에 제1항에 따른 허가를 신청할 수 있다.

⑪ 국토교통부장관은 화물자동차 운수사업의 질서를 확립하기 위하여 화물자동차 운송사업의 허가 또는 증차를 수반하는 변경허가에 조건 또는 기한을 붙일 수 있다.

제4조(결격사유) 다음 각 호의 어느 하나에 해당하는 자는 제3조 제1항에 따른 화물자동차 운송사업의 허가를 받을 수 없다. 법인의 경우 그 임원 중 다음 각 호의 어느 하나에 해당하는 자가 있는 경우에도 또한 같다.

1. 피성년후견인 또는 피한정후견인

2. 파산선고를 받고 복권되지 아니한 자

3. 이 법을 위반하여 징역 이상의 실형을 선고받고 그 집행이 끝나거나(집행이 끝난 것으로 보는 경우를 포함) 집행이 면제된

날부터 2년이 지나지 아니한 자

4. 이 법을 위반하여 징역 이상의 형의 집행유예를 선고받고 그
유예기간 중에 있는 자

5. 제19조 제1항에 따라 허가가 취소(제4조 제1호 또는 제2호에
해당하여 제19조 제1항 제5호에 따라 허가가 취소된 경우는
제외)된 후 2년이 지나지 아니한 자

제11조(운송사업자의 준수사항) [시행일: 2015.12.23.] ① 운송
사업자는 허가받은 사항의 범위에서 사업을 성실하게 수행하여야
하며, 부당한 운송조건을 제시하거나 정당한 사유 없이 운송계약
의 인수를 거부하거나 그 밖에 화물운송 질서를 현저하게 해치는
행위를 하여서는 아니 된다.

② 운송사업자는 화물자동차 운전자의 과로를 방지하고 안전운행
을 확보하기 위하여 운전자를 과도하게 승차근무하게 하여서는
아니 된다.

⑥ 운송사업자는 화물운송의 대가로 받은 운임 및 요금의 전부
또는 일부에 해당하는 금액을 부당하게 화주, 다른 운송사업자 또
는 화물자동차 운송주선사업을 경영하는 자에게 되돌려주는 행위
를 하여서는 아니 된다.

⑩ 운송가맹점인 운송사업자는 자기가 가입한 운송가맹사업자에
게 소속된 운송주선사업자로부터 직접 화물운송을 주선 받아서는
아니 된다.

⑫ 제40조 제1항에 따라 경영의 일부를 위탁받은 사람(이하 "위·
수탁차주")이나 화물자동차 소유대수가 1대인 운송사업자(이하 "1
대사업자")에게 화물운송을 위탁한 운송사업자는 해당 위·수탁
차주나 1대사업자가 요구하면 화물적재 요청자와 화물의 종류·

중량 및 운임 등 국토교통부령으로 정하는 사항을 적은 화물위탁증을 내주어야 한다. 다만, 운송사업자가 최대 적재량 1.5톤 이상의 「자동차관리법」에 따른 화물자동차를 소유한 위·수탁차주나 1대사업자에게 화물운송을 위탁하는 경우 국토교통부령으로 정하는 화물을 제외하고는 화물위탁증을 발급하여야 하며, 위·수탁차주나 1대사업자는 화물위탁증을 수령하여야 한다.

⑬ 운송사업자는 제16조 제1항에 따라 화물자동차 운송사업을 양도·양수하는 경우에는 양도·양수에 소요되는 비용을 위·수탁차주에게 부담시켜서는 아니 된다.

⑭ 운송사업자는 위·수탁차주가 현물출자한 차량을 위·수탁차주의 동의 없이 타인에게 매도하거나 저당권을 설정하여서는 아니 된다. 다만, 보험료 납부, 차량 할부금 상환 등 위·수탁차주가 이행하여야 하는 차량관리 의무의 해태로 인하여 운송사업자의 채무가 발생하였을 경우에는 위·수탁차주에게 저당권을 설정한다는 사실을 사전에 통지하고 그 채무액을 넘지 아니하는 범위에서 저당권을 설정할 수 있다.

⑮ 운송사업자는 제40조 제3항에 따른 위·수탁계약으로 차량을 현물출자 받은 경우에는 위·수탁차주를 「자동차관리법」에 따른 자동차등록원부에 현물출자자로 기재하여야 한다.

<16> 운송사업자는 위·수탁차주가 다른 운송사업자와 동시에 1년 이상의 운송계약을 체결하는 것을 제한하거나 이를 이유로 불이익을 주어서는 아니 된다.

제11조의2(운송사업자의 직접운송 의무 등) [시행알: 2015.12.23.]

① 국토교통부령으로 정하는 운송사업자는 화주와 운송계약을 체결한 화물에 대하여 국토교통부령으로 정하는 비율 이상을 해당

운송사업자에게 소속된 차량으로 직접 운송하여야 한다. 다만, 국토교통부령으로 정하는 차량으로 운송하는 경우에는 이를 직접 운송한 것으로 본다.

② 운송사업자는 제1항에 따라 직접 운송하는 화물 이외의 화물에 대하여 다음 각 호의 자 외의 자에게 운송을 위탁하여서는 아니 된다.

1. 다른 운송사업자

2. 다른 운송사업자에게 소속된 위·수탁차주

③ 다른 운송사업자나 운송주선사업자로부터 화물운송을 위탁받은 운송사업자와 운송가맹사업자로부터 화물운송을 위탁받은 운송사업자(운송가맹점인 운송사업자만 해당)는 해당 운송사업자에게 소속된 차량으로 직접 화물을 운송하여야 한다. 다만, 다른 운송사업자나 운송주선사업자로부터 화물운송을 위탁받은 운송사업자가 제1항 단서에 따른 국토교통부령으로 정하는 차량으로 운송하는 경우에는 이를 직접 운송한 것으로 본다.

제16조(화물자동차 운송사업의 양도와 양수 등) ① 화물자동차 운송사업을 양도·양수하려는 경우에는 국토교통부령으로 정하는 바에 따라 양수인은 국토교통부장관에게 신고하여야 한다.

③ 국토교통부장관은 화물자동차의 지역 간 수급균형과 화물운송 시장의 안정과 질서유지를 위하여 국토교통부령으로 정하는 바에 따라 제1항과 제2항에 따른 화물자동차 운송사업의 양도·양수와 합병을 제한할 수 있다.

④ 제1항 또는 제2항에 따른 신고가 있으면 화물자동차 운송사업을 양수한 자는 화물자동차 운송사업을 양도한 자의 운송사업자로서의 지위를 승계하며, 합병으로 설립되거나 존속되는 법인은

합병으로 소멸되는 법인의 운송사업자로서의 지위를 승계한다.

⑥ 제1항 또는 제2항에 따른 신고가 있으면 화물자동차 운송사업을 양도한 자와 위·수탁계약을 체결한 위·수탁차주는 그 동일한 내용의 위·수탁계약을 화물자동차 운송사업을 양수한 자와 체결한 것으로 보며, 합병으로 소멸되는 법인과 위·수탁계약을 체결한 위·수탁차주는 그 동일한 내용의 위·수탁계약을 합병으로 존속하거나 신설되는 법인과 체결한 것으로 본다.

⑦ 제3조 제10항에 따라 허가받은 운송사업자는 그 사업을 양도할 수 없다.

제17조(화물자동차 운송사업의 상속) ① 운송사업자가 사망한 경우 상속인이 그 화물자동차 운송사업을 계속하려면 피상속인이 사망한 후 90일 이내에 국토교통부장관에게 신고하여야 한다.

② 상속인이 제1항의 신고를 하면 피상속인이 사망한 날부터 신고한 날까지 피상속인에 대한 화물자동차 운송사업의 허가는 상속인에 대한 허가로 본다.

③ 제1항에 따라 신고한 상속인은 피상속인의 운송사업자로서의 지위를 승계한다.

④ 제1항의 상속인의 결격사유에 관하여는 제4조를 준용한다. 다만, 상속인이 피상속인의 사망일부터 3개월 이내에 그 화물자동차 운송사업을 다른 사람에게 양도하면 피상속인의 사망일부터 양도일까지 피상속인에 대한 화물자동차 운송사업의 허가는 상속인에 대한 허가로 본다.

제19조(화물자동차 운송사업의 허가취소 등) ① 국토교통부장관은 운송사업자가 다음 각 호의 어느 하나에 해당하면 그 허가를 취소하거나 6개월 이내의 기간을 정하여 그 사업의 전부 또는 일

부의 정지를 명령하거나 감차조치를 명할 수 있다. 다만, 제1호·제5호 또는 제13호의 경우에는 그 허가를 취소하여야 한다.

1. 부정한 방법으로 제3조 제1항에 따른 허가를 받은 경우

1의2. 허가를 받은 후 6개월간의 운송실적이 국토교통부령으로 정하는 기준에 미달한 경우

2. 부정한 방법으로 제3조 제3항에 따른 변경허가를 받거나, 변경허가를 받지 아니하고 허가사항을 변경한 경우

3. 제3조 제5항에 따른 기준을 충족하지 못하게 된 경우

4. 제3조 제7항에 따른 신고를 하지 아니하였거나 거짓으로 신고한 경우

4의2. 화물자동차 소유 대수가 2대 이상인 운송사업자가 제3조 제8항에 따른 영업소 설치 허가를 받지 아니하고 주사무소 외의 장소에서 상주하여 영업한 경우

4의3. 제3조 제11항에 따른 조건 또는 기한을 위반한 경우

5. 제4조 각 호의 어느 하나에 해당하게 된 경우. 다만, 법인의 임원 중 제4조 각 호의 어느 하나에 해당하는 자가 있는 경우에 3개월 이내에 그 임원을 개임하면 허가를 취소하지 아니한다.

6. 화물운송 종사자격이 없는 자에게 화물을 운송하게 한 경우

7. 제11조에 따른 준수사항을 위반한 경우

7의2. 제11조의2에 따른 직접운송 의무 등을 위반한 경우

7의3. 제11조의3에 따른 위탁화물의 관리책임을 이행하지 아니한 경우

7의4. 1대의 화물자동차를 본인이 직접 운전하는 운송사업자, 운송사업자가 채용한 운수종사자 또는 위·수탁차주가 제12조 제1항 제5호를 위반하여 제70조에 따른 과태료 처분을 1년 동

안 3회 이상 받은 경우

8. 정당한 사유 없이 제13조에 따른 개선명령을 이행하지 아니한 경우

9. 정당한 사유 없이 제14조에 따른 업무개시 명령을 이행하지 아니한 경우

9의2. 제16조 제7항을 위반하여 사업을 양도한 경우

10. 이 조에 따른 사업정지처분 또는 감차조치 명령을 위반한 경우

11. 중대한 교통사고 또는 빈번한 교통사고로 1명 이상의 사상자를 발생하게 한 경우

12. 제44조의2 제1항에 따라 보조금의 지급이 정지된 자가 그날부터 5년 이내에 다시 같은 항 각 호의 어느 하나에 해당하게 된 경우

12의2. 제47조의2 제1항에 따른 신고를 하지 아니하였거나 거짓으로 신고한 경우

12의3. 제47조의2 제2항에 따른 기준을 충족하지 못하게 된 경우

13. 화물자동차 교통사고와 관련하여 거짓이나 그 밖의 부정한 방법으로 보험금을 청구하여 금고 이상의 형을 선고받고 그 형이 확정된 경우

③ 제1항에 따른 허가취소·사업정지 처분 또는 감차조치 명령의 기준과 절차, 그 밖에 필요한 사항은 대통령령으로 정한다.

제20조(자동차 사용의 정지) ① 운송사업자는 다음 각 호의 어느 하나에 해당하면 해당 화물자동차의 자동차등록증과 자동차등록번호판을 국토교통부장관에게 반납하여야 한다.

1. 제18조 제1항에 따라 화물자동차 운송사업의 휴업·폐업신고를 한 경우

2. 제19조 제1항에 따라 허가취소 또는 사업정지처분을 받은 경우

3. 감차를 목적으로 허가사항을 변경한 경우(제19조 제1항에 따른 감차조치 명령에 따른 경우를 포함)

4. 제3조 제9항에 따른 임시허가 기간이 만료된 경우

제6장 경영의 합리화

제40조(경영의 위탁) ① 운송사업자는 화물자동차 운송사업의 효율적인 수행을 위하여 필요하면 다른 사람(운송사업자를 제외한 개인)에게 차량과 그 경영의 일부를 위탁하거나 차량을 현물출자한 사람에게 그 경영의 일부를 위탁할 수 있다.

② 국토교통부장관은 화물운송시장의 질서유지 및 운송사업자의 운송서비스 향상을 유도하기 위하여 필요한 경우 제1항에도 불구하고 제3조 제11항에 따라 경영의 위탁을 제한할 수 있다.

③ 운송사업자와 위·수탁차주는 대등한 입장에서 합의에 따라 공정하게 위·수탁계약을 체결하고, 신의에 따라 성실하게 계약을 이행하여야 한다.

④ 제3항에 따른 계약의 당사자는 그 계약을 체결함에 있어 차량소유자·계약기간, 그 밖에 국토교통부령으로 정하는 사항을 계약서에 명시하여야 하며, 서명날인한 계약서를 서로 교부하여 보관하여야 한다. 이 경우 계약의 당사자가 표준 위·수탁계약서의 사용을 권장하기 위하여 국토교통부장관은 표준 위·수탁계약서를 고시한다.

⑤ 제3항에 따른 위·수탁계약의 기간은 2년 이상으로 하여야 한다.

⑥ 시·도지사는 제3항에 따른 위·수탁계약의 체결·이행으로 발생하는 분쟁의 해결을 지원하기 위하여 대통령령으로 정하는

바에 따라 화물운송사업분쟁조정협의회를 설치·운영할 수 있다.

⑦ 제3항에 따른 위·수탁계약의 내용이 당사자 일방에게 현저하게 불공정한 경우로서 다음 각 호의 어느 하나에 해당하는 경우에는 그 부분에 한정하여 무효로 한다.

1. 운송계약의 형태·내용 등 관련된 모든 사정에 비추어 계약체결 당시 예상하기 어려운 내용에 대하여 상대방에게 책임을 전가하는 경우

2. 계약내용에 대하여 구체적인 정함이 없거나 당사자 간 이견이 있는 경우 계약내용을 일방의 의사에 따라 정함으로써 상대방의 정당한 이익을 침해한 경우

3. 계약불이행에 따른 당사자의 손해배상책임을 과도하게 경감하거나 가중하여 정함으로써 상대방의 정당한 이익을 침해한 경우

4. 「민법」 및 이 법 등 관계 법령에서 인정하고 있는 상대방의 권리를 상당한 이유 없이 배제하거나 제한하는 경우

5. 그 밖에 위·수탁계약의 내용 중 일부가 당사자 일방에게 현저하게 불공정하여 해당 부분을 무효로 할 필요가 있는 경우로서 대통령령으로 정하는 경우

제40조의2(위·수탁계약의 갱신 등) ① 운송사업자는 위·수탁차주가 위·수탁계약기간 만료 전 150일부터 60일까지 사이에 위·수탁계약의 갱신을 요구하는 경우에는 대통령령으로 정하는 바에 따라 위·수탁계약을 갱신하기 어려운 중대한 사유가 있는 경우를 제외하고는 이를 거절할 수 없다. 다만, 최초 위·수탁계약의 기간을 포함한 전체 위·수탁계약 기간이 6년을 초과하는 경우에는 그러하지 아니하다.

② 운송사업자가 제1항에 따른 갱신 요구를 거절하는 경우에는

그 요구를 받은 날부터 15일 이내에 위·수탁차주에게 거절 사유를 적어 서면으로 통지하여야 한다.

③ 운송사업자가 제2항의 거절 통지를 하지 아니하거나 위·수탁계약기간 만료 전 150일부터 60일까지 사이에 위·수탁차주에게 계약 조건의 변경에 대한 통지나 위·수탁계약을 갱신하지 아니한다는 사실의 통지를 서면으로 하지 아니한 경우에는 계약 만료 전의 위·수탁계약과 같은 조건으로 다시 위·수탁계약을 체결한 것으로 본다. 다만, 위·수탁차주가 계약이 만료되는 날부터 30일 전까지 이의를 제기하거나 운송사업자나 위·수탁차주에게 천재지변이나 그 밖에 대통령령으로 정하는 부득이한 사유가 있는 경우에는 그러하지 아니하다.

제40조의3(위·수탁계약의 해지 등) ① 운송사업자는 위·수탁계약을 해지하려는 경우에는 위·수탁차주에게 2개월 이상의 유예기간을 두고 계약의 위반 사실을 구체적으로 밝히고 이를 시정하지 아니하면 그 계약을 해지한다는 사실을 서면으로 2회 이상 통지하여야 한다. 다만, 대통령령으로 정하는 바에 따라 위·수탁계약을 지속하기 어려운 중대한 사유가 있는 경우에는 그러하지 아니하다.

② 제1항에 따른 절차를 거치지 아니한 위·수탁계약의 해지는 그 효력이 없다.

③ 운송사업자가 다음 각 호의 어느 하나에 해당하는 사유로 제19조 제1항에 따른 허가취소 또는 감차조치(위·수탁차주의 화물자동차가 감차조치의 대상이 된 경우에만 해당)를 받은 경우 해당 운송사업자와 위·수탁차주의 위·수탁계약은 해지된 것으로 본다.

1. 제19조 제1항 제1호·제2호·제3호 또는 제5호

2. 그 밖에 운송사업자의 귀책사유(위·수탁차주의 고의에 의하여 허가취소 또는 감차조치될 수 있는 경우는 제외)로 허가취소 또는 감차조치되는 경우로서 대통령령으로 정하는 경우

④ 국토교통부장관 또는 연합회는 제3항에 따라 해지된 위·수탁계약의 위·수탁차주였던 자가 다른 운송사업자와 위·수탁계약을 체결할 수 있도록 지원하여야 한다. 이 경우 해당 위·수탁차주였던 자와 위·수탁계약을 체결한 운송사업자는 위·수탁계약의 체결을 명목으로 부당한 금전지급을 요구하여서는 아니 된다.

제40조의4(위·수탁계약의 양도·양수) ① 위·수탁차주는 운송사업자의 동의를 받아 제40조 제3항에 따른 위·수탁계약상의 지위를 타인에게 양도할 수 있다. 다만, 다음 각 호의 어느 하나의 해당하는 사유가 발생하는 경우에는 운송사업자는 양수인이 제8조에 따른 화물운송 종사자격을 갖추지 못한 경우 등 대통령령으로 정하는 경우를 제외하고는 위·수탁계약의 양도에 대한 동의를 거절할 수 없다.

1. 업무상 부상 또는 질병의 발생 등으로 자신이 위탁받은 경영의 일부를 수행할 수 없는 경우
2. 그 밖에 위·수탁차주에게 부득이한 사유가 발생하는 경우로서 대통령령으로 정하는 경우

② 제1항에 따라 위·수탁계약상의 지위를 양수한 자는 양도인의 위·수탁계약상 권리와 의무를 승계한다.

③ 제1항 단서에 따라 위·수탁계약상의 지위를 양도하는 경우 위·수탁차주는 운송사업자에게 양도 사실을 서면으로 통지하여야 한다.

④ 제3항의 통지가 있은 날부터 1개월 이내에 운송사업자가 양도

에 대한 동의를 거절하지 아니하는 경우에는 운송사업자가 양도에 동의한 것으로 본다.

제43조(재정지원) [시행일: 2015. 12. 23.] ① 국가는 지방자치단체, 사업자단체 또는 운수사업자가 다음 각 호의 어느 하나에 해당하는 사업을 수행하는 경우로서 재정적 지원이 필요하다고 인정되면 대통령령으로 정하는 바에 따라 소요자금의 일부를 보조하거나 융자할 수 있다.

1. 공동차고지 및 공영차고지 건설
2. 화물자동차 운수사업의 정보화
3. 낡은 차량의 대체
4. 연료비가 절감되거나 환경친화적인 화물자동차 등으로의 전환 및 이를 위한 시설·장비의 투자
6. 화물자동차 운수사업의 서비스 향상을 위한 시설·장비의 확충과 개선
7. 그 밖에 화물자동차 운수사업의 경영합리화를 위한 사항으로서 국토교통부령으로 정하는 사항

② 특별시장·광역시장·특별자치시장·특별자치도지사·시장 또는 군수는 운송사업자, 운송가맹사업자 및 제40조 제1항에 따라 화물자동차 운송사업을 위탁받은 자(이하 이 조, 제44조 및 제44조의2에서 "운송사업자 등")에게 유류에 부과되는 다음 각 호의 세액 등의 인상액에 상당하는 금액의 전부 또는 일부를 대통령령으로 정하는 바에 따라 보조할 수 있다.

1. 「교육세법」 제5조 제1항, 「교통·에너지·환경세법」 제2조 제1항 제2호, 「지방세법」 제136조 제1항에 따라 경유에 각각 부과되는 교육세, 교통·에너지·환경세, 자동차세

2. 「개별소비세법」 제1조 제2항 제4호 바목, 「교육세법」 제5조 제1항, 「석유 및 석유대체연료 사업법」 제18조 제2항 제1호에 따라 석유가스 중 부탄에 각각 부과되는 개별소비세·교육세·부과금

제44조(보조금의 사용 등) ① 제43조 제1항에 따라 보조 또는 융자받은 자는 그 자금을 보조 또는 융자받은 목적 외의 용도로 사용하여서는 아니 된다.

③ 국토교통부장관·특별시장·광역시장·특별자치시장·특별자치도지사·시장 또는 군수는 거짓이나 부정한 방법으로 제43조 제1항 또는 제2항에 따라 보조금이나 융자금을 교부받은 사업자단체 또는 운송사업자등에게 보조금이나 융자금의 반환을 명하여야 하며, 이에 따르지 아니하면 국세 또는 지방세 체납처분의 예에 따라 회수할 수 있다.

제44조의2(보조금의 지급 정지 등) [시행일: 2015. 12. 23.] ① 특별시장·광역시장·특별자치시장·특별자치도지사·시장 또는 군수는 운송사업자 등이 다음 각 호의 어느 하나에 해당하면 대통령령으로 정하는 바에 따라 1년의 범위에서 제43조 제2항에 따른 보조금의 지급을 정지하여야 한다.

1. 「석유및석유대체연료사업법」 제2조 제9호에 따른 석유판매업자 또는 「액화석유가스의안전관리및사업법」 제2조 제5호에 따른 액화석유가스 충전사업자(이하 "주유업자 등")로부터 「부가가치세법」 제32조에 따른 세금계산서를 거짓으로 발급받아 보조금을 지급받은 경우

2. 주유업자 등으로부터 유류의 구매를 가장하거나 실제 구매금액을 초과하여 「여신전문금융업법」 제2조에 따른 신용카드, 직불

카드, 선불카드 등으로서 보조금의 신청에 사용되는 카드(이하 "유류구매카드")로 거래를 하거나 이를 대행하게 하여 보조금을 지급받은 경우

3. 화물자동차 운수사업이 아닌 다른 목적에 사용한 유류분에 대하여 보조금을 지급받은 경우

4. 다른 운송사업자 등이 구입한 유류 사용량을 자기가 사용한 것으로 위장하여 보조금을 지급받은 경우

5. 그 밖에 제43조 제2항에 따라 대통령령으로 정하는 사항을 위반하여 거짓이나 부정한 방법으로 보조금을 지급받은 경우

6. 제3항에 따른 소명서 및 증거자료의 제출요구에 따르지 아니하거나, 같은 항에 따른 검사나 조사를 거부·기피 또는 방해한 경우

② 특별시장·광역시장·특별자치시장·특별자치도지사·시장 또는 군수는 주유업자 등이 제1항 각 호의 어느 하나에 해당하는 행위에 가담하였거나 이를 공모한 경우 대통령령으로 정하는 바에 따라 해당 사업소에 대한 유류구매카드의 거래기능을 정지시킬 수 있다.

제7장 사업자단체

제48조(협회의 설립) ① 운수사업자는 화물자동차 운수사업의 건전한 발전과 운수사업자의 공동이익을 도모하기 위하여 국토교통부장관의 인가를 받아 화물자동차 운송사업, 화물자동차 운송주선사업 및 화물자동차 운송가맹사업의 종류별 또는 특별시·광역시·특별자치시·도·특별자치도(이하 "시·도")별로 협회를 설립할 수 있다.

제49조(협회의 사업) 협회는 다음 각 호의 사업을 한다.

1. 화물자동차 운수사업의 건전한 발전과 운수사업자의 공동이익을 도모하는 사업
2. 화물자동차 운수사업의 진흥 및 발전에 필요한 통계의 작성 및 관리, 외국 자료의 수집·조사 및 연구사업
3. 경영자와 운수종사자의 교육훈련
4. 화물자동차 운수사업의 경영개선을 위한 지도
5. 이 법에서 협회의 업무로 정한 사항
6. 국가나 지방자치단체로부터 위탁받은 업무
7. 제1호부터 제5호까지의 사업에 따르는 업무

제9장 보칙

제58조(압류금지) 제40조 제3항에 따른 계약으로 운송사업자에게 현물출자된 차량 및 제43조 제2항에 따라 지급된 금품과 이를 받을 권리는 압류하지 못한다. 다만, 현물출자된 차량에 대한 세금 또는 벌금·과태료 미납으로 인하여 해당 차량을 압류하는 경우에는 그러하지 아니하다.

제63조(권한의 위임) ① 국토교통부장관은 이 법에 따른 권한의 일부를 대통령령으로 정하는 바에 따라 시·도지사에게 위임할 수 있다.

② 시·도지사는 제1항에 따라 국토교통부장관으로부터 위임받은 권한의 일부를 국토교통부장관의 승인을 받아 시장·군수 또는 구청장에게 재위임할 수 있다.

③ 시·도지사는 이 법에 따른 권한의 일부를 시·도의 조례로 정하는 바에 따라 시장·군수 또는 구청장에게 위임할 수 있다.

화물자동차운수사업법 시행령

제1조(목적) 이 영은 「화물자동차운수사업법」에서 위임된 사항과 그 시행에 필요한 사항을 규정함을 목적으로 한다.

제2조(화물자동차 운송사업의 허가사항 변경신고의 대상) 「화물자동차 운수사업법」제3조 제3항 단서에 따라 변경신고를 하여야 하는 사항은 다음 각 호와 같다.

1. 상호의 변경
2. 대표자의 변경(법인인 경우만 해당)
3. 화물취급소의 설치 또는 폐지
4. 화물자동차의 대폐차
5. 주사무소·영업소 및 화물취급소의 이전. 다만, 주사무소 이전의 경우에는 관할 관청의 행정구역 내에서의 이전만 해당한다.

제3조(화물자동차 운송사업의 종류) 법 제3조 제4항에 따른 화물자동차 운송사업의 종류는 다음 각 호와 같다.

1. 일반화물자동차 운송사업: 일정 대수 이상의 화물자동차를 사용하여 화물을 운송하는 사업
2. 개별화물자동차 운송사업: 화물자동차 1대를 사용하여 화물을 운송하는 사업
3. 용달화물자동차 운송사업: 소형 화물자동차를 사용하여 화물을 운송하는 사업

제5조(화물자동차 운송사업의 허가취소 등의 기준) ① 법 제19조 제1항에 따른 허가취소, 사업정지처분 또는 감차조치 명령은 다음 각 호의 구분에 따라 별표 1의 기준에 따라 하여야 한다. 이 경우 별표 1 제7호 너목의 위반행위에 대한 처분의 세부기준은 국토교

통부령으로 정한다.

1. 허가취소: 화물자동차 운송사업의 허가취소
2. 감차조치: 화물자동차의 감차를 수반하는 허가사항의 변경
3. 위반차량 감차조치: 위반행위와 직접 관련된 화물자동차(위반행위와 직접 관련된 화물자동차가 없는 경우에는 위반행위를 한 운송사업자의 다른 화물자동차)에 대한 감차조치
4. 사업 전부정지: 화물자동차 운송사업 전부의 정지
5. 사업 일부정지: 화물자동차의 5분의 1(이 경우 소수점 이하의 수는 버린다. 다만, 5분의 1에 해당하는 화물자동차의 대수가 1 미만인 경우에는 1대로 본다)에 대한 사용정지
6. 위반차량 운행정지: 위반행위와 직접 관련된 화물자동차(위반행위와 직접 관련된 화물자동차가 없는 경우에는 위반행위를 한 운송사업자의 다른 화물자동차)의 사용정지

제9조의11(위·수탁계약 갱신요구의 거절 사유 등) ① 법 제40조의2 제1항 본문에 따른 위·수탁계약을 갱신하기 어려운 중대한 사유가 있는 경우는 다음 각 호의 어느 하나에 해당하는 경우로 한다.

1. 위·수탁차주가 거짓이나 그 밖의 부정한 방법으로 위·수탁계약을 체결한 경우
2. 위·수탁차주가 계약기간 동안 법 제12조에 따른 운수종사자의 준수사항을 위반하여 법 제67조에 따른 처벌 또는 법 제70조에 따른 과태료 처분을 받은 경우
3. 위·수탁차주가 계약기간 동안 법 제23조에 따른 처분을 받은 경우
4. 다음 각 목의 어느 하나에 해당하는 운송사업자의 요청 또는

지도·감독을 위·수탁차주가 정당한 사유 없이 따르지 아니한 경우

가. 법 제3조 제7항에 따른 신고에 필요한 자료의 제출 요청

나. 법 제11조 제5항에 따른 지도·감독

② 법 제40조의2 제3항 단서에서 "대통령령으로 정하는 부득이한 사유가 있는 경우"란 다음 각 호의 어느 하나에 해당하는 경우를 말한다.

1. 운송사업자가 사고·질병 등 일신상의 사유로 위·수탁계약의 갱신에 관한 의사표시를 할 수 없는 경우

2. 위·수탁차주의 소재 불명이나 국외 이주 등으로 운송사업자가 위·수탁차주에게 위·수탁계약의 갱신에 관한 의사표시를 할 수 없는 경우

제9조의12(위·수탁계약 해지 절차의 예외) 법 제40조의3 제1항 단서에 따른 위·수탁계약을 지속하기 어려운 중대한 사유가 있는 경우는 다음 각 호의 어느 하나에 해당하는 경우로 한다.

1. 위·수탁차주가 법 제8조 제1항에 따른 화물운송 종사자격을 갖추지 아니한 경우

2. 위·수탁차주가 계약기간 동안 법 제12조에 따른 운수종사자의 준수사항을 위반하여 법 제67조에 따른 처벌 또는 법 제70조에 따른 과태료 처분을 받은 경우

3. 위·수탁차주가 계약기간 동안 법 제23조에 따른 처분을 받은 경우

4. 위·수탁차주가 사고·질병 또는 국외 이주 등 일신상의 사유로 더 이상 위탁받은 운송사업을 경영할 수 없게 된 경우

제14조(권한의 위임) 국토교통부장관은 법 제63조 제1항에 따라

다음 각 호의 사항에 관한 권한을 시·도지사에게 위임한다.

1. 법 제3조 제1항에 따른 화물자동차 운송사업의 허가
2. 법 제3조 제3항 본문에 따른 화물자동차 운송사업의 허가사항 변경허가
10. 법 제19조 제1항에 따른 화물자동차 운송사업의 허가취소, 사업정지처분 및 감차조치 명령
11. 법 제20조에 따른 화물자동차의 자동차등록증과 자동차등록번호판의 반납 및 반환
14. 법 제23조 제1항에 따른 화물운송 종사자격의 취소 및 효력의 정지
17. 법 제27조에 따른 화물자동차 운송주선사업의 허가취소 및 사업정지처분

화물자동차운수사업법 시행규칙

제1장 총칙

제1조(목적) 이 규칙은「화물자동차 운수사업법」및 같은 법 시행령에서 위임된 사항과 그 시행에 필요한 사항을 규정함을 목적으로 한다.

제2조(정의) 이 규칙에서 사용하는 용어의 뜻은 다음과 같다.

1. "관할관청"이란 제4조에 따라 관할이 정하여지는 특별시장·광역시장·특별자치시장·도지사 또는 특별자치도지사(이하 "시·도지사")를 말한다.

제3조(화물자동차)「화물자동차운수사업법」제2조 제1호에서 "국토교통부령으로 정하는 자동차"란「자동차관리법 시행규칙」별표 1에 따른 일반형·덤프형·밴형 및 특수용도형 화물자동차와 견인형·구난형 및 특수작업형 특수자동차를 말한다.

제4조(관할관청) ① 화물자동차 운수사업(화물자동차 운송가맹사업은 제외)은 주사무소(법인이 아닌 경우에는 주소지를 말하되, 주소지 외의 장소에 사업장·공동사업장 또는 사무실을 마련하여 화물자동차 운수사업을 경영하는 경우에는 그 사업장·공동사업장 또는 사무실을 주사무소로 본다) 소재지를 관할하는 시·도지사가 관장한다.

② 화물자동차 운수사업의 영업소 및 화물취급소와 영업소에 배치된 화물자동차는 제1항에도 불구하고 그 소재지를 관할하는 시·도지사가 관장한다.

③ 화물자동차 운수사업을 양도·양수하거나 법인을 합병할 때

둘 이상의 관할관청이 있는 경우에는 양수인 또는 합병으로 존속하거나 신설되는 법인의 주사무소 소재지를 관할하는 시·도지사가 관할관청이 된다.

④ 화물운송 종사자격의 취소 또는 효력정지 처분은 처분 대상자의 주소지를 관할하는 시·도지사가 관장한다.

제2장 화물자동차 운송사업

제5조(차고지의 설치 등) ① 법 제3조 제1항에 따라 화물자동차 운송사업의 허가를 받은 자는 주사무소 또는 영업소가 있는 특별시·광역시·특별자치시·특별자치도·시 또는 군(광역시의 군은 제외)에 차고지를 설치하여야 한다. 다만, 다음 각 호의 어느 하나에 해당하는 경우에는 그러하지 아니하다.

1. 주사무소 또는 영업소가 특별시·광역시에 있는 경우 그 특별시·광역시·특별자치시와 맞닿은 특별시·광역시·특별자치시 또는 도에 있는 공동차고지, 공영차고지, 화물자동차 휴게소, 화물터미널 또는 지방자치단체의 조례로 정한 시설을 차고지로 이용하는 경우

2. 주사무소 또는 영업소가 시·군에 있는 경우 그 시·군이 속하는 도에 있는 공동차고지, 공영차고지, 화물자동차 휴게소, 화물터미널 또는 지방자치단체의 조례로 정한 시설을 차고지로 이용하는 경우

3. 주사무소 또는 영업소가 시·군에 있는 경우 그 시·군이 속하는 도와 맞닿은 특별시·광역시·특별자치시 또는 도에 있는 공동차고지, 공영차고지, 화물자동차 휴게소, 화물터미널 또는 지방자치단체의 조례로 정한 시설을 차고지로 이용하는 경우

② 운송사업자는 제1항에 따라 차고지를 설치하였을 때에는 그 차고지의 소재지를 관할하는 특별자치시장·특별자치도지사·시장·군수 또는 구청장에게 별지 제1호 서식의 차고지 설치확인 신청서를 제출하여 차고지 설치에 관한 확인을 신청할 수 있으며, 신청을 받은 특별자치시장·특별자치도지사·시장·군수 또는 구청장은 신청일부터 10일 이내에 차고지 설치 여부를 확인한 후 별지 제2호 서식의 차고지 설치 확인서를 발급(전자문서에 의한 발급을 포함)하여야 한다.

③ 제2항의 차고지 설치확인 신청서에는 다음 각 호의 서류를 첨부하여야 한다.

1. 차고지의 임대계약서(차고지를 임차하는 경우)

2. 차고지의 위치도

④ 제3항에 따른 차고지 설치확인 신청서를 받은 특별자치시장·특별자치도지사·시장·군수 또는 구청장은 「전자정부법」 제36조 제1항에 따른 행정정보의 공동이용을 통하여 다음 각 호의 사항을 확인하여야 한다. 다만, 주민등록표 등본에 대해서는 신청인으로부터 확인에 대한 동의를 받고, 신청인이 확인에 동의하지 아니하는 경우에는 그 서류를 첨부하도록 하여야 한다.

1. 신청인의 주민등록표 등본(법인인 경우에는 법인 등기사항증명서)

2. 토지등기부 등본 및 토지대장(화물터미널을 차고지로 이용하는 경우는 제외)

3. 토지이용계획확인원(화물터미널을 차고지로 이용하는 경우는 제외)

제6조(사업 허가신청) ① 법 제3조 제1항에 따라 화물자동차 운송사업의 허가를 받으려는 자는 별지 제3호 서식의 화물자동차 운

송사업 허가신청서를 관할관청에 제출하여야 한다.

② 제1항의 화물자동차 운송사업 허가신청서에는 다음 각 호의 서류를 첨부하여야 한다. 이 경우 관할관청은 「전자정부법」 제36조 제1항에 따른 행정정보의 공동이용을 통하여 법인 등기사항증명서(신청인이 법인인 경우)를 확인하여야 한다.

1. 주사무소·영업소 및 화물취급소의 명칭·위치 및 규모를 적은 서류

2. 주사무소 및 영업소에 배치하는 화물자동차의 대수·종류·차명·형식·연식 및 최대 적재량을 적은 서류

4. 별지 제2호 서식의 차고지 설치 확인서

5. 화물자동차의 매매계약서·양도증명서 또는 출고예정증명서

③ 개별화물자동차 운송사업 또는 용달화물자동차 운송사업의 허가를 받으려는 자 중 화물을 집화·분류·배송하는 형태의 운송사업을 하는 운송사업자와 전속 운송계약을 통해 화물의 집화·배송만을 담당하고자 허가를 신청하는 자는 제2항의 첨부서류에 국토교통부장관이 정하여 고시하는 서류를 추가로 제출하여야 한다.

제7조(허가절차) ① 관할관청은 제6조 제1항 및 제3항에 따라 화물자동차 운송사업의 허가신청을 받았을 때에는 제6조 제2항 각 호 및 제3항의 서류가 구비되었는지와 법 제3조 제5항 제1호에 따른 공급기준에 맞는지를 심사한 후 별지 제3호 서식의 화물자동차 운송사업 예비허가증을 발급하여야 한다.

② 관할관청은 제1항에 따라 화물자동차 운송사업 예비허가증을 발급하였을 때에는 신청일부터 20일 이내에 다음 각 호의 사항을 확인한 후 별지 제4호 서식의 화물자동차 운송사업 허가증을 발급하여야 한다.

1. 법 제4조 각 호의 결격사유의 유무

2. 화물자동차의 등록 여부

3. 차고지 설치 여부 등 제13조에 따른 허가기준에 맞는지 여부

4. 법 제35조에 따른 적재물배상 책임보험 또는 공제의 가입 여부

5. 화물자동차 운전업무에 종사하는 자의 화물운송 종사자격 보유 여부

③ 관할관청은 제2항에 따라 화물자동차 운송사업 허가증을 발급하였을 때에는 그 사실을 법 제48조에 따른 협회에 통지(전자문서에 의한 통지를 포함)하고 별지 제5호 서식의 화물자동차 운송사업 허가대장에 기록하여 관리하여야 한다.

제8조(화물자동차 운송사업 허가증의 변경 등) ① 운송사업자는 화물자동차 운송사업 허가증의 기재 내용이 변경되었을 때에는 관할관청에 변경을 신청하여야 한다.

② 운송사업자는 화물자동차 운송사업 허가증을 잃어버리거나 헐어 못 쓰게 되어 재발급받으려는 경우에는 별지 제6호 서식의 허가증 재발급 신청서에 화물자동차 운송사업 허가증(헐어 못 쓰게 된 경우만 해당)을 첨부하여 관할관청에 제출하여야 한다.

제9조(변경허가) ① 법 제3조 제3항 본문에 따라 변경허가(제11조에 따른 영업소의 허가사항을 변경하는 경우를 포함하되, 제9조의 2에 따른 변경허가는 제외)를 받으려는 자는 별지 제7호 서식의 화물자동차 운송사업 변경허가신청서에 다음 각 호의 서류를 첨부하여 관할관청에 신청하여야 한다.

1. 신·구 허가사항을 대조한 서류

2. 증차를 수반하는 경우에는 제6조 제2항 제4호 및 제5호의 서류

② 관할관청은 제1항에 따라 화물자동차 운송사업의 변경허가신

청을 받았을 때에는 제1항 각 호의 서류가 갖추어졌는지와 법 제3조 제5항 제1호에 따른 공급기준에 맞는지(증차를 수반하는 변경허가신청의 경우만 해당)를 확인한 후 예비변경허가를 하여야 한다.
③ 관할관청은 제2항에 따라 예비변경허가를 하였을 때에는 신청일부터 20일 이내에 다음 각 호의 사항을 확인한 후 변경허가를 하여야 한다.

1. 법 제4조 각 호의 결격사유의 유무
2. 화물자동차의 등록 여부
3. 차고지 설치 여부 등 제13조에 따른 허가기준에 맞는지 여부
4. 적재물배상보험등의 가입 여부
5. 화물자동차 운전업무에 종사하는 자의 화물운송 종사자격 보유 여부(증차를 수반하는 변경허가신청의 경우만 해당)

④ 관할관청은 제3항에 따라 변경허가를 하였을 때에는 그 사실을 협회에 통지하고 별지 제5호 서식의 화물자동차 운송사업 허가대장에 기록하여 관리하여야 한다.

제9조의2(차고지 변경에 따른 변경허가) ① 차고지 변경에 따른 변경허가(제11조에 따라 차고지 변경에 따른 영업소의 허가사항을 변경하는 경우를 포함)를 받으려는 자는 별지 제1호 서식의 차고지 설치 확인 신청서에 다음 각 호의 서류를 첨부하여 해당 차고지의 소재지를 관할하는 특별자치시장·특별자치도지사·시장·군수 또는 구청장에게 제출하여야 한다.

1. 제5조 제3항 각 호의 서류
2. 별지 제7호 서식의 화물자동차 운송사업 변경허가신청서

② 제1항에 따라 차고지 설치 확인신청을 받은 특별자치시장·특별자치도지사·시장·군수·구청장은 제5조 제4항에 따라 차고

지 설치 여부를 확인한 후 다음 각 호의 서류를 관할관청에 이송하여야 한다.

1. 별지 제2호 서식의 차고지 설치 확인서

2. 별지 제7호 서식의 화물자동차 운송사업 변경허가신청서

③ 관할관청은 제2항에 따른 서류를 받은 날부터 6일 이내에 변경허가를 하여야 한다. 이 경우 관할관청은 그 사실을 협회에 통지하고 별지 제5호 서식의 화물자동차 운송사업 허가대장에 기록하여 관리하여야 한다.

제10조(허가사항의 경미한 변경신고) ① 운송사업자는 법 제3조 제3항 단서 및 「화물자동차 운수사업법 시행령」 제2조에 따라 허가사항 변경신고를 할 때에는 별지 제8호 서식의 화물자동차 운송사업 허가사항 변경신고서를 협회에 제출하여야 한다. 다만, 영제2조 제1호·제2호 및 제5호의 경우에는 그 변경사유가 발생한 날부터 30일 이내에 제출하여야 한다.

② 운송사업자는 제1항의 신고서에 신·구 허가사항을 대조한 서류 및 도면을 첨부하여야 한다.

제12조(허가의 이관) 관할관청은 운송사업자가 주사무소를 다른 특별시·광역시·특별자치시·도 또는 특별자치도로 이전하기 위하여 변경허가를 신청하였을 때에는 이전하려는 지역의 관할관청에 관련 서류를 이관하고, 그 사실을 협회에 통지하여야 한다.

제13조(허가기준) 법 제3조 제5항 제2호에 따른 화물자동차 운송사업의 허가기준은 별표 1과 같다.

제14조(허가기준에 관한 사항의 신고 등) ① 법 제3조 제7항에 따라 화물자동차 운송사업의 허가기준에 관한 사항을 신고하려는 자(화물자동차를 1대만 보유하고 있는 화물자동차 운송사업자는

제외)는 영 제3조의2에 따른 기간이 지난 날부터 3개월 이내에 별지 제10호의2 서식의 화물자동차 운송사업 허가사항 신고서를 관할관청에 제출하여야 한다.

② 제1항에 따른 화물자동차 운송사업 허가사항 신고서에는 다음 각 호의 서류를 첨부하여야 한다. 이 경우 관할관청은 「전자정부법」 제36조 제1항에 따른 행정정보의 공동이용을 통하여 법인 등기사항증명서(신고인이 법인인 경우만 해당)를 확인하여야 한다.

1. 제6조 제2항 제1호·제2호 및 제4호의 서류
3. 화물자동차를 소유하고 있음을 증명하는 서류
4. 적재물배상보험등의 가입을 증명하는 서류

제18조(화물자동차 운전자의 연령·운전경력 등의 요건) 법 제8조 제1항 제1호에 따른 화물자동차 운수사업의 운전업무에 종사할 수 있는 자의 연령·운전경력 등의 요건은 다음 각 호와 같다.

1. 화물자동차를 운전하기에 적합한 「도로교통법」 제80조에 따른 운전면허를 가지고 있을 것
2. 20세 이상일 것
3. 운전경력이 2년 이상일 것. 다만, 여객자동차 운수사업용 자동차 또는 화물자동차 운수사업용 자동차를 운전한 경력이 있는 경우에는 그 운전경력이 1년 이상이어야 한다.

제21조(운송사업자의 준수사항) 법 제11조 제1항 및 제17항에 따른 화물운송 질서확립, 화물자동차 운송사업의 차고지 이용 및 운송시설에 관한 사항과 그 밖에 수송의 안전 및 화주의 편의를 위하여 운송사업자가 준수하여야 할 사항은 다음 각 호와 같다.

2. 소유대수가 1대인 운송사업자의 경우 주사무소가 있는 특별시·광역시·특별자치시 또는 도와 이와 맞닿은 특별시·광역시·

특별자치시 또는 도 외의 지역에 상주하여 화물자동차 운송사업을 경영하지 아니할 것

제21조의4(운송사업자의 직접운송의무 등) ① 법 제11조의2 제1항에 따라 일반화물자동차 운송사업자(소유 대수가 2대 이상인 경우에만 해당)는 연간 운송계약 화물의 100분의 50 이상을 직접 운송하여야 한다. 다만, 사업기간이 1년 미만인 경우에는 신규허가를 받은 날 또는 휴업 후 사업개시일부터 그 해의 12월 31일까지의 운송계약 화물을 기준으로 한다.

② 법 제11조의2 제1항 단서에서 "국토교통부령으로 정하는 차량"이란 제1항에 따른 운송사업자와 1년 이상의 운송계약을 맺은 다른 운송사업자 소속의 화물자동차를 말한다.

③ 제1항의 규정에도 불구하고 법 제11조의2 제4항에 따라 운송사업자가 운송주선사업을 동시에 영위하는 경우에는 연간 운송계약 및 운송주선계약 화물의 100분의 30 이상을 직접 운송하여야 한다. 다만, 사업기간이 1년 미만인 경우는 제1항 단서를 준용한다.

④ 법 제11조의2 제5항에 따른 직접운송의 인정기준은 위탁운송 화물의 100분의 80에서 100분의 100의 범위에서 국토교통부장관이 정하여 고시하는 기준에 따른다.

제23조(사업의 양도·양수 신고 등) ① 법 제16조 제1항에 따라 화물자동차 운송사업의 양도·양수 신고를 하려는 자는 별지 제16호 서식의 양도·양수신고서를 관할관청에 제출하여야 한다. 이 경우 양도·양수신고서를 받은 관할관청은 양도인의 관할관청과 양도인 및 양수인의 관할 협회에 그 사실을 통지하여야 한다.

② 제1항의 양도·양수 신고서에는 다음 각 호의 서류를 첨부하여야 한다. 이 경우 관할관청은 「전자정부법」 제36조 제1항에 따

른 행정정보의 공동이용을 통하여 법인 등기사항증명서(양수인이 법인에 해당하나 운송사업자가 아닌 경우만 해당)를 확인하여야 한다.

1. 양도·양수계약서 사본
2. 양수인이 법 제4조 각 호의 결격사유에 해당하지 아니함을 증명하는 서류(양수인이 운송사업자가 아닌 경우만 해당)
3. 양도인 또는 양수인이 법인인 경우에는 화물자동차 운송사업의 양도 또는 양수에 관한 그 법인의 의사결정을 증명하는 서류
4. 별지 제2호 서식의 차고지 설치 확인서. 다만, 양도·양수계약서 사본 등으로 차고지의 양도·양수가 확인되는 경우는 제외한다.
5. 양수된 차량을 이용하여 화물자동차 운수사업의 운전업무에 종사하려는 사람의 화물운송 종사자격증 또는 화물운송 종사자격증명 사본
6. 법 제40조 제1항에 따라 화물자동차 운송사업의 일부를 위탁받은 자의 동의서(화물자동차 운송사업의 일부를 양도·양수하는 경우만 해당)

③ 화물자동차 운송사업의 양도·양수는 해당 화물자동차 운송사업의 전부를 대상으로 한다. 다만, 허가기준대수 이상을 소유한 운송사업자가 주사무소가 있는 관할관청의 행정구역 내에서 같은 업종의 다른 운송사업자에게 허가기준대수를 초과하는 부분을 양도·양수하는 경우에는 그러하지 아니하다.

④ 법 제16조 제1항 및 제3항에 따라 화물자동차 운송사업의 양도·양수를 위하여는 다음 각 호의 구분에 따른 날부터 2년의 기간이 지나야 한다. 다만, 제6조 제3항에 따라 허가를 받은 자를

제외한 개별화물자동차 운송사업자 및 용달화물자동차 운송사업자 (소유 대수가 1대인 경우만 해당)는 6개월의 기간이 지나야 한다.

1. 화물자동차 운송사업 허가를 받은 자: 그 허가를 받은 날. 다만, 법률 제7100호 「화물자동차 운수사업법 일부개정법률」 부칙 제3조 제2항에 따른 위·수탁차주에 대한 허가로 인하여 차량을 충당한 경우는 그 차량 충당의 변경신고일로 한다.

2. 화물자동차 운송사업을 양수한 자: 양도·양수신고일

⑤ 제6조 제3항에 따라 허가를 받은 자가 제4항에 따라 양도할 때에는 해당 관할관청이 관할하는 지역에서 집화 등만을 하고 있거나 하려는 자에게만 양도하여야 한다. 다만, 지역 간 수급 균형과 화물운송시장의 안정과 질서유지를 위해 관할관청 간에 사전 합의가 있는 경우에는 다른 관할관청이 관할하는 지역으로 양도할 수 있다.

⑥ 제4항에도 불구하고 다음 각 호의 어느 하나에 해당하는 경우에는 제4항에 따른 양도금지의 기간제한을 받지 아니하고 양도할 수 있다. 다만, 제6조 제3항에 따라 허가를 받은 자는 그러하지 아니하다.

1. 법 제15조에 따라 인증받은 우수업체에게 양도하는 경우

2. 「물류정책기본법」 제38조에 따라 인증받은 종합물류기업(운송사업자만 해당)에게 양도하는 경우

3. 운송사업자(소유대수가 1대인 경우만 해당)가 다음 각 목의 어느 하나에 해당하는 사유로 운전할 수 없는 경우
   가. 질병으로 6개월 이상 직접 운전할 수 없는 경우
   나. 해외이주에 따라 국내에서 운전할 수 없는 경우
   다. 60세 이상인 경우

4. 그 밖에 화물운송실적, 화물운수서비스, 경영상태 등을 종합적으로 고려하여 국토교통부장관이 정하여 고시하는 우수운송사업자에게 양도하는 경우

제27조(처분기준) 영 제5조 제1항 후단의 운송사업자에 대한 행정처분의 세부기준은 별표 2와 같다.

제28조(허가취소 등의 방법 및 절차) ① 관할관청은 법 제19조 제1항 각 호의 위반행위를 적발하였을 때에는 특별한 사유가 없으면 적발한 날부터 30일 이내에 처분을 하여야 한다. 다만, 위반행위와 관련된 화물자동차가 자기 관할이 아닌 경우에는 적발한 날부터 5일 이내에 별지 제20호 서식에 따른 적발통보서를 관할관청에 통지하여야 한다.

② 관할관청은 법 제19조 제1항 및 영 제5조에 따라 허가취소, 감차조치, 사업 전부정지, 사업 일부정지 또는 위반차량 운행정지처분을 하였을 때에는 해당 화물자동차에 대하여 법 제20조 제1항에 따라 자동차등록증과 자동차등록번호판을 반납하도록 하여야 한다.

제5장 화물자동차 운수사업의 경영합리화

제41조의16(경영의 위탁) 법 제40조 제4항에서 "국토교통부령으로 정하는 사항"이란 다음 각 호의 사항을 말한다.

1. 계약기간 및 계약갱신
2. 차량소유자
3. 금전지급 및 채권·채무 관계
4. 차량의 대폐차
5. 차량의 관리 및 운영
6. 교통사고보상 및 사고처리

7. 적재물배상보험 등 보험가입

8. 운수종사자 교육

9. 계약의 해지사유

10. 위·수탁계약에 대한 상호통지

11. 협회의 계약내용 확인

12. 양도·양수에 관한 사항

13. 그 밖에 화물자동차 운송사업의 효율적 수행 및 합리적 경영 위탁을 위하여 국토교통부장관이 필요하다고 인정하는 사항

제7장 자가용 화물자동차의 사용

제52조의3(대폐차의 대상 및 절차 등) ① 법 제57조 제2항에 따른 대폐차의 대상·기한 및 절차는 다음 각 호의 구분에 따른다.

1. 대상: 동일한 용도의 화물자동차(공급이 허용되는 경우만 해당)로 할 것. 이 경우 해당 화물자동차의 세부유형 및 최대적재량 등에 관하여는 국토교통부장관이 정하여 고시한다.

2. 기한: 대폐차 변경신고를 한 날부터 15일 이내에 대폐차할 것. 다만, 국토교통부장관이 정하여 고시하는 부득이한 사유가 있는 경우에는 3개월 이내에 대폐차할 수 있다.

3. 절차: 대폐차를 완료한 경우에는 협회에 통지할 것

② 제1항에도 불구하고 운송사업자가 법률 제7100호 「화물자동차운수사업법 일부개정법률」 부칙 제3조 제2항에 따른 허가로 인하여 대폐차하고자 하는 경우에는 국토교통부장관이 별도로 정하여 고시하는 바에 따른다.

③ 제1항 및 제2항에서 규정한 사항 외에 대폐차의 절차 및 방법 등에 관하여 필요한 세부사항은 국토교통부장관이 정하여 고시한다.

화물자동차운수사업 허가업무 처리지침

제1조(목적) 이 요령은 화물자동차운수사업법에 의한 화물자동차운수사업의 허가업무에 관한 처리기준과 절차를 규정함으로써 처분의 공정성과 객관성을 확보함을 목적으로 한다.

제2조(용어의 정의) 이 요령에서 사용하는 용어의 정의는 다음과 같다.

1. "운수사업"이라 함은 화물자동차운송사업·화물자동차운송주선사업 및 화물자동차운송가맹사업을 말한다.

2. "운송사업"이라 함은 화물자동차운수사업법시행령 제3조의 규정에 의한 일반화물자동차운송사업, 개별화물자동차운송사업 및 용달화물자동차운송사업을 말한다.

3. "주선사업"이라 함은 법제2조 제4호의 규정에 의한 사업을 말한다.

4. "가맹사업"이라 함은 법 제2조 제5호에 의한 사업을 말한다.

5. "공급기준"이라 함은 법 제3조 제5항 제1호, 제24조 제4항 제1호 및 제29조 제3항 제1호의 규정에 따라 국토교통부장관이 정하는 운송사업, 주선사업 및 가맹사업의 허가(자동차의 증차를 수반하는 변경허가를 포함)를 위해 운수사업별·운송사업별로 고시하는 기준을 말한다.

6. "특수용 화물자동차"라 함은 다른 차량에 의해 견인되는 피견인차량과 자동차관리법시행규칙 별표 1의2에 의한 구난형 및 특수작업형 차량을 말한다.

제3조(공급기준의 산정) ① 공급기준은 화물자동차 대수, 운임, 물동량 및 향후 화물운송시장 전망 등을 고려하여 운수사업별(운송

사업을 포함)로 산정한다.

② 제1항의 규정에 의한 공급기준을 산정(변경산정을 포함)함에 있어 사전에 화물자동차운수사업공급기준심의위원회심의를 거쳐야 한다. 다만, 국토교통부장관이 인정하는 경미한 공급기준의 변경의 경우에는 예외로 한다.

제4조(공급기준의 적용) 국토교통부장관 또는 특별시장·광역시장 또는 도지사 및 시장·군수·구청장(이하 "허가관청")은 화물운수사업을 허가함에 있어 국토교통부장관이 정하여 고시하는 공급기준의 범위 내에서 허가하여야 한다. 다만, 컨테이너 운송용 트랙터(피견인차량은 제외) 및 벌크시멘트운송용 차량(피견인차량은 제외)은 운송사업의 공급기준 범위 내에서 따로 기준을 정할 수 있다.

제5조(공급기준 적용의 특례) 제2조 제6호에 의한 특수용화물자동차 및 제2조 제7호의 규정에 의한 특별화물수송용자동차에 대하여는 제3조의 규정에 불구하고 공급기준의 적용대상에서 제외할 수 있다. 다만, 견인차량과 피견인차량이 분리되는 경우에는 그러하지 아니하다.

제6조(공급기준의 고시) ① 국토교통부장관은 제3조의 규정에 의한 화물자동차운수사업별 총공급량, 시도별 공급량, 적용기간, 신규사업자와 기존사업자에 대한 배분비율 등이 포함된 공급기준을 정하여 고시하여야 한다.

② 제1항의 규정에 의한 공급기준은 매년 고시하되 익년도 공급기준에 대하여는 전년도 12월 말까지 고시하여야 한다. 다만 국토교통부장관이 급격한 물동량의 증가 또는 화물운송시장의 안정을 위하여 필요하다고 인정하는 경우에는 예외로 할 수 있다.

③ 각 시·도지사는 물동량 증가 등으로 제2항의 공급기준 외에 지역 내 화물자동차운수사업의 추가공급이 필요하다고 인정하는 경우에는 국토교통부장관에게 공급량의 추가배정을 요구할 수 있으며, 국토교통부장관은 화물자동차운수사업 공급기준 심의위원회의 심의를 거쳐 공급량을 추가로 배정할 수 있다.

제7조(공급량의 시·도별 배정원칙) ① 국토교통부장관은 운수사업별·업종별 공급량의 범위 내에서 시·도의 화물자동차 대수, 주선업체수 및 가맹업체수 등을 감안하여 시·도별로 배정하여야 한다.

② 국토교통부장관은 제1항의 규정에 의한 공급량을 배정함에 있어 필요하다고 인정하는 경우 지역내총생산(GRDP) 증가율 및 화물운송시장의 안정 화 등을 감안하여 총 공급량의 범위 내에서 시·도별로 공급량을 조정(10%이내에 한한다)할 수 있다.

제8조(시·군별 공급량 배정원칙 등) ① 시·도지사는 국토교통부장관이 정한 운수사업별 공급량의 범위 내에서 시·군·구의 화물자동차 대수, 주선업체수·가맹사업체수 등을 고려하여 시·군·구별로 배정하여야 한다.

② 시·도지사는 제1항의 규정에 의한 공급량을 시장·군수·구청장(이하 "시장·군수")에 배분함에 있어 필요하다고 인정하는 경우 당해 시·도에 배정받은 총 공급량의 범위 내에서 조정(10% 이내에 한한다)할 수 있다.

③ 시·도지사는 국토교통부장관으로부터 공급량을 배정받은 날로부터 1개월 이내에 시장·군수에게 공급량을 산정하여 통보하여야 한다.

④ 시·도지사가 제1항의 규정에 의하여 시장·군수에게 운수사

업의 공급량을 배정하는 경우에는 당해 사실을 고시하여야 한다.

⑤ 시·도지사는 제2항의 규정에 의한 시·군·구의 공급량을 배분함에 있어 사전에 시·도별 화물운송지원협의회의 심의를 거쳐야 한다.

제9조(운수사업의 허가시기) ① 운수사업(가맹사업은 제외)의 허가는 연 1회 실시함을 원칙으로 한다. 다만 국토교통부장관의 승인을 받은 경우에는 예외로 할 수 있다.

② 허가관청은 운수사업의 공급량을 배정받은 날로부터 3개월 이내에 허가를 하여야 한다. 다만, 국토교통부장관의 승인을 받은 경우에는 예외로 할 수 있다.

③ 허가관청은 운수사업의 공급량을 배정받은 경우에는 1개월 이내에 당해 연도 업종별 공급량, 허가신청기간, 허가기준 등을 정하여 고시하여야 한다.

위·수탁화물자동차에 대한 운송사업 허가업무 처리지침

제1조(목적) 이 지침은 화물자동차운수사업법(이하 "법") 부칙 제3
조 제2항의 규정에 의하여 법 공포(법률 제7100호, '04.1.20) 당시
화물자동차운송사업(이하 "화물운송사업")을 경영하는 자(이하
"운송사업자")에게 명의신탁한 화물자동차에 의하여 화물운송사
업을 위탁받은 자(이하 "위·수탁차주") 중 2004년 12월 31일부
터 당해 명의신탁 및 위·수탁계약(이하 "위·수탁계약")을 해지
하고 당해 차량(이하 "위·수탁차량")으로 화물운송사업을 경영하
고자 하는 자의 운송 사업의 허가(변경허가를 포함) 업무의 원활
한 처리를 도모함을 목적으로 한다.

제2조(공급기준 적용의 특례) 특별시장·광역시장·시장·군수
또는 구청장(이하 "관할관청")은 법 부칙 제3조 제2항의 규정에
의하여 위·수탁차주에게 화물운송사업의 허가를 하는 경우에는
법 제3조 제5항 제1호의 규정에 의한 공급기준에 관한 규정은 이
를 적용하지 아니한다.

제3조(운송사업 허가신청 기한) ① 위·수탁차주는 운송사업자와
위·수탁계약을 해지한 날부터 3월 이내에 화물운송사업의 허가
를 신청하여야 한다.

② 관할관청은 위·수탁차주가 제1항의 규정에 의한 기간을 경과
하여 화물운송사업의 허가를 신청하는 경우에는 화물운송사업의
허가를 하여서는 아니 된다.

제4조(위·수탁계약의 해지일) 위·수탁계약의 해지일은 다음 각
호의 1과 같다.

1. 위·수탁차주가 운송사업자와 협의하여 계약을 해지한 경우에

는 당해 계약을 해지한 날

2. 민사소송 등 민사관계법령에 따라 계약이 해지된 경우에는 당
   해 계약의 해지에 대한 재판 또는 결정 등이 확정된 날

제5조(업종의 구분) 관할관청이 위·수탁차주에게 화물운송사업의
허가를 하는 경우 운송사업의 종류는 다음 각 호의 1과 같다.

1. 1대를 소유한 위·수탁차주가 화물운송사업의 허가를 신청하
   는 경우에는 화물자동차운수사업법시행규칙(이하 "시행규칙")
   제13조 관련 별표 1의 규정에 따라 당해 화물자동차가 속하는
   업종으로 허가한다.

2. 2대 이상을 소유한 위·수탁차주가 화물운송사업의 허가를 신
   청한 경우에는 시행규칙 제13조 관련 별표 1의 규정에 따라 당
   해 화물자동차가 속하는 업종으로 허가한다.

3. 2대 이상을 소유한 위·수탁차주가 화물운송사업의 허가신청
   시점을 달리하여 신청하는 경우에는 추가로 신청하는 화물자
   동차의 종류가 이미 허가받은 업종에 속하는 경우에는 허가사
   항 변경(증차)허가로 처리하고, 화물자동차의 종류가 이미 허가
   받은 업종에 속하지 아니하는 경우에는 당해 화물자동차가 속
   하는 업종으로 허가한다.

제6조(운송사업의 허가 신청 및 허가) 관할관청은 위·수탁차주
가 운송사업자와 위·수탁계약을 해지하고 화물운송사업의 허가
를 신청하는 경우에는 제1조의 규정의 요건에 해당하는지의 여부
를 확인한 후 화물자동차운수사업법령이 정하는 바에 따라 허가
하여야 한다. 견인형 특수자동차(트랙터)만으로 위·수탁한 차주
가 허가를 신청하는 경우에는 견인형 특수자동차(트랙터) 외에 피
견인형 화물자동차(트레일러)를 소유하고 있음을 확인한 후 허가

하여야 한다.

제7조(기존 운송사업자와 관할관청이 다른 경우의 통지) 위·수
탁차주에 대하여 허가를 한 관할관청은 기존 화물운송사업자와
관할관청이 다를 경우에는 그 허가사실을 기존 화물운송사업자를
관할하는 관할관청에 통지하여야 한다.

제8조(위·수탁차량의 운송사업 허가신청 시 첨부서류) 위·수
탁차주가 운송사업자와 위·수탁계약을 해지하고 화물운송사업
의 허가를 신청하는 경우에는 허가신청서(변경허가신청서 포함)
외에 다음 각 호의 1에 해당하는 서류를 첨부하여 관할관청에 신
청하여야 한다.

1. 관할세무서에 신고한 위·수탁차주의 사업자등록증(유가보조금
   예금통장, 위·수탁차주임이 기록된 자동차등록원부 등'04.1.20
   이전에 위·수탁차주임을 입증할 수 있는 서류) 사본, 위·수
   탁계약 해지서류(분쟁조정협의서 사본 포함) 및 자동차양도증
   명서 사본

2. 법원의 결정조서(판결문 포함) 사본 및 확정증명원 사본

제9조(위·수탁계약이 해지된 경우 운송사업자에 대한 조치) ①
관할관청은 위·수탁차주가 화물운송사업의 허가를 받은 경우에
는 기존 운송사업자가 보유한 허가대수(T/E)에서 분리하여 별지
제1호 서식의 위·수탁 화물차량 관리대장에 별도로 기록·관리
하여야 한다.

② 제1항의 규정에 의하여 별도로 관리하는 허가대수(T/E)분에 대
하여는 대·폐차를 허용하여서는 아니 된다.

③ 관할관청은 위·수탁차주에게 운송사업을 허가한 경우에는 운
송사업의허가 후 10일 이내에 기존 운송사업자에게 허가대수분을

별도로 관리한다는 사실과 의견을 진술할 수 있음을 서면으로 통지하여야 한다.

④ 관할관청은 제1항의 규정에 의하여 별도로 관리하는 운송사업자의 허가대수분에 대하여는 향후 화물자동차의 증차요인이 발생하는 경우 화물자동차운수사업 허가업무 처리지침에 불구하고 당해 운송사업자에게 우선적으로 증차(충당)하여야 한다.

⑤ 특별시장·광역시장 및 도지사는 제2항의 규정에 의하여 관할관청에서 별도로 관리하는 기존 운송사업자의 허가대수분에 대하여 우선 증차를 허용하는 경우 공급기준의 범위 내에서 화물자동차운수사업 허가업무 처리지침을 참고하여 별도의 배정기준을 정하여 시행하여야 한다.

제10조(화물자동차의 대·폐차) ① 기존 운송사업자가 시·도화물자동차운송사업협회에 화물운송사업 허가사항변경(화물자동차의 대·폐차) 신고를 하고자 하는 경우 폐차차량이 직영차량인 경우에는 당해 운전자의 최근 6개월간의 국민연금납부확인서 또는 의료보험납부확인서 등 구체적인 입증서류를 제출하여야 하며, 위·수탁차량인 경우에는 위·수탁차주의 동의서를 제출하여야 한다.

② 운송사업자가 제1항의 규정에 의한 서류를 제출하지 아니한 경우 시·도화물자동차운송사업협회장은 화물운송사업 허가사항변경(화물자동차의 대·폐차)신고를 수리를 하여서는 아니 된다.

자동차관리법

제1장 총칙

제3조(자동차의 종류) ① 자동차는 다음 각 호와 같이 구분한다.

3. 화물자동차: 화물을 운송하기에 적합한 화물적재공간을 갖추고, 화물적재공간의 총적재화물의 무게가 운전자를 제외한 승객이 승차공간에 모두 탑승했을 때의 승객의 무게보다 많은 자동차

4. 특수자동차: 다른 자동차를 견인하거나 구난작업 또는 특수한 작업을 수행하기에 적합하게 제작된 자동차로서 승용자동차·승합자동차 또는 화물자동차가 아닌 자동차

제2장 자동차의 등록

제5조(등록) 자동차(이륜자동차는 제외)는 자동차등록원부에 등록한 후가 아니면 이를 운행할 수 없다. 다만, 제27조 제1항에 따른 임시운행허가를 받아 허가 기간 내에 운행하는 경우에는 그러하지 아니하다.

제6조(자동차 소유권 변동의 효력) 자동차 소유권의 득실변경은 등록을 하여야 그 효력이 생긴다.

제7조(자동차등록원부) ① 시·도지사는 등록원부를 비치·관리하여야 한다.

② 시·도지사는 등록원부의 전부 또는 일부가 멸실된 경우에는 대통령령으로 정하는 바에 따라 등록원부를 복구하기 위하여 필요한 조치를 하여야 한다.

③ 국토교통부장관이나 시·도지사는 등록원부 및 그 기재 사항의 멸실·훼손이나 그 밖의 부정한 유출 등을 방지하고 이를 보존하기 위하여 필요한 조치를 하여야 한다.

④ 등록원부의 열람이나 그 등본 또는 초본을 발급받으려는 자는 국토교통부령으로 정하는 바에 따라 시·도지사에게 신청하여야 한다.

⑤ 시·도지사는 제4항에 따라 등록원부를 열람하게 하거나 그 등본 또는 초본을 발급하는 경우 개인정보의 유출을 방지하기 위하여 국토교통부령으로 정하는 바에 따라 그 내용의 일부를 표시하지 아니할 수 있다.

⑥ 등록원부에는 등록번호, 차대번호, 차명, 사용본거지, 자동차소유자, 원동기형식, 차종, 용도, 세부유형, 구조장치 변경사항, 검사유효기간, 자동차저당권에 관한 사항과 그 밖에 공시할 필요가 있는 사항을 기재하여야 한다. 이 경우 세부 기재사항, 서식 및 기재방법은 대통령령으로 정한다.

제8조(신규등록) ① 신규로 자동차에 관한 등록을 하려는 자는 대통령령으로 정하는 바에 따라 시·도지사에게 신규자동차등록을 신청하여야 한다.

② 시·도지사는 신규등록 신청을 받으면 등록원부에 필요한 사항을 적고 자동차등록증을 발급하여야 한다.

③ 자동차를 제작·조립 또는 수입하는 자(이들로부터 자동차의 판매위탁을 받은 자를 포함하며, 이하 "자동차제작·판매자 등")가 자동차를 판매한 경우에는 국토교통부령으로 정하는 바에 따라 등록원부 작성에 필요한 자동차 제작증 정보를 제69조에 따른 전산정보처리조직에 즉시 전송하여야 하며 산 사람을 갈음하여

지체 없이 신규등록을 신청하여야 한다. 다만, 국토교통부령으로 정하는 바에 따라 산 사람이 직접 신규등록을 신청하는 경우에는 그러하지 아니하다.

제10조(자동차등록번호판) ① 시·도지사는 국토교통부령으로 정하는 바에 따라 자동차등록번호판을 붙이고 봉인을 하여야 한다. 다만, 자동차 소유자 또는 제8조 제3항 본문 및 제12조 제2항 본문에 따라 자동차 소유자를 갈음하여 등록을 신청하는 자가 직접 등록번호판의 부착 및 봉인을 하려는 경우에는 국토교통부령으로 정하는 바에 따라 등록번호판의 부착 및 봉인을 직접 하게 할 수 있다.

② 제1항에 따라 붙인 등록번호판 및 봉인은 시·도지사의 허가를 받은 경우와 다른 법률에 특별한 규정이 있는 경우를 제외하고는 떼지 못한다.

④ 제1항과 제3항에 따른 등록번호판의 부착 또는 봉인을 하지 아니한 자동차는 운행하지 못한다. 다만, 제27조 제2항에 따른 임시운행허가번호판을 붙인 경우에는 그러하지 아니하다.

⑨ 누구든지 등록번호판 영치업무를 방해할 목적으로 제1항에 따른 등록번호판의 부착 및 봉인 이외의 방법으로 등록번호판을 부착하거나 봉인하여서는 아니 되며, 그러한 자동차를 운행하여서도 아니 된다.

제11조(변경등록) ① 자동차 소유자는 등록원부의 기재 사항이 변경(제12조에 따른 이전등록 및 제13조에 따른 말소등록에 해당되는 경우는 제외)된 경우에는 대통령령으로 정하는 바에 따라 시·도지사에게 변경등록을 신청하여야 한다. 다만, 대통령령으로 정하는 경미한 등록 사항을 변경하는 경우에는 그러하지 아니하다.

제12조(이전등록) ① 등록된 자동차를 양수받는 자는 대통령령으로 정하는 바에 따라 시·도지사에게 자동차 소유권의 이전등록을 신청하여야 한다.

② 제53조에 따라 자동차매매업을 등록한 자는 자동차의 매도 또는 매매의 알선을 한 경우에는 산 사람을 갈음하여 제1항에 따른 이전등록 신청을 하여야 한다. 다만, 자동차매매업자 사이에 매매 또는 매매의 알선을 한 경우와 국토교통부령으로 정하는 바에 따라 산 사람이 직접 이전등록 신청을 하는 경우에는 그러하지 아니하다.

③ 자동차를 양수한 자가 다시 제3자에게 양도하려는 경우에는 양도 전에 자기 명의로 제1항에 따른 이전등록을 하여야 한다.

④ 자동차를 양수한 자가 제1항에 따른 이전등록을 신청하지 아니한 경우에는 대통령령으로 정하는 바에 따라 그 양수인을 갈음하여 양도자(이전등록을 신청할 당시 등록원부에 적힌 소유자)가 신청할 수 있다.

⑤ 제4항에 따라 이전등록 신청을 받은 시·도지사는 대통령령으로 정하는 바에 따라 등록을 수리하여야 한다.

자동차등록규칙

제1장 총칙

제1조(목적) 이 규칙은 자동차의 등록과 자동차저당권의 등록에 필요한 사항을 규정함을 목적으로 한다.

제3조(자동차의 사용본거지) ① 등록령 제2조 제2호에서 "국토교통부령으로 정하는 일정한 장소"란 다음 각 호의 어느 하나에 해당하는 장소를 말한다.

1. 자동차 소유자가 개인인 경우: 그 소유자의 주민등록지
2. 자동차 소유자가 법인 또는 법인이 아닌 사단 또는 재단(이하 "법인 등")인 경우: 그 법인 등의 주사무소 소재지

② 제1항 제2호의 장소 외의 다른 장소를 등록령 제2조 제2호에 따른 자동차의 사용본거지(이하 "사용본거지")로 인정받으려는 자동차 소유자는 그 사유를 증명하는 서류를 등록령 제5조에 따른 등록관청(이하 "등록관청")에 제출하여야 한다.

③ 등록관청은 자동차운수사업용 자동차에 대해서는 제1항 및 제2항에도 불구하고 등록관청이 지정하는 장소를 사용본거지로 정할 수 있다.

제1절 통칙

제24조(제3자의 동의 또는 승낙) 등록원인에 대하여 제3자의 동의 또는 승낙이 필요한 경우에는 동의 또는 승낙을 받은 사실을 증명하는 서류를 등록신청서에 첨부하여 제출하여야 한다. 다만, 등록신청서에 제3자가 동의하거나 승낙한 뜻을 적고 서명하거나

날인한 경우와 등록 원인을 증명하는 서류가 확정판결 등 집행력 있는 정본인 경우에는 그러하지 아니하다.

제25조(촉탁 또는 직권에 의한 등록) 촉탁 또는 직권에 의한 등록을 할 때의 기재방법은 신청에 의한 등록에 준하되, 직권에 의한 등록을 할 때에는 접수번호란에 사선을 그어야 한다.

제26조(채권자대위에 의한 등록 등) ① 등록관청은 등록령 제14조에 따른 채권자대위에 의한 신청에 따라 등록할 때에는 등록원부의 사항란에 채권자의 성명 또는 명칭 및 주소와 대위(代位)의 원인을 적어야 한다.

② 등록관청은 제1항의 등록을 마쳤을 때에는 그 뜻을 등록권리자 및 채권자에게 통지하여야 한다.

③ 채권자대위에 의한 등록이 다음 각 호의 어느 하나에 해당하는 경우에는 대위권을 행사한 자에게도 이를 통지하여야 한다.

1. 등록령 제33조 제1항에 따른 관할위반의 말소등록인 경우
2. 제14조에 따라 멸실되었던 등록이 회복된 경우

제2절 신규등록

제27조(신규등록 신청 등) ① 등록령 제18조에 따라 자동차의 신규등록을 신청하려는 자는 별지 제9호 서식의 자동차신규등록신청서에 다음 각 호의 서류 등을 첨부하여 제출하여야 한다.

1. 소유권을 증명하는 서류(제2호에 따른 서류 또는 제3호에 따른 수입신고필증이나 이에 대신할 세관의 증명서로 소유권을 증명할 수 없는 경우만 해당)
2. 별지 제10호 서식의 자동차제작증[신조차(新造車)인 경우만 해당]
3. 「관세법시행령」 제116조 제2항에 따른 수입신고필증 또는 이

에 대신할 세관의 증명서(수입차인 경우만 해당. 다만, 「자동차관리법시행규칙」 제34조에 따른 자기인증능력을 갖춘 수입자가 수입한 경우는 제외)

4. 임시운행허가증 및 임시운행허가번호판(임시운행허가를 받은 경우만 해당)

5. 신규검사증명서(등록령 제20조에 따라 말소등록된 자동차를 다시 등록하는 자동차인 경우와 법 제30조의4에 따라 자기인증이 면제된 자동차만 해당)

6. 「여객자동차운수사업법」에 따른 여객자동차운수사업 또는 「화물자동차운수사업법」에 따른 화물자동차운수사업에 관한 면허·허가·등록·인가 또는 신고를 증명하는 서류 또는 사업계획의 변경을 증명하는 서류(사업용 자동차만 해당)

8. 안전검사증(「자동차관리법 시행규칙」 제37조에 따라 안전검사를 받은 자동차만 해당)

9. 대리인이 신청하는 경우에는 위임장 및 위임한 자의 신분을 확인할 수 있는 신분증명서 사본(법인인 경우에는 법인인감증명서를 말하되, 해당 법인이 제출한 사용인감계를 등록관청이 대조·확인할 수 있는 경우에는 제출하지 아니할 수 있다)

② 제1항의 경우 등록관청은 전산정보처리조직 및 「전자정부법」 제36조 제1항에 따른 행정정보의 공동이용을 통하여 자동차의 사용본거지를 확인할 수 있는 정보(신청인이 개인인 경우에는 주민등록표 등본, 운전면허증 또는 외국인등록사실증명을 말하며, 비사업용 자동차를 등록하는 법인 등의 경우에는 사업자등록증 또는 법인등기부 등본을 말한다. 이하 "사용본거지확인정보")와 제1항 각 호(제4호 및 제6호를 제외)의 서류 등을 확인하여야 하며,

신청인이 확인에 동의하지 아니하거나 전산정보처리조직 및 「전자정부법」 제36조 제1항에 따른 행정정보의 공동이용을 통하여 확인할 수 없는 경우에는 해당 서류(법인등기부등본은 제외) 등을 첨부하도록 하여야 한다.

③ 법 제13조 제10항에 따라 말소등록 당시 저당권 등 등록상 이해관계를 가진 제3자가 있는 자동차의 신규등록을 신청하려는 경우에는 등록상 이해관계를 가진 제3자의 승낙서나 권리관계가 해소되었음을 증명하는 서류 또는 그에 대항할 수 있는 확정판결 등본을 첨부하여야 한다.

제28조(신규등록 신청의 대행) ① 법 제8조 제3항에 따라 신규등록 신청을 대행하려는 자는 신규등록을 신청하는 경우에 자동차 신규등록신청서의 신청인 란에 대행자임을 표시하고 성명(법인인 경우에는 그 명칭과 대표자 성명) 및 주소를 적은 후 서명하거나 날인하여야 한다.

제3절 변경등록

제29조(변경등록 신청) ① 등록령 제22조 제1항에 따라 변경등록을 신청하려는 자는 별지 제11호 서식의 자동차변경등록신청서에 다음 각 호의 서류 등을 첨부하여 제출하여야 한다. 이 경우 등록관청은 전산정보처리조직 및 「전자정부법」 제36조 제1항에 따른 행정정보의 공동이용을 통하여 사용본거지확인정보 및 자동차등록원부를 확인하여야 하며, 신청인이 확인에 동의하지 아니하거나 전산정보처리조직 및 「전자정부법」 제36조 제1항에 따른 행정정보의 공동이용을 통하여 확인할 수 없는 경우에는 해당 서류(법인등기부등본은 제외)를 첨부하도록 하여야 한다.

2. 변경등록 신청사유(변경 명세)를 증명하는 서류(사업용자동차
   는 「여객자동차운수사업법」 또는 「화물자동차운수사업법」에
   따른 사업계획의 변경을 증명하는 서류를 포함)
3. 자동차 등록번호판(등록번호가 변경되는 경우만 해당)
4. 대리인이 신청하는 경우에는 위임장 및 위임한 자의 신분을 확
   인할 수 있는 신분증명서 사본(법인인 경우에는 법인인감증명
   서를 말하되, 해당 법인이 제출한 사용인감계를 등록관청이 대
   조·확인할 수 있는 경우에는 제출하지 아니할 수 있다)

② 등록령 제24조 제1항 제5호에서 "국토교통부령으로 정하는 경
우"란 다음 각 호의 어느 하나에 해당하는 경우를 말한다.

1. 2대 이상의 자동차를 소유한 자 또는 주민등록표상 세대를 같
   이하는 둘 이상의 자동차 소유자가 각 자동차마다 그 등록번호
   의 끝자리 숫자를 다르게 하거나 끝자리 숫자의 짝수·홀수를
   다르게 하려는 경우
2. 자동차 소유자를 범죄행위로부터 보호할 필요가 있는 경우 또
   는 자동차 등록번호판을 분실하거나 도난당한 경우로서 경찰
   관서의 장의 확인이 있는 경우
3. 특별시·광역시·도·특별자치도(이하 "시·도") 간의 변경등
   록을 하는 경우로서 자동차 소유자가 등록번호 변경을 희망하
   는 경우(자동차운수사업용은 제외)
3의2. 자동차 소유자가 부여체계가 변경된 등록번호로 변경을 희
   망하는 경우(자동차운수사업용은 제외)
4. 이전등록을 하는 경우로서 자동차를 양수받은 자가 그 이전등
   록을 신청한 날부터 60일까지 등록번호 변경을 희망하는 경우
5. 수사기관의 장이 수사상 필요하여 마약, 조직폭력, 밀수 등의

범죄 수사에 사용되는 공용차량의 등록번호 변경을 요청하는
경우

제31조(시·도 간의 변경등록 절차) 등록령 제25조 제1항에 따른
시·도 간의 변경등록을 신청하려는 자는 별지 제13호서식의 시·
도 간 변경등록신청서에 다음 각 호의 서류 등을 첨부하여 등록관
청에 제출하여야 한다. 이 경우 등록관청은 전산정보처리조직 및
「전자정부법」 제36조 제1항에 따른 행정정보의 공동이용을 통하
여 자동차의 사용본거지확인정보 및 자동차등록원부를 확인하여
야 하며, 신청인이 확인에 동의하지 아니하거나 전산정보처리조
직 및 「전자정부법」 제36조 제1항에 따른 행정정보의 공동이용을
통하여 확인할 수 없는 경우에는 해당 서류(법인등기부등본은 제
외)를 첨부하도록 하여야 한다.
1. 자동차등록증(자동차운수사업용만 해당)
2. 자동차등록번호판(등록번호가 변경되는 경우만 해당)

제4절 이전등록

제33조(이전등록 신청) ① 법 제12조에 따라 이전등록을 신청하려
는 자는 별지 제14호 서식의 이전등록신청서에 다음 각 호의 서
류를 첨부하여 제출하여야 한다. 이 경우 등록관청은 전산정보처
리조직 및 「전자정부법」 제36조 제1항에 따른 행정정보 공동이용
을 통하여 자동차의 사용본거지확인정보, 자동차등록원부 및 상
속사실을 증명할 수 있는 가족관계기록사항에 관한 증명서(상속
의 경우만 해당)를 확인하여야 하며, 신청인이 확인에 동의하지
아니하거나 전산정보처리조직 및 「전자정부법」 제36조 제1항에
따른 행정정보 공동이용을 통하여 확인할 수 없는 경우에는 해당

서류(법인등기사항증명서는 제외)를 첨부하도록 하여야 한다.

1. 자동차양도증명서(매매인 경우만 해당)

2. 양도인의 인감증명서,「본인서명사실 확인 등에 관한 법률」제
2조 제3호에 따른 본인서명사실확인서 또는 같은 법 제7조 제5
항에 따른 전자본인서명확인서의 발급증[매매로 인한 이전등록
의 경우에만 첨부하며, 인감증명서의 경우「인감증명법 시행령」
제13조 제3항에 따라 인감증명서의 사용용도란에 자동차 매도
용임과 양수인의 성명·주소(법 제53조에 따라 등록한 자동차
매매업자의 경우 사업장소재지)·주민등록번호(법인일 경우 법
인명칭·주소·법인등록번호)가 기재되어 발급된 것이어야 하
고, 본인서명사실확인서 또는 전자본인서명확인서 발급증의 경
우 각각 부동산 관련 외의 용도란 또는 용도란에 자동차 매도
용임과 양수인의 성명·주소(법 제53조에 따라 등록한 자동차
매매업자의 경우 사업장소재지)·주민등록번호(법인일 경우 법
인명칭·주소·법인등록번호)가 기재되어 있는 것이어야 한
다]. 다만, 다음 각목의 어느 하나에 해당하는 경우는 제외한다.
가. 법 제53조에 따라 등록한 자동차매매업자가 매도하거나 알
   선한 경우
나. 법 제60조에 따른 자동차경매장의 개설자가 경매를 실시한
   경우로서 경매거래를 증명하는 서류(자동차등록번호, 양수인,
   경락금액 및 경매일자 등이 포함되어야 한다)의 원본을 제출한
   경우
다. 양도자와 양수자가 직접 거래한 경우로서 양도인이 등록관
   청에서 직접 자동차의 양도 사실을 확인하는 경우

3. 증여증서(증여의 경우만 해당)

4. 매각결정서(법 제26조 제3항에 따라 매각된 경우만 해당)

5. 확정판결 등본(판결에 의한 소유권 이전의 경우만 해당)

6. 대리인이 신청하는 경우에는 위임장 및 위임한 자의 신분을 확인할 수 있는 신분증명서 사본(법인인 경우에는 법인인감증명서를 말하되, 해당 법인이 제출한 사용인감계를 등록관청이 대조·확인할 수 있는 경우에는 제출하지 아니할 수 있다)

② 제1항 제1호에 따른 자동차양도증명서의 서식은 다음 각 호와 같다.

1. 자동차를 양도자와 양수인 간에 직접 거래한 경우: 별지 제15호 서식

2. 자동차를 자동차매매업자(자동차경매장의 개설자를 포함)가 매매하거나 매매를 알선한 경우: 별지 제16호 서식

제34조(이전등록 신청의 대행) 법 제12조 제2항에 따른 이전등록 신청을 대행하려는 자동차매매업자는 자동차양도증명서에 표시된 잔금지급일부터 15일 이내에 이전등록신청을 하여야 하며, 그 신청 시에는 자동차양도증명서와 이전등록신청서에 매도인 또는 알선인임을 표시하고 성명(법인인 경우에는 그 명칭 및 대표자의 성명) 및 주소를 적은 후 직인을 찍어야 한다.

제35조(자동차등록증의 재발급) 등록관청은 법 제12조에 따른 이전등록을 마쳤을 때에는 새로운 자동차등록증을 작성하여 양수인에게 발급하여야 한다.

제36조(이전등록 사실의 통보 등) ① 등록관청은 등록령 제27조 제1항에 따른 양도자의 신청에 따라 이전등록을 마쳤을 때에는 양도자 및 양수인에게 그 사실을 통지하여야 한다.

② 제1항의 경우 등록관청은 양수인에게 자동차등록증 및 자동차

등록번호판(등록번호가 변경되는 경우만 해당)을 교체하도록 통보하여야 한다.

제6장 기타의 등록 등

제50조(이의신청) 법 제28조 제1항에 따라 자동차의 등록에 관하여 이의가 있는 자는 별지 제29호 서식의 이의신청서에 관련 자료를 첨부하여 등록사무를 처리한 등록관청에 제출하여야 한다.

장진호

성균관대학교 신문방송학과를 졸업하고 고려대학교 대학원 정치외교학과를 거쳐 성균관대학교 대학원 정치외교학과를 졸업(정치학 박사)하였다. 제44회 사법시험에 합격해 제34기 사법연수원을 수료하였다. 이후 변호사 사무소를 열어(2005년~) 현재까지 활발히 활동 중이다.

화물자동차의 위수탁관리

초판인쇄   2015년 10월 30일
초판발행   2015년 10월 30일

지은이   장진호
펴낸이   채종준
펴낸곳   한국학술정보(주)
주소   경기도 파주시 회동길 230(문발동)
전화   031) 908-3181(대표)
팩스   031) 908-3189
홈페이지   http://ebook.kstudy.com
전자우편   출판사업부 publish@kstudy.com
등록   제일산-115호(2000. 6. 19)

ISBN   978-89-268-7100-3 93360